AF125258

Christoph Martin Wieland

Briefe von Verstorbenen an hinterlassene Freunde

Christoph Martin Wieland

Briefe von Verstorbenen an hinterlassene Freunde

ISBN/EAN: 9783743609112

Hergestellt in Europa, USA, Kanada, Australien, Japan

Cover: Foto ©ninafisch / pixelio.de

Weitere Bücher finden Sie auf **www.hansebooks.com**

C. M. WIELANDS

SÄMMTLICHE WERKE

SUPPLEMENTE

ZWEYTER BAND.

LEIPZIG

BEY GEORG JOACHIM GÖSCHEN, 1798.

INHALT.

DER ANTI-OVID.

VORBERICHT

Dieser sich so nennende Anti - Ovid würde in mehr als einem Betracht sehr wenig dabey gewinnen, wenn er neben dem reitzenden Verführer, dem er durch seinen Nahmen Trotz bietet, in der Welt erscheinen sollte.

Die damahlige Jugend des Verfassers, und die Eilfertigkeit, womit dieses Gedicht im Jahr 1752 in wenig Tagen ejakuliert wurde, zeigt sich in der schlechten Anlage des Plans, in einer noch sehr mangelhaften Kenntnifs des Herzens, in der Ungleichheit der Schreibart, in dem seichten Urtheil über die Briefe der Ninon Lenclos an den Marquis von Sevigné, und in zwanzig andern Dingen von minderer Bedeutung.

Dasjenige wohl auszuführen, was der Titel
verspricht, würde die Ausarbeitung eines ganz
neuen Gedichtes erfordern; wozu der Verfasser weder Lust noch Mufse hat. Weil indessen doch einige gute Stellen, und der Geist
und Zweck des Gedichts selbst die möglichste
Ausbesserung desselben zu verdienen schienen,
so hat man bey dieser Ausgabe gröfsere Verän-
derungen damit vorgenommen, als mit irgend
einem andern in dieser Sammlung; wie die
Vergleichung mit der vorigen Ausgabe diejenigen belehren wird, welche sich diese Mühe
geben mögen. Insonderheit ist die zweyte
Hälfte des ersten Gesangs und die erste des
zweyten gänzlich umgeschmelzt worden; und
wenn bey einer künftigen Ausgabe die beiden
andern ein gleiches Schicksal haben sollten,
so würde das Ganze so viel als neu seyn, und
mehr dadurch gewinnen, als verlieren.

ZUSATZ

BEY GEGENWÄRTIGER AUSGABE.

Der Verfasser hat der Versuchung nicht wider-
stehen können, bey dieser Ausgabe mit dem
Rest des Gedichtes eben so frey zu verfahren,
als in der vorigen mit einem grofsen Theile
desselben geschehen war, und das Ganze ist
dadurch wirklich dem ursprünglichen Anti-
Ovid so unähnlich worden, dafs man diesen
kaum noch darin erkennen kann.

Vielleicht ist die Absicht, das Gedicht
etwas lesbar zu machen, bey den meisten
Lesern dadurch erreicht: indefs dafs einige
wenige vielleicht, in andrer Rücksicht lieber
gesehen hätten, wenn alles, wie es Anfangs
war, geblieben wäre. Übrigens scheint eben

nicht viel damit gewonnen zu seyn, wenn
man einen alten Rock so lange mit neuen
Lappen ausflickt, bis man nicht mehr sehen
kann, von welchem Zeug und welcher Farbe
er einst gewesen seyn mag: es kommt mit
allem dem Flicken doch nur — ein Bettler-
mantel heraus.

ERSTER GESANG.

V. 1 — 15.

Die Kunst zu lieben sangst du uns, Ovid:
Die wahre Art zu lieben sey mein Lied!
Zu lieben ohne Kunst, die schöne Art zu lieben
Der goldnen Zeit, da jedes weiche Herz
Von kindlichen und unverfälschten Trieben
Noch überwallte, Freude, Witz und Scherz,
Wie Schwester-Grazien in Blumenthälern spielten,
Und alle dich, Natur, in erster Unschuld fühlten.
Fleufs, mein Gesang, süfs, wie vom Lenz belebt
Aëdons Lied durch junge Zweige bebt,
Sanft wie der Thau aus röthlichen Gewölken
In Rosen fliefst und halbenthüllte Nelken,
Und wie um Doris Mund ein leiser Zefyr schwebt:
Nicht üppig, gleich den weichen Tönen
Des schlauen Lehrers schnöder Lust,

V. 16 — 35.

Die, an Korinnens glüh'nder Brust
Gegirret, uns zugleich Geschmack und Herz ver-
wöhnen.

Du, die ich oft bewegten Hainen sang,
Wenn mir versteckt die Dryas lauschte,
Der Abendwind gelinder rauschte,
Und aus dem fernen Fels der Nachhall vielfach klang;
Entsteige den verklärten Sfären,
O Liebe, wo du Göttin bist,
Begeistre du mein Lied, die Erde soll es hören;
Und selig ist das Herz, das meinen edlen Lehren,
Und deinem Einfluss offen ist!

Als Gott die Welten schuf, und dich, sein Bild,
o Liebe,
Zur Königin den Welten gab,
Kam im Gefolg der reinsten Triebe
Die Seligkeit mit dir von seinem Thron herab.
Da lächelt' aus den jugendlichen Erden,
Voll deiner Bildungen, ein ew'ger Lenz dich an;
Sie schwangen sich in ihre neue Bahn
Mit ihren glücklichen Gefährten,
Und hüpften fröhlich auf, von dir bestrahlt zu
werden.

V. 36 — 56.

Die Geister, die du dir gezeugt,

Empfanden dich, sie liebten und genossen.

In den entzückten Arm des Sylfen ausgegossen,

Und sanft auf seine Brust die Stirne hingebeugt,

‚Fühlt die Sylfid' ihr Herz der neuen Lust zu enge;

‚Die Glückliche! Sie fühlte d i c h!

‚Und neidlos feyrten die Gesänge

‚Der niedlichen Gespielen, schwesterlich,

‚Der Freundin Glück; die Freuden mischten sich

‚Und flogen, tausendfach verschönert durch die

Menge

‚Der Mitgeniefsenden — denn alle fühlten d i c h! —

‚Von jedem Allen zu, im süfsesten Gedränge.

Der Gottheit und der Geister Feind,

Der, abgetrennt von ihr, umnebelt und entzieret,

Das lustberaubte Reich der ew'gen Qual regieret,

Sieht zürnend auf das Glück, das allen Welten scheint.

Sieht auch die unsrige umflossen von Vergnügen

Im ersten Schöpfungsglanze liegen,

An tausend Freudenquellen reich,

Und uns den Himmlischen durch dich, o Liebe,

gleich,

Des jetz'gen Daseyns froh und höh'rer Freuden

Erben:

V. 57 — 74.

Ergrimmt siehts Ariman, und sinnt, uns zu
verderben.
Er schafft, der Liebe nach, in trüglicher Gestalt
Die Wollust, die er Liebe nennet,
Ein reitzendes Gespenst, von dessen Anhauch bald
Manch unbesorgtes Herz entbrennet.

Weh uns! der Dämon siegt! das Feuer schnöder
Liebe
Verschlingt Uraniens mildern Glanz;
Es strömen schon die minder edeln Triebe
Wildrauschend durch das Herz, und füllen bald es
ganz.
Es dürstet stets nach neuen Freuden,
Berauscht sich im Genuſs, und wird nur mehr
erhitzt;
Schon fängt man an die Lust, die man allein besitzt,
Von der gemeinsamen zu scheiden.
Jetzt ists nicht mehr die Unschuld, die entzückt,
Wenn sie verschämt aus keuschen Augen blickt;
Kein Seufzer schwingt sich mehr bey unentweihten
Küssen
Zum Himmel auf, das zärtliche Gefühl
Der Tugend wird erstickt; was sie jetzt Liebe
nennen,

V. 75 — 97.

Ist eine Gluth, von der allein die Adern brennen,
Der Seele Gift, der Leidenschaften Spiel.
Der Wankelmuth, der Triebe innrer Streit,
Der Überdrufs, die Eifersucht, der Neid,
Verjagt die Ruh und die zufriedne Lust,
Des Wechsels Feindin, aus der Brust.
Schon mancher Paris findt jetzt seine Helena,
Wiewohl noch keinen Barden ihn zu singen.
Bald ziehst du Dichter auf, die dir, Idalia,
Und deinem Knaben Opfer bringen.
Ihr mildes Lied räumt dir den Myrtenhayn,
Der Pafos ziert, und goldne Tempel ein.

Jetzt singt Anakreon in loser Nymfen Reihen,
Berauscht vom Mädchen und vom Wein,
Die Lieb in junge Busen ein;
Sie wallen lüstern auf und öffnen sich dem Mayen,
Und eifern, auch sein Lied zu seyn.
„Geniefst und liebt, weil euch die Jugend winkt,
„Sie wird verblühn, geniefst und liebt, und trinkt,
„Und taumelt, in der Reben Schatten,
„An Fyllis Brust auf rosenvollen Matten.
„Der Tod, (wer weifs, wie bald kommt er?)
„O! möcht er euch betrunken finden!

V. 98 — 116.

„Der raubt uns alle Lust; in Plutons finstern
Gründen
„Winkt euch kein Cypernwein, küſst keine Fyllis
mehr.

Verführerische Sittenlehre,
O hättst du, unsrer Kunst zur Ehre,
Von keiner Leier nie getönt!
O hätte, voll von dir, nach untersagten Freuden,
Der Sinne Lust, des Geistes Leiden,
Kein irrend Herz sich je gesehnt.

Zum Überfluſs erscheint der Meister loser Künste,
Ovid, und lehrt! — Cytherens blinder Knab',
,Entlassen seiner alten Dienste,
,Schnallt froh den goldnen Köcher ab,
Und jenem wird Korinne zum Gewinnste,
Für Lieder, die Korinnen machen.
Ihr Mütter der erhabnen Grachen,
Ihr Frauen, groſs an Geist und Heldensinn,
Wo find' ich jetzt die Römerin,
,Die nicht beschämt wär', euch zu gleichen?
,Die Porzien müssen jetzt den Messalinen
weichen;

V. 117 — 157.

,Die halbe Welt ist jetzt der Quadrantarien
Lohn,

,Den Preis der Schönsten trägt die Schändlichste
davon,

,Und in Quartillens Bild bestrebt sogar Petron
,Vergebens sich, sein Urbild zu erreichen.

Die ihr ein täuschend Glück so oft zu hoch bezahlt,

Ihr Liebe athmenden, noch unerfahrnen Herzen,

Was man so zauberisch euch mahlt,

Sind nur in Lust verlarvte Schmerzen!

O glaubet nicht den lockenden Properzen!

Die Wollust, die aus ihren Liedern lacht,

Ist jene nicht, für die euch die Natur geschaffen;

Nie fühlten sie der wahren Liebe Macht,

Und ihre Freuden sind nur echter Freuden Affen.

Zwar süfs ist ihr Gesang und schmeichelt unsern
Trieben,

Wie leicht wirds uns, die Weisheit auszuüben,

Die uns der Freund Bathyllens singt,

Und Aristipp in Lehrgebäude bringt!

Sich uns gefälliger zu schmücken

Borgt sie die Farbe der Natur,

Verbirgt, was sie entehrt, den aufgehaltnen Blicken.

Und zeigt uns schlau die schöne Seite nur.

V. 138 — 156.

Sie ladet die Begier in holde Zauberauen;

Was uns entzünden kann, was uns zum Wechsel
reitzt,

Ist hier im Überfluſs zu schauen.

Die Luft scheint hier, wie in Armidens Schloſs,

Die Weichlichkeit in uns zu flöſsen;

Der Weisheit Ruf, die Zukunft wird vergessen,

Man denkt hier nicht, man fühlet bloſs.

Vielleicht beglückt, wenn auf die süſsen Stunden,

Die man so thierisch durchempfunden,

Ein sanfter Tod, wie der den einst Ovid begehrt,

(Wie sehr war er des Wunsches werth!)

Den Geist, dem an so wenig gnügte,

Mit seinem Leib in ew'gen Schlummer wiegte.

Doch nein! Ich irre mich! — Und wär' es ein
Gedicht,

Was Sokrates von einem bessern Leben,

Den Giftkelch in der Hand, sich hoffnungsvoll verspricht,

Auch dann ist der ein Thor, und mitten im
Bestreben

Nach steter Lust, kennt er den Werth des Daseyns
nicht,

Der nur den Sinnen lebt, und jeder edlern Pflicht

V. 157 — 176.

Verhafstes Joch mit kühner Faust zerbricht.

Die Hälfte von ihm selbst, die tugendhafte Liebe

Zum allgemeinen Wohl, des Wohlthuns süfse Triebe

Raubt der Betrogue sich! — — Die Freuden befsrer

Art,

Wodurch der Mensch an höh're Wesen reichet,

Giebt er für eine Lust, die ihn den Thieren gleichet,

Und küfst dafür, und trinkt und salbet seinen Bart!

Du, die der Thoren Angedenken

Verewigt auf die Nachwelt bringt,

Die du geschickter bist, der Menschen Stolz zu

kränken,

Als was selbst Juvenal zur Schmach der Mensch-

heit singt;

Geschichte, sprich, wie viele Heldenseelen

Entzog die Wollust nicht dem Ruhm der Ewigkeit?

Wie mancher übertraf den Sieger bey Arbelen,

Und hat in ihrem Arm der Tugend Glanz entweiht?

Wie sammelt die Natur nicht alle ihre Kräfte,

Wenn sie Alcibiaden bildt?

Sie schuf sie, würd' ihr Zweck erfüllt,

Zum Glück der Welt, zum göttlichsten Geschäfte.

Diefs war's was Sokrates der Welt von ihm ver-

hiefs,

V. 177 — 196.

Sein Freund, sein Lehrer, sein Gefährte,

Der schon in ihm den künft'gen Helden ehrte,

Und dieses einz'ge Mahl vom Schein sich täuschen
           ließ.

Ihm, den Athen den Schönsten hieß,

Ihm, den ein Sokrates zum Besten auszubilden

So eifrig war, — was raubt' ihm seinen Ruhm,
           verstieß

Den Liebling seiner Zeit zu Thraziens rohen
           Wilden?

Die Üppigkeit, der zügellose Sinn,

Der Leichtsinn, der den Staat und eine Buhlerin

Gleich feurig liebt, gleich flatterhaft behandelt,

Der seinen Scherz mit beiden treibt,

Sich jeden Augenblick verwandelt,

Und nur im Übermuth sich immer ähnlich bleibt.

Und soll ich von den stolzen Höh'n,

Wo rühmlich aufgestellt der Helden Bilder stehn,

An denen unserm Blick sich diese Flecken zeigen,

In deinen Staub herunter steigen,

O Pöbel! der du nie gedacht,

Wie ein Perikles denkt, wenn die Begierden
           schweigen,

Und das Gefühl der innern Würd' erwacht?

V. 197 — 219.

Hier Venus, oder, Thorheit, du,
'Hier ist der Kern von euern Unterthanen;
Hier führet euern bunten Fahnen
Die Leidenschaft ein Heer von Narren zu;
Hier tändelt ein Tibull zu seines Mädchens Füfsen
Sein kurzes Sperlingsleben weg;
Geschieden von der Welt, in heil'gen Finsternissen,
Lehrt Rustik dort die junge Alibeg
Die fromme Kunst den Teufel einzuschliefsen.

Gar selten braucht Kupido sein Geschofs
So schwache Herzen zu bekriegen;
Aus langer Weil sinkt Mops in Chloens Schoofs;
Aus Trägheit läfst Nerine sich besiegen.
Der Vorwitz macht Vanessen unterliegen,
Was kein Adon erhielt, gelinget unverhofft
Dem rauhsten zottigsten Satyren;
Und Herzen, deren Stolz zu rühren
Sonst alles fruchtlos ist, besiegt der Schneider oft.

Seht die Erob'rerin, Finette,
In jenem Kranz, den Amor um sie flicht!
Welch einen Hof ihr herrschendes Gesicht
Um sich erblickt! Hier buhlen in die Wette
Um ihre Gunst, um einen armen Blick,

V. 220 — 239.

Das Kind, der Greis, der Filosof, der Dichter,
Der Höfling, der Abbé, der Hauptmann und der
                                    Richter;
Mit einem Wink theilt sie, die Göttin, Glück
Und Elend aus, und aus denselben Augen
Muſs Hoffnung S e l a d o n, und F o p Verzweiflung
                                    saugen.
In sehr verschiednem Licht zeigt hier die Liebe sich;
Bürlesk bey dem, bey jenem weinerlich;
Sie zaubert hier nicht bloſs figürlich,
Sie wirkt Verwandlungen — Nur einen Fächerschlag,
Und plötzlich wird der Platonist natürlich,
Der Graubart bunt als wie ein Sommertag,
Der Held ein Lamm, und der Magister zierlich.

Wie lange soll der launische Affekt,
Den Üppigkeit und Langeweile heckt,
Der von Begierden wächst, und stirbet von Ent-
                                    zücken,
O Liebe, sich mit deinem Nahmen schmücken?

Und du, zweydeutiges Geschlecht,
Du Räthsel der Natur, wer kann dich mir erklären?
Dich haſst' E u r i p i d e s und muſste dich verehren;
Der dich erhebt bis an die Sfären,

V. 240 — 259.

Der dich zur Hölle stöfst — sie haben beide Recht.

Und doch, mit allen den Gebrechen,

Die Junenal und Pop' und wer ihr Nachhall ist

Euch vorgerückt, wer lebt, der nicht bey euch

vergifst,

Was gegen ihr Gefühl die Misogynen sprechen?

Bedarf es mehr um euch zu rächen

Als dafs sogar ein Swift — Vanessen dienst-

bar ist?

Und o! wie ungerecht, Euch Fehler aufzubürden,

Die unser Arbeit Früchte sind!

Was für ein Dämon macht die Herr'n der Schöpfung

blind?

Als ob wir das an Lust verlieren würden,

Was Ihr an innerm Werth gewinnt!

Nicht für ein flüchtiges Entzücken,

Nicht unser Puppenspiel zu seyn,

Nein, unser Leben zu verschönern, zu beglücken,

Gofs Amor euch so schöne Seelen ein;

Mit Reitzungen, die nie veralten,

Befruchtet, würden sie, blofs durch der Grazien

Gunst,

Von selbst sich ohne Müh viel reitzender entfalten,

Als unser Witz durch alle Macht der Kunst.

V. 260 — 270.

Was zwingt sie denn, im Keime zu ersticken?
Ist's Vorurtheil, ist's Neid? Besorgen wir vielleicht,
Durch Tugend möchten sie den Scepter uns ent-
　　　　rücken? —
Als ob es uns zu vielem Ruhm gereicht,
Wenn sich vor einem Ding, das einer Puppe gleicht,
Die Helden selbst nur desto tiefer bücken?

　Ihr Schönen, neigt zu meinem Lied
Gelehrig euer Ohr! Es soll die Kunst euch lehren,
Durch Schönheit, die im Schnee des Alters nicht
　　　　verblüht,
Durch Reitze, die die Macht der schönsten Augen
　　　　mehren,
Den alten Wahn der Männer zu bekehren!

ZWEYTER GESANG.

V. 1 — 13.

Tief in dem Heiligthum von unsrer Seele liegt
Der Liebe Quell, der Zug zum Guten und zum
      Schönen;
Und in der Harmonie, die unsre Triebe wiegt,
Die Seligkeit, wornach sich unsre Herzen sehnen.

Die Liebe, die zu dir, o Panthea, mich zieht,
Ist eben dieser Trieb zum Schönen,
Der für die Edelsten von Gräciens Heldensöhnen,
Für dich, Leonidas, für dich, mein Brutus,
      glüht.
Mein Busen lernt durch sie von fremdem Schmerz
      sich dehnen,
Sie hat der Dido nie des Mitleids Zoll versagt,
Sie mischt die ihrigen in Klementinens Thränen,
Und bebt, wenn Abbadonna klagt.
Der gleiche Trieb läfst mich Entzücken fühlen,

Wenn mir Virgil's und Miltons Harfen spielen.
Er wallt in mir, Natur, zu deinen Werken hin,
Und nähret sich von deinen sanften Freuden;
Er lernt dir ab, die Wahrheit einzukleiden,
Verschönt den Witz und schärft den Sinn.

  Nur, der dem ungeschmeckt nichts Reitzendes
               entfliehet,
Fühlt recht der Liebe Süfsigkeit;
Der ists, für den die Anmuth blühet,
Die die Natur auf ihre Werke streut.
Die Häfslichkeit wird ihn so widrig rühren,
Als ihn das Schöne reitzt; er mifst in seiner Wahl
Des Guten und des Bösen Zahl,
Und läfst die Weisheit nie ihr Richteramt verlieren.

  Die, die er liebt, wird keine Lais seyn.
Der äufsre Reitz allein, die List verbuhlter Blicke
Nimmt sein verwahrtes Herz nicht ein;
Und fühlt er auch in sich die Triebe sich entzweyn,
So siegt er doch, und bebt vor der Gefahr zurücke.
Nur wo die Unschuld sich in stille Anmuth hüllt,
Da widersteht er nicht, er ehret was er liebet,
Und sein Verstand erlaubt, dafs sich sein Herz
               ergiebet.

V. 35 — 53.

Wenn auf der freyen Stirn sich sanfte Hoheit bildt,
Wenn, ungelehrt in buhlerischen Tücken,
Die Augen unbewufst entzücken,
Und jeder Blick das Herz verwundt;
Wenn Grofsmuth, Menschenhuld den schönen Busen
reget,
Und wenn ihr anmuthvoller Mund
Der Augen Geist nicht widerleget,
Ihr Lächeln ohne Hinterlist,
Und ungeschminkt ihr Witz, wie ihre Wangen, ist;
Verdient sie, dafs ein Mann gern ihre Fesseln träget.

O Tugend, Göttin, ohne die
Wir keine Wollust lauter schmecken,
Du giebst den Trieben Mafs, du stimmst und
adelst sie,
Und lehrst auch da noch Lust entdecken,
Wo Thrax, defs Schlafsucht nur der Klang des
Goldes stört,
Ganz fühllos bleibt, und weder sieht noch hört.

Auch macht uns der Geschmack geschickter
recht zu lieben.
Wer unentzückt von dir, Horaz, geblieben,
Wer nicht die Grazien in deinen Briefen fühlt,

V. 54 — 76.

Bey P o p e n gähnt, bey einer Magdalenen
Von R a f a e l nach ihrem Busen schielt,
Den bannet weit von euch, ihr Schönen,
Er wird bey eurem Kuſs bald wie bey Popen gähnen.

Geschmack und Witz erweitern unsre Brust,
Und machen zärtlicher zur Lust:
Sie schenken uns die feinen Freuden,
Die unbekannt dem Pöbel sind;
Sie wissen uns die Wollust zu verkleiden,
Die M o p s geschmacklos zwar empfindt,
Doch bald zu einerley, zuletzt verdrieſslich findt.
Sie lehren uns die Kunst sich zu vergnügen,
Die schlaue Kunst den Ekel zu betriegen.
Sie geben jeder Lust der Neuheit Schein,
Und lehren im Genuſs wollüstig-sparsam seyn.

Doch Freuden, die auch Thoren schmecken,
Sind nicht der edlern Liebe Ziel;
Nein! ihr vergötterndes Gefühl
Soll mächtig dich zu jeder Tugend wecken.
Soll dir weit über Erd' und Zeit
Des Daseyns groſses Ziel entdecken!
Erhöht, verstärkt durch sie, soll deine Zärtlichkeit
Auf alle Wesen sich erstrecken.

V. 77 — 96.

Der Unempfindliche, der unsrer Thränen lacht,
Den unser Glück nicht froher macht,
Hat nie geliebt; bey Frynen, bey Neären
Erfuhr er, wenn ihr wollt, das Glück der schönen
             Nacht;
Doch er genösse selbst im Arme von Cytheren
Das nicht, was den Genuſs zum Wunsch der Götter
             macht.

    Die Liebe stimmt das Herz, das sie gefangen,
Und jeden seiner Trieb' in reine Harmonie,
Sie lächelt sanft auf unsern Wangen,
Und was wir thun, glänzt doppelt schön durch sie.
Man strebt des Herzens werth zu werden
Das unsre Zärtlichkeit gewann,
Und schöpfet Lust selbst aus Beschwerden,
Wenn des Geliebten Glück durch sie gewinnen kann.

    Die Tugend nimmt mit ihrem eignen Schein
So mächtig nicht als durch die Anmuth ein,
Die ihr die Liebe leiht. Die streut auf jede Pflicht
Gefälligkeit und Reitz; das strenge Angesicht
Der Weisheit selbst, in Ernst und Tiefsinn ein-
             gebüllt,
Macht ihr erheiternd Lächeln mild.

Ihr, die ihr lieben wollt, laſst euer Herz nur wählen.

Ein unaussprechlich Was, ein unsichtbarer Zwang

Verräth beym ersten Blick den unbewuſsten Hang

Einander zugedachter Seelen.

Schon dort in jenem Raum, wo wir, vor diesem
                    Leben,

In einem himmlischen Gewand,

Gleich jungen Liebesgöttern, schweben;

Schon dort verknüpft der reinen Liebe Hand

Die schwach empfindenden und gleichgestimmten
                    Seelen.

Oft schlummern sie umarmt in jungen Rosen ein,

Oft weinen sie beym Lied äther'scher Filomelen,

Voll zärtlichen Gefühls, wozu die Worte fehlen,

Und sehnen sich, geliebt zu seyn.

Hier ists, wo unter süſsen Küssen,

In ihre weiche Brust die sanften Triebe flieſsen,

Wovon sie oft erstaunt und seufzend überwallt,

Eh sie in dieser Welt sich finden.

In Träumen sehn wir oft die himmlische Gestalt

Der Freundin vor uns stehn, wie sie in stillen
                    Gründen

Gelockt vom West, die Einsamkeit

Am Frühlingsabend sucht; sie irrt, sie scheint
                    zerstreut,

V. 118 — 138.

Sie bleibt zuletzt, tief in Gedanken, stehen,
Ihr schmachtend Auge sucht den unbekannten Freund
Den ihr gefühlvoll Herz ihr zu versprechen scheint;
Ein süfser Schauer bebt, da wir die Göttin sehen,
Durch unsre Seele hin, und Amor flüstert zu:
Du bist's, sie suchet dich; Sie ist's, sie suchest du!¹)

Doch wenn des Schicksals Wolken weichen,
Wenn wir sie wirklich sehn, die oft ein Nacht-
gesicht
Mit Mienen, die den ihren gleichen,
Uns zugeführt, dann wirds in unsrer Seele Licht.
Dann sehen wir, wohin der mächt'ge Zug gezielt,
Den wir so oft verwundrungsvoll gefühlt.
Ein seelenvoller Blick, ein halb ersticktes Ach
Und still dem Aug' entschlichne Thränen,
Entdecken uns das Herz der Schönen,
Das oft bey unsern Schmerzen brach.

Unwissend in der Kunst die Unschuld zu betriegen,
Sinnt Thirsis nicht, die Freundin zu besiegen;
Kaum wagt die Zärtlichkeit den Wunsch geliebt zu
seyn.
Ihm scheint ihr Aug auch dann zu dräun,
Wenn es ihr Herz verräth, und mit verwirrten
Blicken

V. 139 — 156.

Ihm unschuldsvoll verspricht, gewiſs ihn zu
beglücken.

Doch mit dem zärtlichen Verlangen

Nimmt auch die Hoffnung zu, und glüht auf seinen
Wangen.

Was für ein Himmel blüht um ihn,

Wenn er in ihrem Arm sich denket?

Dann mag ihn jede Freude fliehn,

Dann klagt er nicht, wie hart ihn auch das Schicksal
kränket;

Er würde ohne Reu' aus einem E d e n ziehn,

Wär' ihm die Wonne nicht, s i e d'rin zu sehn,
geschenket.

Wie freudig schauert er, wenn sich ihr Blick
vergiſst,

Und seine Blicke sucht und findet;

Und was sein Herz für sie empfindet,

In ihnen mit Entzückung liest.

Die Liebe wächst, so klein sie Anfangs ist,

Sehr schnell von Seufzern und von Thränen.

Kaum schleicht sie sich ins sanfte Herz der Schönen,

So füllt sie ganz es aus: so blüht ein Zefyr auf,

Wenn er sich jugendlich um Fyllis Busen schmiegt,

V. 157 — 174.

Sein Fittig dehnt sich schon, befiedert sich und
       fliegt
Um Hals und Locken her, vergeblich winken Rosen
Und Lilien ihm zu, ihm blühen befsre Rosen
Und Lilien auf Fyllis Mund und Brust;
Und keiner Rose Kufs entlocket ihn der Lust,
Den Schäferinnen liebzukosen.

Oft singt er dem vergnügten Ohr
Der gerne Lernenden das Glück der Liebe vor,
Und still bewufst erröthen beide;
Entzückt beschreibt er ihr die unbekannte Freude,
Bis Seufzer, die beredter sprechen,
Als zehn Erklärungen, den Lehrer unterbrechen.

Das Herz, das Auge selbst entdeckte sich jetzt
      schon,
Nur wagt der Mund noch nicht, dem Herzen nach-
      zusprechen;
Man scheut einander jetzt, die Schöne flieht davon,
Doch nur gesucht zu seyn; man weifs nichts mehr
      zu sagen,
Die Rede stockt, man schweigt und sieht sich ängst-
      lich an,
Die Blicke fliehen sich, die bangen Herzen schlagen,

V. 175 — 196.

Man hofft und zittert doch, man sieht sein Glück
noch nicht,

So deutlich es aus jeder Miene spricht,

Bis Thränen, die das Aug nicht länger halten kann,

Einander mehr als tausend Zungen sagen.

Doch welch ein Mund besingt die Lust,

Die jetzt die Glücklichen entzücket,

Da jedes sich geliebt erblicket?

Jetzt da vom Überschwang allmächtiger Empfindung

Bewältigt, ihre Brust zum ersten Mahl sich drückt,

Zum ersten Mahl sich Arm in Arm verstrickt,

Und Amors Gunst das Siegel der Verbindung

Den ersten Kuß auf ihre Lippen drückt?

Nein, dich zu singen, erster Kuß,

Dich, höchste Wollust dieses Lebens,

Bestrebet sich, wiewohl noch glühend vom Genuß,

Der treue Schäfer selbst ª) vergebens.

Die ihr dies zu verstehn begehrt

Was euch sonst Unsinn scheinen müßte,

Liebt wie Mirtill! — Ovid, der so gelehrt

Von Küssen sang, und wie ein Meister küßte,

Erfuhr die Wollust nie, und war sie auch nicht
werth,

Die reine Liebe nur, und Einmahl nur, erfuhr.

V. 197 — 217.

Die Liebenden, die in den ersten Küssen
Ganz unersättlich sind , und noch davon nichts
wissen ,
Wie leer zuletzt ein Herz sich findt,
An dem die Zeit ihr leidig's Recht gewinnt,
Vergessen leicht, dafs auch im zartesten Genufs
Die Mäfsigung uns selbst gebieten müsse.
Wär unser Daseyn doch ein einz'ger ew'ger Kufs!
So denkt man, ohne Furcht, dafs je der Überdrufs
Dem Nektar Engelreiner Küsse
Die Süfsigkeit zu rauben fähig sey.
Allein, macht der Geschmack die Freuden
Nicht immer durch Verändrung neu,
Ist nicht der Witz bemüht, sie täglich umzukleiden,
So altern sie gar bald. Ein ewig Einerley
Vergällt uns jede Lust, und macht aus Küssen
Pflichten,
Die wir gleichgültig erst , dann mit Verdrufs ent-
richten.

Die Liebe gleicht der Melodie;
Der Triebe Seele, wie der Töne,
Ist die Veränderung, wenn sie mit Harmonie
Das Mannigfaltige, so streitend es oft scheinet,
Gesellig macht, und ohne Zwang vereinet.

Auch wahre Liebe wird hierin (die Wahrheit euch
Zu sagen) von Ovid ein wenig lernen müssen.
Sie bleibt sich selbst nicht immer gleich,
Und würzt den Kuſs mit schlauen Hindernissen.
Ein kluges Liebchen lügt zuweilen Sprödigkeit
Und flieht, wenn wir sie küssen wollen,
Wie rohe Mädchen fliehn, die erst noch reifen sollen;
Bald kommt sie anmuthsvoll und beut
Den Mund uns hin, bald liebt sie uns zuvorzu-
        kommen,
Und lacht, wenn sie den Kuſs uns weggenommen.

Wie glücklich seyd ihr, die ihr liebt,
So fern ihr euer Glücke kennet!
Ihr habt, wornach umsonst die Menge rennet,
Und was kein Wurf des Zufalls giebt.
Euch flieſsen die genoſsnen Stunden,
Jedwede schön und satt an Lust;
Von euch wird an der Freundin Brust
Des Lebens Freude ganz, der Schmerz kaum halb
        empfunden.

Doch soll der Liebe Glück, wie ihr, unsterblich
        seyn,
Soll sie mit euch in Welten übergehen,

V. 238 — 260.

Wo wir mit andern Augen sehen,

Wo uns der Erde Größen klein,

Und tausend Wünsche kindisch scheinen,

Um die wir hier so oft, wenn sie uns fehlen,
         weinen;

So läutert stets die Lust, die ihr genießt,

Und macht sie geistiger. O wie entzückend ist

Die Wollust, die kein Sklav der Sinne kennet,

Wenn uns, harmonischer erhabner Triebe voll,

In jedem Blick der Seelen Gleichlaut rühret!

Indem der Tugend Weg uns holde Weisheit führet!

Die lieben, die man lieben soll!

So wie sie sich mit Zärtlichkeit umfangen,

Umarmen sich in einer bessern Welt

Zwey Himmlischliebende. Sie fühlen ihr Verlangen

Stets überirdischer, stets mehr,

Vom Körper abgetrennt; auch ihre Sinnlichkeit

Wird durch die feinste Lust und tausend Gegen-
         stände,

Bey denen Strefon nichts empfände,

Zugleich mit ihrem Geist erfreut.

Wie mit Ambrosia, nährt sich mit ihren Küssen

Die Tugend und die Zärtlichkeit.

Was dieses Band, das Lieb und Weisheit reiht,

In edeln Seelen wirkt, wie sollt' es Strefon wissen;

V. 261 — 279.

Er lacht der Sympathie, die schöne Seelen bindt,

So küssen Faunen auch, wie er Nerinen küsset:

Was Wunder, daſs er schwärmend findt,

Daſs Damon, wenn er einerley genieſset,

Ganz anders als wie er empfindt.

Wie soll ich Krebillons leichtfert'gem Witz
verzeihen,

Der uns, was Ninon ausgeübt,

Die Kunst die Liebe zu entweihen,

In einem Lehrbegriff aus ihrer Feder giebt!

Ihm ist die Liebe nicht das himmlische Gefühl

Erhabner gleichgestimmter Seelen;

Sie ist ein bloſses Puppenspiel,

Ein Zeitvertreib, wenn beſsre fehlen.

Der schwärmt, nach ihm, der dich, du Gott in
unsrer Brust,

Der Tugend reinste Quelle nennet;

Der raset, der in dir, statt bloſser Sinnenlust,

Des Weisen höchstes Glück erkennet.

Doch sprich uns immer Hohn, dogmatischer
Properz,

Laſs uns die Schwärmerey, und liebe du zum
Scherz;

V. 280 — 301.

Was du gelehrt, das mag dein Marquis üben;
Nicht einzuschlafen mag er lieben!
Doch er, und wer sein Schüler ist,
Empfinde nie was wir empfinden,
Wenn uns ein himmlisch Mädchen küfst;
Und finde nichts als schlaue Hinterlist,
Da, wo er Liebe hofft zu finden;
Und wenn einst, Herz an Herz zu binden,
Ihm zum Bedürfnifs wird, so sey
Sein Herz ein Puppenspiel der kältesten Kokette!
Stets seufz' er unerhört, und fluche seiner Kette,
Und mache doch sich nimmer von ihr frey!
Stets bleib' er, wie durch Zauberey,
Voll Ingrimm auf sich selbst der Quälerin getreu,
Und scheint sie seiner Noth sich endlich zu
                                        erbarmen,
So überrasch' er sie — in seines Feindes Armen!

Zwar der begehrt von uns zu viel,
Der bey lebend'gem Leib uns zu Intelligenzen
Erheben will. Das feinere Gefühl
Des Schönen schwebt in beider Welten Grenzen.
Die Reitze, deren süfse Macht
Der Weise selbst erfährt, der schlanken Glieder
                                        Pracht,

V. 302 — 318.

Die Augen, die so rührend glänzen,

Der Rosenmund, der so bezaubernd lacht,

Sind darum nicht so schön, dafs wir sie stoisch

fliehen!

Wer schuf die Trieb' uns an, die uns so mächtig

ziehen?

Hat die Natur, die nichts vergebens macht,

Uns durch des Weibes Reitz nur Schlingen legen

wollen?

Und ist's, damit wir stracks die Augen schliefsen

sollen,

Dafs diesem Zauber alles weicht,

Und das geliebte Weib uns eine Göttin däucht?

Doch wie viel schöner als die Rosen frischer

Wangen,

Und Lilien, die auf der Haut nur prangen,

Ist eine Seele, die der Glanz der Unschuld

schmückt?

Ein aufgeklärter Geist, von Irrthum unbefangen,

Ein Witz, so ungeschminkt als ihre Rosen-

wangen,

Der nie verwundet, stets entzückt;

Und eine Tugend, die gleich weit

Von Schwäche wie von Sprödigkeit,

V. 319 — 335.

Die Frucht des Herzens ist, das sie aus Neigung
übt,

Und allem was sie thut, den schönsten Anstand
giebt!

O! keine Schönheit, die, der Erd entsprossen,
Sich wieder in sie senket, gleicht
Der Seele, die von geist'gem Licht umflossen,
Voll himmlischer Begier der Unterwelt entfleucht,
Und wie auf mächt'gen Engelsflügeln,
Auf göttlichen Gedanken sich erhebt!
Was ist dem Herzen gleich, worin der Himmel
lebt?
Was einem Geist', in dem sich höh're Geister
spiegeln?

‚Zu diesem Ziel auf deinem Rosenpfad
‚Durch diese Welt uns sanft empor zu heben,
‚Und uns von jenem wahren Leben,
‚Das uns erwartet, wenn des Erdlaufs schweres
Rad
‚Einst umgeschwungen ist, ein Vorgefühl zu geben,
‚Worin das Herz befriedigt ruht;
‚Den herben Erdgeschmack des Lebens, wo wir
büfsen

V. 336 — 352.

‚Vielleicht für alte Schuld, dem Guten zu ver-
süfsen,

‚Zu heitern unsern Weg, zu stärken unsern
Muth,

‚Zu läutern unsern Sinn in deiner heil'gen Gluth,

‚Und, wenn wir kindlich nur von dir uns führen
liefsen,

‚Dein ew'ges Wonnereich uns allen aufzuschliefsen,

‚O Liebe, diefs, diefs ist dein höchster Ruhm;

‚Dazu, o Göttliche, entstiegst du jenen Sfären,

‚Worin in deinem Licht die Geister sich ver-
klären,

‚Und wähltest unsre Brust zu deinem Heiligthum.

‚Wir wallen hier, aus unserm Ursprungsstande

‚Herabgestürzt, in einem fremden Lande,

‚Und selbst der Sinnenklav, von schnöder Lust
getäuscht,

‚Er suchte d i c h; — du bists, die seine Sehnsucht
heischt.

‚Wozu, Betrogner, dich ermatten,

‚‚Mit dieser wilden Jagd nach einem falschen
Ziel,

‚Das immer weicht? So schnappt der Hund im
Nil

‚Mit leerem Mund nach einem Wasserschatten.

V. 353 — 358.

,Das Zaubermahl, womit die Wollust speist,

,Läßt ewig leer dein Herz, und tödtet deinen
Geist.

,Wohl uns! die mit entwölkten Sinnen

,Des Lebens Lauf an deiner Hand beginnen

,U r a n i a! — O bleib' auch mir, bis zum
Beschluß,

,Was du mir immer warst, mein guter Genius!

Anmerkungen.

---

1) Seite 29. Anspielung auf eine Elegie von Klopstock, die vielleicht das lieblichste und zarteste ist, was unsre Sprache aufzuweisen hat.

2) S. 32. Mirtill im *Pastor fido*.

ERZÄHLUNGEN.

1752.

Digitized by Google

VORBERICHT

ZUR ZWEYTEN AUSGABE.

Diese Erzählungen sind von einer ganz andern Art als die berühmten *Contes de la Fontaine* oder die Schäfererzählungen unsres Rost, der den Franzosen sowohl in der naiven Anmuth als in der Leichtfertigkeit erreicht, wo nicht übertroffen hat. Beide waren unserm Dichter damahls noch unbekannt, und er kannte zu den seinigen keine andern Muster als diejenigen, welche Thomson seinen Jahrszeiten eingeflochten hat.

Sie wurden im May des Jahrs 1752 aufgesetzt. Das damahlige Alter des Verfassers ist eigentlich dasjenige, worin empfindungsvolle Seelen von einer gewissen Schwärmerey,

die den Gefühllosen so unverständlich und
den Weltleuten so albern vorkommt, am
stärksten hingerissen werden; worin die ganze
Natur uns mit zärtlichen Sympathien erfüllt,
und eine Liebe, wie Petrarch für seine
Laura fühlte, die ganze Schöpfung in unsern
Augen verklärt, und allem, was uns umgiebt,
ihren Geist und ihre Wonne mitzutheilen
scheint. Der Platonismus, der in diesen
Stücken herrschet, war so wenig, als derjenige,
der in Petrarka's Liedern glüht, die Frucht
einer kalten studierten Nachahmung, sondern
eine natürliche Folge der Gemüthsstimmung,
worin sich der Verfasser damahls befand. Diejenigen, die eine Ninon Lenclos der
Johanne Gray, die Courtisane de
Smyrne einer Clementina von Por-
retta, oder die Bacchantinnen des La
Fage den Madonnen Rafaels vorziehen,
sagen damit weiter nichts anders, als daſs jene
ihrem Geschmack und ihren Neigungen angemes-
sener sind als diese; welches ihnen nicht wohl
abgestritten werden kann. Sie haben sogar

recht, wenn sie versichern, daſs solche Geschöpfe einer bezauberten Einbildungskraft,
wie, z. B. die meisten Personen in diesen
Erzählungen sind, den Begriffen und dem
Geschmack nicht nur des groſsen Haufens,
sondern selbst der feinern Art von Weltleuten,
gar nicht gemäſs sind. Aber darin haben sie
unrecht, wenn sie behaupten, daſs es zu der-
gleichen Gemählden keine Originale in der
Natur gebe; oder wenn sie diese Schwärmerey,
deren oben gedacht worden, und die Empfin-
dungsart, die Bilder, die Entzückungen, die
eine natürliche Frucht derselben sind, für
lächerlich, oder so schlechterdings für das
Werk einer affektierten Sonderlichkeit aus-
geben. Sie sollten begreifen können, daſs es
wirklich Leute geben kann, die, vermöge ihrer
Individualbeschaffenheit, von gewissen Gegenständen anders gerührt werden als sie; und
daſs diejenigen, die von ihnen Schwärmer
genennt werden, wenigstens eben so natürlich
und aufrichtig zu Werke gehen, wenn sie
platonisieren, als die Chaulieus, die

Pirons und die Bernis, wenn sie epiku-
risieren. Kurz, sie sollten wenigstens so
billig seyn zu bedenken, daſs derjenige, der
von dem Bilde der Tugend entzückt wird, so
wenig dafür kann, als ein anderer, der von
einer schönen Cirkassierin auf gut türkisch
bezaubert wird; oder ein dritter, der in unglei-
chen Zeiten beiderley Arten von Entzückung
erfährt.

Vermuthlich werden strenge Sittenlehrer
in dieser Erklärung allzuviel Blödigkeit und
Nachgeben ahnden; mich dünkt aber, man
habe in den Zeiten, wo wir leben, schon
vieles gewonnen, wenn man für dasjenige, was
man ehemahls Tugend nannte, nur Toleranz
erhalten kann.

O ihr Sittenlehrer und Sittenrichter! wenn
wird euch endlich die Erfahrung lehren, daſs
ihr durch alle eure Verweise, Bescheltungen
und Zuchtruthen die Welt nicht verbessern
werdet? Schildert die Tugend mit der Begei-

sterung, die ihr Anschauen erweckt; redet
von ihr mit der Wahrheit, mit der Wärme,
die das Kennzeichen eines gerührten Herzens
ist; übet das aus, was ihr so schön zu sagen
wifst, und beweiset an euch selbst, dafs der
tugendhafteste Mensch der glücklichste ist:
So habt ihr gethan, was Konfucius und
Sokrates thaten, und mehr soll niemand
von euch fordern.

ZUSATZ

Diese Erzählungen erschienen Anfangs unter
dem Titel: Moralische Erzählungen,
wiewohl sie (wie der Augenschein lehrt) nichts
weniger als Nachahmungen der *Contes
moraux* des berühmten Marmontel sind,
welche der junge Dichter damahls noch nicht
kannte. Man hat aber dieses Beywort schon
in der Ausgabe von 1770 weggelassen, weil es
den eigenen Karakter derselben nicht bezeichnet
und sie weder von den spätern Erzählungen
und Mährchen des Verfassers selbst, noch von
den meisten Komposizionen andrer Dichter,
die in dieses Fach gehören, gehörig unterscheidet; denn in gewissem Sinne kann man sogar
die Erzählungen des Bocaccio und die Mährchen der Dame D'Aulnoy moralisch nennen.
Eher möchte sich das Beywort empfindsam

(*sentimental Tales*) für sie geschickt haben,
wenn (aufserdem, dafs dieses Wort durch einen
zu häufigen Mifsbrauch eine Art von Zweydeu-
tigkeit bekommen hat) ein solcher Titel ihnen
nicht ein gewisses *air de pretention* gegeben hätte, das ihre kunstlose Einfalt und Unschuld gerade so kleiden würde, wie ein Hof-
gala - Kleid ein ehrliches Landmädchen oder
eine Gefsnersche Schäferin. Man mufs sich
zur Empfindsamkeit, eben so wenig als zur
Grazie, durch einen Aushängeschild anheischig
machen.

Man hat es also bey der allgemeinen Benen-
nung bewenden lassen, und diefs um so mehr,
da schwerlich jemand, der sie lesen wird,
verlegen seyn kann, das, was sie von allen
andern Erzählungen unterscheidet, auszufinden, und da gerade das, was ihren Werth
ausmacht, auch den Grund enthält, warum
es sehr schwer seyn dürfte, ihre specifische
Differenz durch ein einziges Beywort auszudrücken.

Der Verfasser gesteht übrigens, daſs er sich
nicht erwehren kann, vor andern Produkten
seiner Jugend diese Erzählungen mit einer
gewissen Vorliebe anzusehen, weil er sich der
glücklichen Gemüthsstimmung, in welcher sie
aus seiner Seele hervorgingen, in der jetzigen
Epoke seines Lebens nicht ohne Rührung und
Vergnügen · erinnern kann. Er hat es sich
auch daher nicht versagen wollen, sie von den
verschiednen Jugendfehlern, die ihnen noch
häufig anklebten, so viel ihm möglich war,
zu befreyen; und er hofft, daſs ihm diese
Bemühung wenigstens bey den beiden letzten
(S e r e n a und S e l i m) geglückt sey, die ihm
derselben vorzüglich werth zu seyn schienen.

Geschrieben am 16. Jun. 1797.

———————

EINLEITUNG.

Die Muse, die in dichterischen Träumen
Mich oft zurück in jene Zeiten führt,
Da die Natur auf Hügeln und in Thälern
Noch ungestört in schöner Einfalt wirkte;
Zeigt mir die Glücklichen in ihrer Unschuld,
Von Kunst noch unverfälscht, frey von den Trieben
Und Vorurtheilen, die den spätern Menschen
Die Menschlichkeit mit ihren Freuden raubten.

    Da spielen in der anmuthsvollen Wildniſs
Die jungen Rehe mit der Brut des Pardels;
Die Vögel, die noch nicht des Voglers List
Noch Schling' und Stange scheuen, singen fröhlich
Einander zu, und hüpfen durch die Zweige
Die sich, indem sie singen, mehr belauben.
Da hör' ich durch die Wipfel junger Palmen

V. 16 — 38.

Den frühen Waldgesang des Hirten schallen.
Er singt des Mädchens Reitz, das ihn gefangen,
Ihr braunes Aug, ihr süfsentzückend Lächeln;
Sie aber irrt, befriedigt vom Gedanken
Geliebt zu seyn, am Fufs des grünen Hügels,
Und windt aus thauerfüllten Morgenrosen
Ihm einen Kranz um seine schwarzen Locken.

Bald hör' ich unter kühlen Sommergrotten
Ein dichterisches Paar, wie L a n g' und P y r a, [1])
Begeistrungsvoll das Lob der Gottheit singen.
Sie hört von ihrer stolzen Höh' die Ceder,
Und rauscht den frohen Beyfall oft herunter;
Auch hört euch oft, wenn ihr begeistert spielt,
Des Himmels Jugend, still hernieder-segnend,
Aus rosenfarbnen Abendwolken zu.

O goldne Zeit! dich hat die Liebe selbst
Aus ihrer Welt herab gesandt, dich haben
Die Stunden und die Zefyrgleichen Freuden,
Die mit durchschlungnem Arm wie Grazien
Sich nie verlassen, jauchzend hergeführt.
Natur, Natur, du und dein Kind, die Unschuld,
Ihr athmetet in jeder freyen Brust!
Ach kehrt zurück, entfloh'ne goldne Tage,

V. 39 — 43.

Und bringt mit euch, sie deren Nahmen kaum
Ein ausgeartet Alter kennt, die Freyheit,
Die fromme Tugend und die süße Ruh
Der Seele, die mit ihrem Glück zufrieden,
Kein Gram, kein Wunsch, und keine Sorge nagt.

A n m e r k u n g.

1) Seite 54. Zwey beliebte (nun vergeſne) Dichter der damahligen Zeit, die durch ihre Freundschaft nicht weniger als durch ihr Verdienst um unsre Litteratur berühmt waren, und von welchen vorzüglich der letztere (Pyra) eines bessern Schicksals würdig war, und ein frühzeitiges Opfer der karakteristischen Gleichgültigkeit und Kälte der deutschen Nation und ihrer Grofsen gegen alle. auch die ausgezeichnetsten Geistesgaben und Talente, die sich nicht *invita Minerva* in Kanzleyen und Schreibstuben mifsbrauchen lassen wollen, geworden ist.

BALSORA. ¹⁾

In jener Zeit, da sich die Morgenländer
Noch vor dem Thron der Abbassiden bückten,
Herrscht' ein Kalif in Bagdads stolzen Mauern
Der die Sicilischen Tyrannen selbst
An Grausamkeit zu übertreffen strebte.
Sein Leben war ein steter Todesschauer,
Den Furcht und schwarzer Argwohn unterhielten.
Auf wen sein Auge fiel, in dessen Antlitz
Entdeckt' er gleich die Mienen des Verbrechens.
Schon bebte sein Gewissen, wenn er Freunde
Sich traulich sprechen sah; ein leises Wort
Schien wider ihn sich zu verschwören,
Und den Verdacht versöhnte nichts als Blut.
So hatt' er oft vom unbesorgten Lager
Den Ehmann, der, kein nahes Übel träumend,
An seiner Gattin Brust der Ruhe pflegte,
Zum Richtplatz hingeschleppt; so mordete

V. 18 — 41.

Sein Schwert zwey Freunde, deren einziges
Verbrechen ihre Freundschaft war, und sie
Empfindlicher zu quälen trennt' er sie
Im Tode noch, den sie umarmt verlachten.
Doch niemand traf sein Argwohn und die Rache
Mit gröfsrer Wuth, als seine Günstlinge;
Er sah' das Blut von dreyfsig Königinnen
Sein Mordschwert färben; eben so viel Söhne
Entrifs sein Grimm, noch in der ersten Blüthe
Den schönen Hoffnungen der spätern Jahre.

Ein junges kaum der Brust entwöhntes Paar,
War noch allein von dieser Anzahl übrig,
Als er, den Stamm der herrschenden Kalifen
Dem Throne zu erhalten, sich entschlofs,
Diefs Paar, des Hauses Rest, vom Hof entfernt
Und sicher vor Verdacht, erzieh'n zu lassen.

Er läfst den Helim, seinen Leibarzt, rufen,
Von allen Weisen, welche Persis nährte,
Den Weisesten. Ihm war in allen Reichen
Der Schöpferin Natur, so weit Erfahrung
Und tiefes Forschen reicht, nichts unbekannt
Was wissenswürdig ist; vornehmlich hatte
Der Sterne Lauf, des Leibes Wunderbau,
Und mancher unerkannt wohlthät'gen Pflanze

Geheime Tugend viele Jahre schon
Bey Tag und Nacht den Forschenden beschäftigt.
Grofs war sein Geist, doch gröfser noch sein Herz.
Selbst der Kalif, dem niemand redlich hiefs,
Nahm ganz allein den weisen Helim aus
Und ehrte seine wohlgeprüfte Tugend.
Dem trug er auf, die Söhne zu erzieh'n,
Damit sie fern vom höfischen Gepränge,
Der Klippe, wo so oft die Unschuld scheitert,
Mit Wissenschaft und Arbeit sich bemühten,
Und, ohne sie dem Vater abzudringen,
Von Herrschsucht frey, der Krone würdig würden.

Der Weise führt die königlichen Söhne
In seine Wohnung, wo er sie, geschieden
Von Hof und Welt, in einen stillen Hain
Zur Einsamkeit verschlofs.   Hier zieht er beide
Im Schoofs der Weisheit und der Tugend auf.
In Unschuld und an sanften Freuden reich
Fliefst ihre Jugendzeit unmerklich hin.

Der weise Helim hatt' ein einzig Kind,
Ein reitzend Mädchen, zärtlich wie die Liebe,
Schön wie der May, gefällig wie die Unschuld;
Das beste Herz schlug in der schönsten Brust,
Die schönste Seel erschien im sanften Feuer

V. 66 — 89.

Der Augen, und dem holden Mund entflofs,
Wie Thau aus Rosen trieft, die süfse Rede.
Gleich alt als wie die Prinzen, blüht Balsora
Mit ihnen auf.' Sie liebten beide sie
Wie ihre Schwester.   Nur Abdallah fühlte
Noch etwas mehr; ihn nahm ihr stiller Reitz,
Ihr Herz nach seinem Herzen ausgebildet,
Ihr ganzes Thun, der Klang von ihrer Stimme,
Ihr Blick, ihr Gang, mehr als den Bruder ein.
Sie fühlten beid', im Lieben unerfahren,
Doch für einander von der Lieb' erschaffen,
Mehr, als Geschwister, wenn sie sich umarmten.
Für Sie nur übte sich sein Mund in Liedern
Die ihren Nahmen durch die Palmen tönten;
Für Ihn brach sie in ihrer frohen Unschuld
Am Rosenbach neu aufgeblühte Blumen.
Oft ruhten sie in zärtlicher Umarmung,
Wie in der goldnen Zeit der jungen Welt
Die Unschuld am geliebten Herzen ruhte;
Oft sah die Liebenden in Myrtenlauben
Der Mond sich küssen und ihr Schicksal segnen.

Wie selig waren Sie, von keiner Ahndung
Des Unglücks, das ob ihrem Haupte schwebte,
Gestört in ihrem süfsen Traum von Wonne!

V. 90 — 113.

Balsorens Schönheit, floh sie gleich den Ruhm,
War viel zu grofs, um unbekannt zu bleiben.
Ihr Ruf drang auf den Flügeln des Gerüchtes
Durchs ganze Land bis zu des Fürsten Ohren.
Sogleich erwacht in ihm die alte Gluth;
(Er war zu wenig Mensch zur sanften Liebe)
Er fliegt, von ungestümer Neugier glühend,
Sie selbst in ihrer Einsamkeit zu sehen.
Der Vorwand seine Kinder zu besuchen,
Deckt seinen Zweck. Er sah die Schöne heimlich,
Und kam, entbrannt von ihrem Reitz, zurück.

Man hohlt den Helim plötzlich ins Serai.
Ihm schwahnt sein Unglück; zitternd höret er
Gebückt, im Staube, zu des Thrones Füfsen,
Des Sultans Wort: Dein lang geprüfter Eifer
Für meinen Dienst, verdiente längst Belohnung.
Empfang' auf einmahl mehr, als sich dein Stolz
Im kühnsten Flug zu hoffen je vermafs!
Von Stund an, Helim, theile deine Tochter
Den heil'gen Thron des Mahomed mit mir!

Bestürzt vernimmt der Greis diefs Donnerwort.
Er kennt Balsorens Herz, doch mufs er schweigen.
Ihr Schicksal ängstigt ihn, kaum hält sein Muth,
Der nie gewankt, die väterliche Zähre

V. 114 — 135.

Zurück im Auge. Dennoch lispelt ihm
Sein guter Genius schnell die Antwort zu:
Fern sey von dir, o Herr, mit meinem Blute
Der Abbassiden heil'gen Quell zu trüben!

Er sprichts umsonst.   Nichts hemmt des Sultans
Willen,
Die Fiebergluth, die aus Balsorens Augen
Sein Herz erhitzt, gährt schon in allen Adern,
Und glüht in jedem Blick. So glüht ein Löwe
Vor heifser Brunst, es lechzt der dürre Schlund,
Die Flammen schiefsen funkelnd aus den Augen,
Die Mähne strotzet, und mit Wuth im Blick
Sucht er die junge Löwin brüllend auf.

Balsora mufs sogleich vor ihm erscheinen.
Der Vater selbst soll ihr das Todesurtheil,
Des Fürsten Vorsatz, vor dem Thron entdecken.
Sie kommt. Man führt sie vor. Ihr matter Blick,
Verräth die Sorgen der beklemmten Brust.
Jetzt zittert Furcht auf ihren bleichen Wangen,
Jetzt färbet sie die jugendliche Scham.
Mit Wunder staunt der Fürst sie an; so schön
Sind, däucht ihn, kaum des Paradieses Nymfen,
Die der Profet den Gläubigen verspricht.

V. 136 — 159.

Doch kaum vernahm die Unglückselige
Das zugedachte Glück, so brechen ihr
Die Kniee, kalter Schweifs steht auf der Stirn,
Und, todtenbleich, sinkt sie am Throne hin.
Der Vater schwichtiget [2]) des Fürsten Grimm,
Der aus den Augen droht, mit heifsem Fleh'n:
Die Ehre, spricht er, die mein Mund so rasch
Ihr kund gethan, der nicht vorher dazu
Bereiteten, ist allzu blendend, und
Zu schwach ihr Herz, ein solches Glück zu tragen.
Doch willst du mir zwey Tage nur gestatten,
So will ich sie nach deinem Willen bilden,
Und würdiger in deine Arme liefern.

Der Fürst gesteht es zu. Man trägt Balsoren
In ihres Vaters Haus. Nach langer Mühe
Schleicht wieder sich das fast erlosch'ne Leben
Durch die entnervten welken Glieder hin.
Sie fühlt sich wieder selbst; doch sie von neuem,
Langsamer nur zu tödten, wacht zugleich
Bewufstseyn ihres Unglücks auf mit ihr.
Wie? ruft sie aus, und ringt die zarten Hände,
Du, der du mich, den ich so zärtlich liebe,
Dir soll die Hoffnung deiner stillen Seufzer,
Der reinsten Treue Lohn, entrissen werden?

V. 160 — 183.

Ich, die ich dein zu seyn mein einzig Glück,
Mein Leben nannt', ich, deiner Seelen Hälfte,
Soll, dir geraubt, in fremden Armen leben?
O nein! eh soll diefs Auge, das nur dich
Zu sehen liebet, sich auf ewig schliefsen!
So jammerte die Arme Tag und Nacht,
Sich selbst verzehrend, bis ein tobend Fieber
Sie niederwarf und nah dem Tode brachte.

Es wird bekannt; man klagt sie überall;
Selbst der Tyrann erzittert vor der Botschaft.
Indessen schärft Gefahr und Angst des Alten
Erfindsamkeit, und, sicher seiner Kunst,
Spricht er zufriednen Muth der Tochter ein;
Indem ein Trank, ein Wunder seiner Kunst,
Des Fiebers Wuth und die Gefahr des Todes
In einen Schlaf, der auf gewisse Zeit
Vom Tod ihr nur die Miene giebt, verwandelt.

Drauf eilt er voll verstelltem Schmerz, mit Asche
Das Haupt bestreut, und mit zerrifsnen Kleidern,
Balsorens Tod dem Sultan anzuzeigen.
Der Fürst, der menschlich nie gefühlt, vernahm
Mehr zürnend als gerührt die Trauerpost.
Drauf sprach er: Weil in allen meinen Reichen
Schon ruchtbar ward, wozu ich sie bestimmte,

V. 184 — 207.

Soll man der Braut die gleiche Ehr' erweisen,

Die der Gemahlin widerfahren wäre.

Ihr Leichnam werd' ins s c h w a r z e H a u s gebracht!

Diefs schwarze Haus war, seit uralten Zeiten,

Ein königlicher Dohm, aus schwarzem Marmor

Gebaut mit grauenvoller Pracht.   Hieher

Trägt man, so bald der letzte Athem sie

Verlassen hat, die herrschenden Kalifen

Und was zum königlichen Hause

Gehört, um Mitternacht, mit stillem Trauerpompe.

Dann werden sie vom ersten Arzt gesalbet,

Und auf Porfyr in ihren Reihn gelegt.

Der Tod und ew'ge Nacht herrscht in den Wänden

Der einsamen erhabenen Gewölbe;

Doch zittert um die glänzend schwarzen Pfeiler

Der bläulich weifse Schein von tausend Lampen.

Kein Sterblicher, selbst der Kalife nicht,

Darf dieses Tempels heil'ge Nacht besuchen,

Dem ersten Arzt allein bleibt dieses Recht;

Von hundert wohl bewehrten Mohren wird

Der hundert Thore Eingang stets bewacht.

Hieher ward Helims Tochter auch getragen.

„Doch wie? so fragt man, warum wird uns nichts

Von ihm gesagt, der sie so innig liebte?

V. 208 — 231.

Nichts von Abdallah? wufst' er nicht sein Unglück?
Konnt' ihm Balsorens Tod verborgen bleiben?"
Er war entfernt, als sie der Fürst berief.
Doch hört' er kaum des Vaters Schlufs, so eilt
Vom Schmerz gespornt, er nach der Hauptstadt hin.
Die erste Zeitung ist Balsorens Tod,[1]
Er hört sie selbst aus Helims Mund.   Der Arme!
Wie tödtend war sein Schmerz? Wie unbeschreiblich!
Kein Schreckbild, wär's auch von der Schwermuth
                selbst
In einer bangen Mitternacht geträumt,
Drückt seinen Jammer aus.   Sein fühlend Herz
Erliegt darunter, droht vor Angst zu brechen.
Doch Helim, den des Ausgangs Hoffnung sichert,
Giebt von dem Trank, durch den Balsorens Fieber
Sich in wohlthät'gem Schlaf verlor, auch ihm;
Nur sagt er ihm von seiner Wirkung nichts.
Man glaubt den Prinzen todt.   Das ganze Reich
Weint die verschwundne Hoffnung seines Glückes;
Selbst den Tyrannen rührt der neue Schlag
So schnell dem ersten folgend.   Trostlos klagt
Den treusten Freund, den Bruder, Ibrahim:
Die Burg erschallt von jammerndem Geheul,
Und der entschlafne Prinz wird, still beweint,
Um Mitternacht ins schwarze Haus getragen.

V. 232 — 254.

Je{zt kommt die Zeit, da sich des Schlaftrunks
Kraft

Verliert. Balsora wacht zuerst und staunt,

(War ihr die List des Vaters gleich bekannt,)

In diesen furchtbaren Gewölben sich

So einsam wieder findend, hebt sich dann

Und sieht mit süfsem Schrecken den Geliebten

In sanftem Schlaf an ihrer Seite liegen.

Halb zaghaft küsset sie den blassen Mund,

Und mit Entzücken fühlt ihr Mund auf seinen

Leisathmenden und immer wärmern Lippen

Des Lebens Wiederkehr. Die Holde legt

Sich neben ihn, auf sein Erwachen harrend.

Schon schlägt an ihrer Brust sein Herz, sein Mund

Bebt unter ihren Küssen. Freudig schauernd

Fährt sie zurück und lehnt, in kleiner Ferne,

Sein erstes Staunen heimlich anzuseh'n,

Sich an die Seiten eines Pfeilers an.

Wie wird mir, ruft Abdallah, halb erwachend,

Mit schwachem Laut, vor dem er selbst erschrickt;

So bin ich noch? wo bin ich? welcher Tempel?

Welch stiller Glanz? — Wie? seh' ich, oder trügt

Ein süfser Traum mein ängstlich liebend Herz?

Seh' ich nicht hier Balsora mir zur Seiten?

V. 255 — 279.

Ja, ja, sie ists, die Göttliche, sie ists!
Diefs sind des Paradieses stille Grotten,
Und diefs der Schatten des geliebten Mädchens —
So ruft er, aufser sich, die Arme gegen sie
Verbreitend, aus; und, länger sich nicht haltend,
Fliegt sie, indem die süfse Freudenthräne
Aus ihrem Aug' auf seine Wange strömt,
Mit offnem Arm in seine offnen Arme.
O Wonne, unbeschreiblich, wie der Schmerz
Mit dem sie dich, du Himmelslust, erkauften?
Mit welchen Wallungen des treuen Herzens
Sank er an ihren Mund, sank sie
In sanfter Ohnmacht hin an seine Brust!
Euch himmlische, euch nahmenlose Freuden,
Euch kennt und fühlt die reine Liebe nur;
Kein Dichter schildert euch, und hätt' er gleich
Im vollsten Überschwang euch selbst erfahren.
Balsora sagt ihm jetzt, so bald die Freude·
Ihn hören läfst, wie sie hieher gekommen,
Des Königs Vorsatz, den verstellten Tod,
Und die Erfindungen des treuen Vaters.
Indefs vergafsen sie, noch von der Wonne
Des Wiedersehens trunken, d'ran zu denken,
Wie sie aus diesem öden Todestempel
Sich retten wollten, und das Grauen selbst,

V. 280 — 302.

Hatt' in Balsorens Armen für Abdallah
Was festlichers als helle Paradiese,
Und mischte Schauer in Entzückungen.

Doch der Erhalter ihrer Liebe hatte
Für dieses auch gesorgt, und einen Weg
Sie unentdeckt durch die bewachten Thore
Heraus zu führen, glücklich ausgesonnen.
Der Vollmond naht' herbey. Nun ging im Volke
Seit grauer Zeit die allgemeine Sage,
Dafs, die der Tod dem Fürstenhause raubt,
Am nächsten vollen Mond um Mitternacht,
In glänzender unsterblicher Gestalt,
Aus einer von den Pforten gegen Morgen
Hervorgeh'n und zum Paradiese wallen.
Man nannte drum die Pforte insgemein
Das Thor zum Paradies. Und diese Sage
Half unserm Paar aus dem verhafsten Kerker.

Der Weise, dessen steter Aus- und Eingang
Ins schwarze Haus ganz unverdächtig war,
Weil er die Leichen balsamieren sollte,
Sorgt vor dem Tag, auf den der Vollmond folgte,
Für alles, was sie zur Verkleidung brauchten.
Ein langes Kleid von glänzend weifsem Sindon

V. 303 — 325.

Legt er um ihren Leib, darüber wallt

Von himmelblauer persian'scher Seide

Ein niederfliefsendes Gewand, die Schleppe

Aus einem Silberstück kriecht auf dem Boden

Hellschimmernd nach.   Ein Myrtenkranz durch-

schlingt

Abdallens Haar, und um Balsorens Stirne

Blüh'n lieblich duftend stolze volle Rosen.

Ihr fliegendes Gewand haucht Spezereyen

Und Indische Gerüche von sich aus,

Und balsamt weit und breit die Gegend ein.

Sie kommt, die frohe Nacht.   Es eilt erseufzt

Der Mond, der gern der Liebe Weg beleuchtet,

In vollem Glanz herauf; der weise Vater

Eröffnet still das Thor zum Paradiese.

Sie geb'n heraus.   Ihr festliches Gewand

Vom Mond beglänzt, strahlt seinen stolzen Schimmer

Weit von sich aus, ambrosische Gerüche

Verrathen stracks die himmlische Erscheinung

Den Wächtern, die vor ihrem Glanz erstarrend,

Sie für die Geister der Verstorbnen halten.

Sie fallen zitternd auf ihr Antlitz hin,

Bis die Unsterblichen, durch sie hinwandelnd,

Dem langsam kühnen Blick entgangen sind.

V. 326 — 349.

Nunmehr kommt Helim von der andern Seite,
Und führet sie, umschattet von der Nacht,
In ein verlafsnes Thal des Berges Khakan,
Wo die Gesundheit in den reinern Lüften,
Und auf den kräuterreichen Hügeln wohnt.
Ihm hatte der Kalife, den er einst
Auf diesen Höh'n von einer Krankheit heilte,
Die ganze Flur zum Eigenthum geschenkt.

Kaum trat der Tag aus seinen goldnen Pforten,
So eilten schon die Wächter, die Erscheinung
Dem Hofe kund zu thun; doch niemand war,
Der dem Berichte glaubt; ihn hielt ein jeder
Für ein Gedicht, womit dem Hof gewöhnlich
Um einen kleinen Lohn geschmeichelt wurde.

Indefs gelangt mit den geliebten Kindern
Der weise Greis auf Khakan glücklich an.
Hier schlofs die Einsamkeit sie von der Welt
In selige vergnügte Thäler ein.
Hier, Liebe, schenktest du dem besten Paar,
In stiller Ruh, die Fülle deiner Wonne.
Abdallah, welch ein göttlich Glück war deines!
Dir blüht Balsora, dir entwickelt sich
Ihr schöner Geist; ihr unbeflecktes Herz,
Mit allem Reitz der anmuthsvollen Unschuld,

V. 350 — 373.

Mit aller Pracht der jugendlichen Schönheit,
Mit allen Himmeln voller Lust, ist dein.
So wie ihr euer heitres Leben lebtet,
So lebten, in der Zeit der ersten Lenze,
An Ladons Strand die guten Hirten, die
Den Grazien und ihren Zöglingen
Mein Geſsner singt.   Ihr war't, was nicht zu seyn
Auf ihrem Thron die Könige beseufzen,
Was alle wünschen, wenige nur kennen,
Und der nur fähig ist, den die Natur
Sanft und gefühlvoll schuf, ihr waret glücklich
Und euers Glückes werth! —

Indeſs starb der Tyrann, und Ibrahim,
Der Völker Lust, bestieg den Thron, wozu
Des Bruders allgemein geglaubter Tod,
Wiewohl er jünger war, das Recht ihm gab;
Und, im Genuſs der neuen goldnen Zeiten,
Vergaſs das Land der vor'gen Thränen ganz.

Einst da der neue Sultan auf der Jagd
Von seinen Leuten sich verloren hatte,
Führt' ihn der Zufall, oder war es nicht
Vielmehr ein guter Genius? unvermerkt
Bis an des Berges Khakans Fuſs.   Er folgt
Dem Fluſs, der ihn durch anmuthsvolle Thäler,

V. 374 — 397.

Die ringsum in der Abendsonne glänzen,
Zu einer Reihe stiller Hütten führt.
Er eilt hinzu.   Doch, denkt euch sein Erstaunen,
Da er im Schatten eines Mandelbaums
Balsoren mit Abdallah sitzen sieht!
Kaum wagt ers dem entzückten Blick zu glauben,
Bis er zuletzt des Bruders Stimm und Bildung,
Als wie erwacht aus einem Traum, erkennt,
Und freudenvoll in seine Arme sinkt.

„So seh' ich euch, die ich so lang beweinte,
Ihr zärtlichen Gespielen meiner Jugend!
Wird mir die gröfste Freude meines Lebens,
Abdallen in Balsoras Arm zu sehn?
Welch ein Geschick, welch eine Gunst der Gottheit
Hat euch zurück in diese Welt geführt?"

Sie sagten ihm, was Helim ihm, die Wonne
Des Wiedersehens zu erhöhn, verschwiegen;
Den ganzen Labyrinth der Fügungen,
Durch die das Schicksal sie zum Ziel geleitet.
Das Angedenken der vergefsnen Schmerzen
Wird allen neu, und mischt sich in die Freude.

Kaum hatte Ibrahim, des Hofs vergessend,
Zwey Tag' in ihrer neidenswerthen Einfalt
Das zärtliche geliebte Paar genossen,

V. 398 — 421.

Als der Gedank' ihm kommt, dem ältern Bruder
Das Reich, das ihm gebührte, abzutreten,
Und da Abdallah unbeweglich dessen
Sich weigert, ihm zum wenigsten davon
Die Hälfte aufzudringen. Doch vergebens
War alles, was er sagte, bat und flehte.
Abdallah fand nichts neidenswerth an Kronen,
Und sichre Freyheit an des Gatten Seite,
Fern von der Welt, im Schoofs der Ruhe, war
Des Glückes Gipfel in Balsorens Augen.
Sie zeigten dem Kalifen, von der Spitze
Des fruchtbarn Khakans, ihrer Thäler Glück.

„Die ganze Flur war, eh wir sie bewohnten,
So sprachen sie, nur eine schöne Wildnifs;
Sieh', welche Zier ihr unser Fleifs gegeben!
Sieh', wie die Anger lachen, wie die Wiesen
Von dichtem blumenvollem Grase strotzen,
Und von der lüft'gen Zeder überschattet
Der Öhlbaum und die jugendliche Palme
In stolzen Ordnungen die Hügel krönen.
Hör' das Geblök von ungezählten Heerden,
Sich durch die Thäler hunderfältig brechen.
Sieh, wie, den Hirten unschuldsvoll entfliehend,
Die Schäferinnen an den Bächen weiden.

V. 422 — 443.

Wie lieblich ist die ungekünstelte
Natur, wie rein ihr unerkanntes Glück!
Wie sollten wir mit dem Geräusch des Hofes
Die Hütten, wo die Liebe wohnt, verwechseln?
Wie thöricht würden wir dem Land entflieh'n,
Um Schmeichlern und langweiligem Gepränge
Des wahren Lebens Freuden aufzuopfern?
Wie schlecht vertauschten wir um Sängerinnen
Den Waldgesang der freyen Nachtigallen?"
So sprachen sie in ihrem Glück gesättigt.

Voll stiller Wünsche kehrt der kluge Fürst
Aus ihrem Arm in seinen goldnen Kerker
Und eilet jeden langerseufzten May
Zurück in die Elysischen Gefilde,
Bey seinen Lieben wieder aufzuleben.
Balsora und ihr Freund genossen bis
Ins höchste Alter ihres stillen Glücks
Und sah'n die Ebenbilder ihrer Tugend,
In edeln Kindern lieblich um sich blüh'n.
Noch jetzt wünscht man in Khakans Gegenden
Den Liebenden, sie recht beglückt zu wünschen,
Seyd glücklich wie Abdallah und Balsora!

Anmerkungen.

---

1) Seite 57. Daſs der Stoff dieser Erzählung aus Addi-
sons *Spectator* genommen sey, braucht, da ein so treffli-
ches Buch in Jedermanns Händen ist oder seyn sollte, kaum
erinnert zu werden.

2) S. 63. Schwichtigen (zum Schweigen bringen,
besänftigen) war im Jahre 1751 auſserhalb Niedersachsen
ein noch unbekanntes und unerhörtes Wort. Man hat aber
lieber diesen Anachronismus begehen, als den Grimm des
Sultans zufrieden sprechen lassen wollen; welches
auch damahls nicht das rechte Wort war.

ZEMIN UND GULINDY.

V. 1 — 16.

O Göttin Liebe! Königin der Geister,
Was sind wir, wenn nicht du des Lebens Werth
Uns fühlen lehrst? Du bists, die unsre Triebe,
Die Winde, die uns wie die Welt beseelen,
In süfse Harmonien wiegt. Wie schmachtet
Das leere Herz, bis du dich drein ergiefsest?
Wie rufen dich die nie entschlafnen Stimmen
Der ew'gen angeschaffnen Triebe her?
Sanfttönend, gleich dem schwachen Laut der Seufzer,
Die einer unerfahrnen Schäferin
Den jungen sehnsuchtsvollen Busen heben.
O Du, mit deiner lächelnden Gespielin,
Der Unschuld, lehrest uns ein himmlisch Leben!
Ihr die ihr liebt, o segnet euer Schicksal,
Umarmt euch zärtlicher und dankt's der Liebe,
Dankts ihr nur, dafs ihr lebt. Der Menschenfeind,

V. 17 — 39.

Der Unempfindliche, der Böse, dem der Himmel
In seinem Zorn ein liebend Herz versagt;
Er lebet nicht! Vergnügen, Wonn', Entzückung,
Sind ihm, dem Unglücksel'gen, leere Töne.
Doch dafs ihr stärker fuhlt, wie unentbehrlich
Die Lieb uns ist, die angeschaffne Sehnsucht
Nach Lust und Ruh in unsrer Brust zu stillen,
So höret, was von Z e m i n und G u l i n d y
Ein Dichter aus Arabien erzählt!

———

Vor grauer undenkbarer Zeit beherrschte
Ein guter Geist, des höchsten Gottes Liebling,
Die Elementengeister; (F i r n a z nennen ihn
Arabiens Dichter) Luft und Erd' und Meer
Gehorchten ihm mit ihrem geistgen Volke,
Den Gnomen, Nymfen, Sylfen und Sylfiden.
Durch einen innern Hang zog diesen Geist
Die Menschheit an; vor allen übrigen
Geschlechtern war er Adams Kindern hold,
Und, ihnen wohlzuthun, sein stündliches
Geschäfte. Kindern, die nur erst zu athmen
Begannen, gab er geist'ge Hüter zu,
Die ungesehn um ihre Häupter schwebten,
Und vieler pflegt' er selbst, in deren Zügen

Er eines edlern Sinnes, und der höhern

Bestimmung Spuren fand. Er bildete

Des künft'gen Dichters Herz, der seinen Brüdern

Den hohen Reitz der Tugend singen sollte;

Sorgfältig wacht' er für die junge Schöne

Bey der sich Zärtlichkeit mit Leichtsinn paarte,

Und rettete, noch auf dem jähen Rand

Des Abgrunds, oft des feur'gen Jünglings Unschuld.

Vor allen aber, die er liebte, waren

Ihm Zemin und Gulindy an sein Herz

Gebunden, beide Königskinder, jedes

Die Hoffnung eines Volkes, dessen Fleiß

Des glücklichen Arabiens Fluren baute. —

,Wer über andre herrschen soll (sprach Firnaz)

,Muß selbst der Beste seyn, und wer sich selbst

,Nicht glücklich fühlt, wie sollt' er andrer Glück

,Zu Herzen nehmen? Ja — so fuhr er fort,

Aus einer goldnen Wolk' auf seine beiden

Erkohrnen Lieblinge die Strahlenaugen

Mit Wohlgefallen heftend, — dich, mein Zemin,

Dich soll kein Adamskind an Tugend, dich

An Liebenswürdigkeit, Gulindy, keine

Von Evens schönsten Töchtern übertreffen!

Und euch so glücklich, als ein Kind des Staubes

V. 64 — 87.

Es werden kann, zu machen, und, durch euch
Auf Myriaden Glück und Lebensfreude zu
Verbreiten, soll die schönste Liebe
Die ganze Fülle ihrer Seligkeiten
Auf euch ergiefsen! Glücklich sollt ihr seyn
Wie noch kein liebend Paar auf Erden war!

So sprach der Geist, und nun vernehmet, welch
Ein Mittel, seinen Vorsatz auszuführen,
Ihm seine Weisheit zeigte. Zemin wurde,
Von Kindheit an, der weiblichen Umarmung
Entrissen, und von aller Frauen Anblick
Geschieden. Seiner Mutter selbst war, ihn
Zu sehen, nicht erlaubt. So weit vom Hof
Entfernt als möglich, ward er, durch Vermittlung
Des Geisterkönigs, in der Stille eines
Einsiedlerischen Waldes auferzogen.
Hier wuchs und stärkte sich durch Übungen
Sein Leib, entfaltete an deinem Busen,
Natur, sich sein Gefühl, und nährte
Durch Unterricht mit Wahrheit sich sein Geist.
Von weiser Lehrer Lippen flofs sie rein
Ihm zu, und lieblich, ohne Schaum und Hefen.
Hier lernt' er, wie der Mensch, für etwas mehr
Als dieses Erdelebens Glück geboren,

V. 88 — 111.

Den Ewigkeiten lebt; hier lehrt die Klugheit
(Nicht jene falschberühmte, die jetzt herrschet)
Die edle Kunst ihn, Völker zu beglücken.
Man zeigt ihm früh (die Weisheit liebt die Jugend)
Der Künste Werth, und grofser Geister Würde.
Zwey Weise, die mit himmlischen Gesängen
Sich Nymfen oft im Hain zu Hörern machten,
Liebt' er vor andern, und ergetzte sich
Beym frohen Mahl und bey der Becher Rosen
An ihren Hymnen, die der Helden Thaten
Und ihren Nachruhm in die Leier sangen.

So ward der Geist gebildet, welcher einst
Ein zahlreich Volk und sich beglücken sollte.
Der Leib, des Geistes Werkzeug, ward zugleich,
Durch tausend Übungen, geformt, gehärtet.
Ihm wichen bald die trefflichsten Gespielen.
Ein hoher Muth, in jeder Miene sichtbar,
Ein Wesen, das beym ersten Blick den Helden,
Den Menschenfreund, den tapfern, edeln, guten,
Grofsherz'gen Menschen (der nur ist ein Held!)
Verkündiget, beseelte was er that.
So wuchs und blüht' er unter Firnaz Augen,
Bis sechzehn Sommer hingeflossen waren.
Noch war ihm unbekannt, dafs ein Geschlecht,

Vom unsrigen verschieden und, für uns
Mit jedem Reitz begabt, erschaffen sey.
Wer ihn umgab, war ernstlich angewiesen,
In diesem Punkt unwissend ihn zu lassen.
Auch hört er niemahls von der Freunde Lippen
Noch von der Leier, die gern Liebe tönt,
Die Seligkeit der Liebenden. Sein Herz
Beruhigte sich immer noch im Arme
Des edeln Sittim, den er, ihm an Tugend
Und an Gestalt den ähnlichsten, vor andern
Zum Freunde sich erwählt' und inniger
Als Brüder sich zu lieben pflegen, liebte.

Indeß nun Zemin, mit der schönsten Hälfte
Der Menschheit unbekannt, einsiedlerisch
Im Schooß der Weisheit wuchs, ward ihm Gulindy
Von Firnaz selbst sorgfältig zugebildet.
Auf sein Verordnen, wurde auch von ihr
Der Männer Anblick stets entfernt. Sie lebte
Ihr erstes Pflanzenalter unter Spielen,
Mit rosengleichen jugendlichen Mädchen,
In einem einsamen Palast, den Firnaz
Für sie erbauen ließ, in Unschuld hin.
So waren kaum acht Jahr' in ihrer Mutter
Umarmungen vorbey geflohn, als Firnaz

V. 136 — 159.

Sie heimlich stahl, da sie mit ihrer S i r m a,
(So hiefs von ihren Freundinnen die schönste)
In einem Labyrinth des Gartens irrte.

Er brachte sie, auf einer Silberwolke,
In eine Insel, die, dem Blick der Schiffer
Verborgen, unter ew'gen Wolken ruht.
Zwölf Nymfen, schöner als die Morgenröthe,
Begrüfsten sie an den beglückten Ufern,
Und führten sie durch lange Myrtenreihen
In einen glänzenden Palast, wo Firnaz
Sich oft verbarg, wenn ihn der Menschen Unart
Undankbare zu lieben müde machte.

Hier blühte, wie der May bekränzt mit Rosen
Vor andern Monaten, Gulindy auf,
Sich unbewufst die Nymfen übertreffend.
Nie wallt' ihr junges Herz von andern Trieben
Als von Empfindungen der reinen Unschuld.
Der Geist, der ihr in weiblicher Gestalt,
M i n e r v e n gleich, stets gegenwärtig war,
Vergafs kein Mittel, ihren sanften Busen
Der Liebe, die sie einst empfinden sollte
Voraus zu weihn.   Oft führt er sie und Sirma,
Beym Zauberschein des Monds, in stille Thäler,
Und spielt ihr aus der goldnen Zither Lieder

V. 160 — 183.

Von der Geburt der Seele, von der Schönheit
Der seligen Natur, und ihrer Unschuld,
Und von der Süßigkeit der heil'gen Freundschaft.
Dann floß das ganze weiche Herz des Mädchens
In himmlische zufriedne Harmonien;
Oft perlten die Empfindungen der Seele
In stillen Thränen von den Rosenwangen.
Dann schmiegte sie sich sanft an ihre Sirma,
Und fühlt' in ihrem Arm die Freude doppelt,
Und träumt' in ihrer jugendlichen Einfalt
Nichts von noch höhern Freuden. Denn es nahm
Die Freundschaft noch in ihrem freyen Herzen
Der Liebe Platz, und alle ihre Wünsche,
Und ihre zärtlichsten Verlangen waren
Für Sirma nur. Der strebt sie zu gefallen;
In ihren Mienen sucht sie öfters furchtsam
Die holden Zeichen der Zufriedenheit.
Sie zittert ängstlich, wenn sie Sirma blässer
Zu sehen glaubt als sie gewöhnlich ist,
Und jede kleine Freude wird mit ihr
Getheilt, und lieblicher, so wie das Licht
Vom Widerschein, von ihr zurück empfangen.

Indessen naht, gleich einem klaren Bach,
Der, kaum ein Quell, aus Marmorklippen sprudelnd,

Durch Blumen flofs, und nun mit andern Bächen
Verstärkt, sich schwellt und eilt ein Strom zu werden,
Die Zeit der vollen Jugendblüth' heran.
Die Wünsche wachsen nun mit ihrem Busen
Zugleich, und oft, wenn sie allein ist, fühlt
Sie wundernd in sich selbst ein grofses Leeres,
Und eine Sehnsucht, die der Freundin Kufs
Nicht stillen kann.   Oft wenn sie durch den Hain
In Schatten irrt, voll angenehmer Schwermuth,
Bricht unvermuthet ein geheimer Seufzer
Hervor, und wird in ihrem Mund zur Rede.

„Wie wird mir? Welche neue Rührungen?
Was fühlest du, Gulindy, welche Seufzer?
Was will diefs Schauern, diese Bänglichkeit,
Die ohne Ursach, dich so oft ergreift?
Was heben dich, mein Herz, für leise Wünsche,
Wenn du in Sirma's Arme zärtlich sinkst?
Ich such in ihrem Blick ob sie mich liebt,
Und finde nicht diefs Feuer, das ich suche.
Ihr ruhig Aug' ist matt und wenig sagend,
Und ihren Küssen scheinet was zu fehlen.
Warum, so oft die Saiten Firnaz rührt,
Zerschmilzt im Busen mir das Herz, und fühlt
Ich weifs nicht was, verliert in dämmernde

V. 208 — 231.

Gesichte sich und süfse Träumerey?
Sonst war es nicht so! warum jetzt? was ist
Das Unaussprechliche, das in mir klopft,
Wenn ich, im Mondschein, einsam, den Gesang
Der Nachtigall im dunkeln Busch behorche?
Sie scheint zu klagen, — ich empfind' ihr Leid,
Mein Blut quillt wärmer durch die Adern hin,
Mir ist als sollt' ich mit ihr klagen, und
Doch weifs ich nicht, warum ich klagen soll."

So spricht sie laut, und wundert sich, da sie
Sich sprechen hört.   Jetzt naht sie einem Brunnen,
Bückt sich herab auf seine glatte Fluth
Und stutzt, und sieht, begierig und erstaunt,
Zum ersten Mahl ihr unbekanntes Bild.
Wie? ruft sie, welche liebliche Gestalt!
Sieht aus der Fluth mir eine Nymf' entgegen?
Wie glänzt ihr Auge! Wie erblafst die Rose
Vor ihrer Wangen süfser Röthe! welch
Ein zaubrisch Lächeln wallt um ihre Lippen!
Doch wie? diefs Wasserbild regt sich mit mir,
Weicht, wenn ich weiche, naht sich, wenn ich nahe,
Und ist, wenn ichs umarmen will, verschwunden.
Wefs ist diefs Bild? Wie wenn es meines wäre?
Ja, ja, so mahlen sich die Blumen hier,

V. 232 — 255.

So bückt sich der Schasminstrauch in die Wellen.

Es ist mein Bild, in meinen Augen strahlt

Diefs Feuer, meinen Mund umfliefst diefs Lächeln;

Ich seh es, Sirma hat mir nicht geschmeichelt.

Allein für wen sind alle diese Reitze?

Wem blühen diese Wangen? Dieser Mund

Wem ist er schön? Vergeblich? — — Jene Rose

Winkt mir, an meiner Brust zu blühn, und kühlend

Mir süfse Balsamwirbel zuzuathmen.

Wem aber winken diese Rosenwangen?

Wem schmückte dich, Gulindy, die Natur

So reitzend aus, dafs du dir selbst gefällst?

O wäre doch ein Wesen, mir geschaffen,

Das stark und zärtlich fühlte, dessen Wünsche

Den Wünschen dieser Brust antworteten!

Zwar liebt mich Sirma, zärtlicher vielleicht

Als andre Freundinnen, doch meinem Durst

Nach Liebe nicht genug.   O Firnaz, sprich,

Ist in der Schöpfung ganzem Umkreis denn

Kein Herz, das mir entgegen schlägt, und mich

So lieben könnte, wie ich's lieben wollte?

Kein Wesen, das mich sucht, und, fänden wir

Uns endlich, so in meine Arme sänke,

Wie ich an seine Brust? O wär's für mich,

V. 256 — 279.

Und nur für mich allein, erschaffen! Kennte
Kein Glück als mich zu lieben, mir zu leben.
Wie ich ihm leben würde, ihm allein!
Wie wollt ich, von der Morgenröth' erweckt,
Am frischen Bach die schönsten Blumen lesen,
Dein Haar, du Liebenswürdige, zu schmücken!
Wie wollt ich, am Granatbaum neben dir
Gelagert, in die Wette mit der Nachtigall,
Dir unermüdet meine Liebe singen!
Wie wollten wir ein himmlisch Leben leben!
Doch, welche eitle thörichte Begierden!
Gulindy, was verlangst du? was gebricht
In diesem stillen Sitz des Friedens dir?
Bist du nicht glücklich unter Firnaz Flügeln?
Warum denn schwindet dir die heitre Freude
Der Kindheit, die noch keine Wünsche kannte?
Warum vermehrt sogar der Lenz, der sonst
So süßer Freuden Quelle war, jetzt nur
Den schmerzlichsüßen nahmenlosen Drang?

So sprach sie mit sich selbst, in schöner Unruh,
Indem durch des Instinktes Macht, die Liebe
Sie zu dem unbekannten Jüngling zog,
Dem Sympathie und Schicksal sie bestimmte.
Stilllächelnd hörte sie der Geister König,

V. 280 — 303.

In einer nahen Wolke, hochvergnügt
Daſs jede Regung ihres jungen Herzens
Unwissend sich in seinen Anschlag fügte.

Indeſs ward Zemins Brust von gleichen Wünschen
Noch mehr empört, und seine Stirne glich
Dem Sommertag, den nach dem schönsten Morgen
Gewölk und graue Regen überziehn.
Er ist nicht mehr das Bild des muntern Scherzes,
Er sucht die Einsamkeit, er flieht den Freund,
Er flieht in öde lichtberaubte Wälder.
Das neue Grün, das Lachen junger Fluren
Verdrieſst ihn jetzt; sie sollten traurig seyn,
Und seiner Seele düstre Farben tragen.
So ward ein ganzes finstres Jahr bereits
Verträumt. Zwar liebt er seinen Sittim,
Noch wie zuvor, noch leidenschaftlicher
Sogar; allein sein unbefriedigt Herz
Verlangt noch mehr, verlangt mit Ungestüm
Mehr als des Freundes Liebe geben kann.
Oft sinnt er nach, und quält sich zu ergründen,
Wie die Bewegungen in ihm entstanden,
Die ihm die Ruhe raubten, und verfolgt
Den neuen Trieb durch alle Labyrinthe
Des sich selbst unergründlichen Gemüthes.

V. 304 — 327.

Einst ging er vor des Morgenrothes Anbruch
Im Garten des Palasts allein umher.
Die Dämmerung, die allgemeine Stille,
Der Flor, der noch die Reitze der Natur
Verhüllte, alles stimmt zu seiner Schwermuth.
Er irrte lang gedankenvoll umher,
Und brach zuletzt in diese Reden aus:

Nein! nicht vergebens pochen diese Triebe
So stark in mir; vielleicht weissagen sie
Mir noch ein unbekanntes größres Glück.
Wie heftig wünsch ich oft noch mehr von Sittim
Geliebt zu seyn? Ich eil ihn zu umarmen,
Und tausend Zärtlichkeiten, die ich fühle,
In seinen Busen auszuschütten. Aber kaum
Erblick' ich ihn, so wird mein Herz versteint.
Nein, Sittim ist es nicht, dem diese Triebe
Bestimmt sind, lieb ich ihn gleich mehr als alle.
Wem sind sie also? Ach! Vielleicht so zwecklos
Und eitel wie der Träumenden Entschlüsse,
Wie Wolkenbilder, die der Ost zerwehet.
Doch die Natur, wo schafft sie was vergebens?
Sie, deren Werke mir der weise Mirza
Voll Richtigkeit, voll Harmonien zeigte,
Wird sie umsonst ins Herz zukünft'ger Götter

V. 328 — 351.

Allmächt'ge Wünsche senken? — Nein, gewiß!

Und dennoch, wäre diefs, warum ist Sittim

Von diesem Unmuth, der mich peinigt, frey?

Stets sitzt die Ruh auf seiner Stirn, er scheint

Von keinem ungestillten Wunsch gedrückt,

Und lebt mit sich und mir, und aller Welt

Im Frieden und vergnügt. Bin ich allein,

Nur ich allein der nie befriedigte,

Der stets begehrt, und, nie genug geliebt,

Für eine Sehnsucht, die ihm selbst ein Räthsel ist,

Den Gegenstand von allen Wesen fordert?

O hättest du, Natur, ein solch Geschöpf,

Wie meine Fantasie in Morgenträumen

Sich oft erschafft, wenn sie die ganze Schönheit

Der Schöpfung in die menschliche Gestalt

Verschwendrisch giefst. Dann steht vor meinen
Augen

Ein himmlisch Bild, als wie ein Gott. Ich gebe

Des Sommermorgens Glanz dem blauen Auge,

Der jungen Rose sanfte Gluth den Wangen,

Dem schönen Leib des Alabasters Weifse;

Ich seh an seinem zartern Gliederbau

Ein feiner Ebenmafs, mehr Zierlichkeit,

Und sanftre Rundung als an meines gleichen;

Seh seine Blicke, schönern Feuers voll

V. 352 — 376.

Als Sittims Blicke, mir entgegen lächeln.

Ganz aufser mir umarm ich dann entzückt

Diefs schöne Nichts; es schmiegt sich sanfterröthend

In meinen Arm, und bebt an meiner Brust.

O himmlische bezaubernde Gestalt,

Wo find ich dich? Bewohnest du vielleicht

Ein bessers Erdreich? Bist du eine Blume

Des Paradieses? Höh'rer Wesen Liebling?

Was sag ich? — Nein! du bist dieselbige,

Nach der ich oft in Mitternächten weinte!

Bey deinem Anblick schwiegen alle Wünsche:

Aus deinen Blicken strömten Ruh und Wollust

Und nie empfundne Freuden in mein Herz.

Du bists, dich such ich, meine Seufzer fordern

Dich, Göttliche! — O sage mir, Natur!

Wo hast du sie vor meinem Blick verschlossen?

Wo fliefst der Himmel, den ihr Aug erheitert?

Erziehst du sie vielleicht an Rosensträuchen,

Die rings um sie, von ihr beschämt, verblühen?

O bringe sie dem Liebenden entgegen!

Ihr, die ihr um sie scherzt, o Weste, lispelt

Mir zu und schwebt voran, wenn sie sich naht!

O leitet mich, ihr schnellen Silberbäche,

Zum holden Ort, wo sie an euerm Rand

Auf zarte Blumen hingegossen ruht!

V. 377 — 399.

So rief er, und ihn hört vom Wipfel einer Ceder
Der Geisterfürst, und mahlt ein Schattenbild
Der göttlichen Gulindy unversehens
Vor seine Augen hin; dem folgte Zemin
Durch tausend Büsche, bis es allgemach
In einen leichten Nebel sanft zerflofs.
Und dennoch eilt, mit Flügeln an den Füfsen,
Er immer noch, auf unbekannten Pfaden,
Schwerathmend, dem geliebten Schatten nach,
Und wähnt er sehe bald den Saum von seinem
Gewand, bald seinen Schleier durch die Büsche flattern.

Jetzt ist es Zeit, sprach Firnaz zu sich selbst,
Die Herzen, die sich suchen, zu vereinen.
Ihm soll Gulindy, deren Ebenbild
Er allenthalben nachflieht, unvermuthet
Begegnen. — — O wie werden beide zittern!
Mit welcher Wollust werd ich aus den Wolken
Auf sie herunter sehn, wenn sie erstaunt
Sich finden, fliehen wollen, und doch bleiben,
Und thränenvoll sich kennen und umarmen.

Gleich schwang sich Firnaz auf des Westwinds
                    Fittig
Der Gegend zu, wo noch Gulindy schlief.
Ihr war, von ihm gesandt, in Traumgestalten

V. 400 — 423.

Des Jünglings Bild erschienen, wie er irrend
In Hainen lief, als ob er einen Freund
Mit zärtlich ungeduld'ger Liebe suchte.
Sie sah' ihn, und ein neuer süfser Schauer
Erschüttert' ihre hochgeschwellte Brust;
Sie fühlte sich von innerer Gewalt
Zu diesem holden Bilde hingerissen.
Doch eben da der Fremdling sie entdeckte,
Sie staunend ansah, wie an sie geheftet,
Dann ihr mit offnen Armen voll Entzückung
Entgegen eilt', entfloh das Traumgesicht,
Und, eh sie der Bestürzung und dem Schlummer
Sich noch entwand, ward sie im Augenblick,
So schnell wie ein Gedank die Zeit durcheilt,
Von Firnaz auf dieselbe Spur gebracht,
Wo Zemin traurig ihren Schatten suchte.

Auf einmahl wacht sie auf und sieht sich um,
Und wundert sich, wie sie hieher gekommen.
Allein, wie wird ihr, da sie Zemin sieht,
Das Urbild des geliebten Traumgesichtes,
Der ihr entgegen kommt? Wie wird dem Jüngling
Als er die Göttliche, die er so lang
Umsonst erseufzt', vor seinen Augen sieht!
O, ihr Gefühl spricht keine Zunge aus.

V. 424 — 447.

Nur Seelen fassen es, die die Natur
Einander ewig zuerkannt, wenn sie
Sich endlich finden, und im ersten Blick
Einander ew'ge Liebe schwören.

Sie standen beide stumm und unbeweglich,
Und sahn entzückt sich an; doch schlug Gulindy
Sogleich mit holder Scham die Augen nieder,
Da sie in Zemins Blick das Feuer sah,
Das sie gewünscht: O lebte Thomson mir
Nur dieses Mahl den seelenvollen Pinsel,
Des Jünglings tiefe Rührung abzuschildern,
Als er in ihrer aufgeblühten Jugend
Der ganzen Schöpfung Reitz verschwendet sah.
Was für Empfindungen, was für Begeistrung
Sog seine trunkne Seel aus ihren Blicken?
Lang' hielt die tiefe zitternde Bewundrung
Das Wort zurück im halbgeschlofsnen Munde;
Doch endlich brach die Liebe triumfierend
Das ehrfurchtsvolle Schweigen; furchtsam nähernd
Sprach er zu ihr: „O du, zu der mein Herz
In voller Sehnsucht wallt, wie nenn ich dich?
Mit welchen würd'gen Nahmen grüfs ich dich,
Unsterbliche, der Schöpfung schönster Schmuck!
Nein, Du bist nicht der Erde Schoofs entsprossen,

V. 448 — 471.

Der Himmel lacht aus deinen milden Augen,

Vor deinem Reitz verlischt des Frühlings Schimmer.

Was für Entzückung fliesst aus deinem Blick!

Welch neues Leben, welche neue Seele

Hauchst du mir ein! — Ja, ja, du bists! Dich suchte

So lange schon in trüben Mitternächten

Mein sehnend Herz; du bists, dein blofser Anblick

Giebt meiner Brust des Lebens Freuden wieder,

Die ich so lang entbehrt.   O Göttliche,

Wie lieb ich dich? — Doch wie? Du weichst, dein
Auge

Flieht meinen Blick und sieht sich zaghaft um.

O fliehe nicht! Wie könnt ich ohne dich

Nur einen Augenblick noch leben? Komm

Zu dem, der aufser dir nichts liebt noch wünschet?

So sagt er, und von heifser Sehnsucht zitternd,

Eilt er sie zu umarmen, da sie zweifelnd

Und in Empfindungen verloren stand.

Sie hatt' ihn oft, indem er sprach, mit Wunder

Und zärtlich furchtsam angeblickt; sein Ansehn

Voll männlich schöner Pracht, der Mienen Adel,

Die freye Stirn, die palmengleiche Länge,

Sein blitzend Auge, das ihr seine Liebe

Beredter noch als seine Lippen, sagte,

Diefs alles zog ihr zärtlich Herz zu ihm.

V. 472 — 496.

Sie bebt', unschuldig blöd, als er voll Inbrunst

Sie zu umarmen kam, und wollte fliehen;

Allein der Liebe stärkere Gewalt

Hielt ihren Fuſs zurück, er naht sich ihr,

Und beide zittern.　O wie klopft' ihr jetzt

Das Herz, wie schmiegte sie sich in sich selbst,

Da er den Arm um ihren Rosenhals

Sanftschauernd wand! In unaussprechlichen

Entzückungen zerflossen ihre Augen,

Da jedes seine eigensten Gefühle

Im andern las.　Das holde Mädchen sank,

Der neuen Lust zu schwach, in süſser Ohnmacht

In seinen Arm.　Die Liebe selber stieg

Aus ihrem Himmelskreis herab und sah

Mit Firnaz aus azurnen Wolken, segnend

Die heiligen Umarmungen der ersten

Unschuld'gen Liebe.　Nektarblumen

Entquollen, um sie her, dem Boden, und

Ein allgemeines Lächeln floſs ums Antlitz

Der fröhlichern Natur. — Jetzt wollten sie,

Da sich die Seelen aus dem ersten Taumel

Der grenzenlosen Freuden wieder fühlten,

Einander frey und zärtlich sich erklären,

Als sie ein plötzlich blendend weiſses Licht,

Der Sonne gleich, mit lichtgefärbten Wolken

V. 497 — 520.

Umfaſst, erschreckt. In himmlischer Gestalt,
Trat Firnaz aus dem hingefloſnen Glanze
Hervor, und sprach mit göttlich mildem Anblick:

Ihr Glücklichen, die ihr der Liebe folgsam
In Freuden schwimmt, die euch unsterblich machen,
Seht, Kinder, hier den Schöpfer eures Glückes.
Daſs ihr euch mehr als andre lieben könnet,
Daſs euern zärtlichen Umarmungen
Die Seligkeit der Himmlischen entsprieſst,
Dieſs ist mein Werk. Ihr waret vom Geschick
Einander zugedacht; Ihr solltet lieben.
Ihr fühltet euch einander unentbehrlich;
Die Stimme der Natur, die mein Bemühn
Vernehmlicher gemacht, rief euch zusammen.
Nun, meine Kinder, habt ihr euch gefunden,
Und eures künft'gen Lebens schönste Pflicht
Und süſsestes Geschäft ist, euch zu lieben.
Seyd selig! mischet eure Tugenden!
Der Muth, das Feuer, das aus deiner Brust
Heroisch athmet, tempre sich, o Zemin,
Zu dieser sanften Himmelsmilde, die
Dir aus Gulindys blauem Auge lächelt.
Und du, zefyr'sche Blume, blühe sicher,
Von Zemins Liebe vor der Stürme Neid

V. 521 — 531.

Und vor des dürren Mittags Gluth bewahret!
Der Liebe schönste Frucht, die Menschenhuld,
Lehr euch auf diese, dereu Wohl das Schicksal
Euch anbefahl, die Ausflüfs' eures Glückes
Mit edler Zärtlichkeit herabzuleiten.
Die Tugend, der ich eure weichen Triebe,
Noch eh ihr euch recht fühltet, bildete,
Sie, die an heilger Liebe reinen Küssen
Gefallen hat, wird nie von eurer Seite weichen,
Und nun, statt meiner, euer Schutzgeist seyn.
So sprach er, segnete sie, und verschwand.

———

S E R E N A.

V. 1 — 17.

Serena war die liebenswürdigste
Der Töchter ihres Landes, schön und gut;
So schön, dafs sie zu einer Liebesgüttin
Ein Alkamen zum Muster nehmen konnte,
So gut, dafs jede Mutter ihren Töchtern
Zum Vorbild immer nur Serenen gab.
Beym ersten Blick enthüllte Geist und Herz
In ihren Augen sich, und jeder Zug
Des lieblichen Gesichts war Bürge einer Tugend.
Sie war die Zierde glücklicher Gefilde
Wo, eines grofsen Gutes Erbin, sie
Des Lebens frühen Lenz in Unschuld unter
Der besten Mutter Augen froh verlebte,
Und Küsse, welche die Natur dem Freunde
Bestimmt, unwissend einer Freundin gab.
So schwebte, einem jungen Engel ähnlich,
Der Jugend Morgenröthe über ihr

V. 18 — 41.

Dahin, ach! ahnungslos, wie bald
Des schönsten Tages Hoffnung ein zerstörendes
Gewitter niederdonnern werde!
Serena, ohne sich gesell'gen Freuden
Ganz zu entziehn, gefiel sich schon als Kind
Mehr in der Einsamkeit, und schlich sich unvermerkt
Davon, sobald die Freuden rauschend wurden.
Dann war ihr liebster Aufenthalt
Ein stilles Thal, ein dunkler Buchenwald,
Wo, an der Musen Hand, ihr junger Geist
Aus dieser schalen Welt sich in die Dichterwelten
Der Tugend und der Freyheit flüchtete,
Dann unter einer selbstgewachsnen Laube
Sich in Betrachtungen verlor; zuweilen
Auf weichen Veilchen schlummernd, in Gesichten
Des Himmels schönern Frühling sah, und Dich,
Von dem die Schönheit dieser Unterwelt
Nur ein erstorbner bleicher Abglanz ist.

So lebte sie kaum achtzehn Jahr ein Leben,
Das oft die Engel auf die Erde lockte,
Als plötzlich sich die schönste Scene wandelt.

Ein Vater, welchem Ehrsucht, Stolz und Geitz
Und jene Denkart, die des Herzens Stimme
Für Schwärmerey erklärt, das leiseste

V. 42 — 65.

Gefühl der Menschlichkeit vorlängst geraubt,

Zwang sie, sich selbst Jokaston Preis zu geben,

Dem lasterhaft'sten Jüngling seiner Zeit,

Berüchtigt, unerfahrner Mädchen Einfalt,

Der Frauen Tugend, und der Häuser Ruhe

Mit glücklichem Erfolg bestürmt zu haben.

Allein in Harpax Sinn gilt Stand und Reichthum

Die ganze Schar der armen Tugenden.

Der treuen Mutter ernstes Widerstreben

War so vergeblich, als der Tochter Jammern.

Ach! nicht der Thränenstrom der schönen Unschuld,

Sogar die händeringende Verzweiflung,

Die um den Tod als eine Wohltbat flehte,

Erweichten den entmenschten Vater nicht!

So wurde dann Serena, (deren Arm

Die Allmacht der Religion allein

Zurückhielt, sich das Leben nicht zu nehmen)

So wurde sie, von allen Redlichen

Beklagt, ein Raub des sieggewohnten Lasters!

Jokasto, dem Gesetz und Priestersegen

Das ungerechte Recht, (das schändlichste

Von allen Unterdrückungsrechten) gab,

Der Schönheit und der reinsten Unschuld Blüthe

Mit frevelhaftem Schwelgen zu entweihen,

V. 66 — 89.

Ward bald genug der Reitze überdrüssig,
Wovon der beste Theil an ihm verloren ging,
Und kehrt' aus seiner Gattin keuschen Armen
Auf schnöder F r y n e n feilen Schoofs zurück.
Umsonst bemüht sie sich, durch Zärtlichkeit,
Durch wache Sorgfalt über ihre Pflichten,
Durch Unterwerfung, ja durch Thränen oft,
Das Herz des Unempfindlichen zu ändern.
Der Reitz, der ihn an Fremden bis zum Unsinn
Bezauberte, verlor an seiner Gattin, blofs
Durch diesen Nahmen, alle Macht an ihm.

Wie unglückselig brachte nun Serena
Des Lebens Morgen zu! In einer Zeit,
Da alles Freude winkt, und ihre Seele,
An eines edlern Freundes Seite glücklich,
Gleich einer Himmelsblume aufgeblühet wäre,
Verweint sie ihrer Jugend beste Kraft,
Und ist für jede Freude todt. Der Tag
In allem Glanz des Sommers ist ihr schwärzer
Als Mitternächte; nichts als in der Einöd',
Die an ihr Landhaus grenzt, die Einsamkeit,
Und des erseufzten Todes Bild, giebt ihr
Ein linderndes tiefsinniges Ergetzen.
Sie war zu edel, ihres Mannes Laster

V. 90 — 113.

Und ihren Jammer andern zu entdecken;
Der Schmerz, den uns ein Freund zur Hälft' erleichtert,
Drückt ihre Brust mit seiner ganzen Last.

Indessen kam Arist in diese Gegend,
Wo er ein Gut besaſs, das an die Flur
Jokastens grenzt': Ein Jüngling edlen Stammes,
Den die Natur mit ihren schönsten Gaben
Verschwendrisch ausgeschmückt.   Der reinste Kern
Der Wissenschaften hatte seinen Geist
Genährt, die Welt, und selbst der Hof
Sein Herz nicht angesteckt, nur seine Tugend
Verschönert und Gefälligkeit gelehrt.
Es blitzt in seinem feuervollen Auge
Was überwindendes, ein sanft Gemisch
Von Ernst und Majestät und milder Anmuth;
Die Redlichkeit saſs auf der freyen Stirn,
Und edler Anstand zierte, was er that.
Er hatte nie geliebt.   Sein groſses Herz
Fand nur die Tugend schön, und, wie man sagt,
Ward diese von den Schönen seiner Zeit
Den Schäferinnen, die die Einfalt kleidet,
Den dichterischen Mädchen, überlassen.

Jokasto hatt' auf Schulen und auf Reisen
Ihn einst gekannt.   So wenig sie sich glichen,

V. 114 — 138.

Sucht er doch seine reitzende Gesellschaft,
Und nöthigt ihn mit sich an seine Tafel.
Hier sah' Arist zum ersten Mahl Serenen,
So rührend wie die Tugend, wenn sie leidet;
In ihrem Aug, obgleich sein heitres Licht
Erloschen war, glänzt etwas schmachtendes,
Das mehr als alles Feuer reitzen konnte.
Ihr ganzes Antlitz, jeder sanfte Zug
Schien wider Willen von Melankolie
Umnebelt; und doch blieb die echte Schönheit
Auch im gewaltsamen Verblühen noch entzückend.
Aristen war der Ruhm von ihrer Tugend,
Von ihrer Schönheit und von ihrem Unglück
Vorher bekannt. Allein wie tief getroffen
Stand er, da er sie selber sah! Die Menge
Der Regungen, die ihn auf einmahl fasten,
Entrifs ihn fast sich selbst. Die Obermacht
Der Tugend, die ihr ganzes Antlitz bildet,
Der matte Reitz, der nicht gefallen will
Und doch gefällt, ein Auge, das umsonst
Verbergen will was ihre Seele leidet,
Wie rührt diefs alles sein empfindlich Herz!
Oft mufs sich ihr sein Auge schnell entziehen,
Um seine Wehmuth, stets bereit in Thränen
Zu schmelzen, nicht zu deutlich sehn zu lassen.

V. 139 — 162.

Sie lieset was für sie der Edle fühlt
In seinem Auge, das mit stillen Klagen,
Und Blicken, die zugleich sein grofses Herz
Und seine unglücksel'ge Lieb' entdecken,
Sie innig rührt.   Nie hattest du, Natur,
Ein gleicher Paar an Zärtlichkeit und Tugend
Einander zugedacht; das Schicksal nie
Tyrannischer zwey Liebende getrennt.

So sehr Serena auch sich selbst besitzt,
Verbirgt sich doch ihr fühlend Herz nicht ganz;
Ein halber Blick, der seinem Blick begegnet,
Ist schon genug, sie wehmuthsvoll zu machen.

Arist verliefs sie kaum, so brach sein Schmerz,
Nun ungehemmt, in heifse Thränen aus.
Er weinte lange, bis sich sein Gefühl
In Klagen mildern konnt': Ach, rief er aus,
Dafs ich sie sehen mufs! o, mein Verhängnifs,
Warum mufst ich sie seh'n? Zu spät sie seh'n!
Die Göttliche! — Der erste Anblick hat
Mit Flammenzügen, die der Tod nicht löschet,
Ihr himmlisch Bild in meine Brust gegraben!
Wer mufs der seyn, der solche Reitzungen
Besitzt, und ihren hohen Werth nicht fühlt?
Wem haucht ihr Blick nicht eine befsre Seele,

V. 163 — 187.

Nicht Lieb' und Mitleid ein? — O sprich, warum,
Verhängnifs! trenntest du zwey gleiche Herzen
So grausam? Warum mufs die schönste Liebe,
Die Liebe, die sonst meiner Tugenden
Erhabenste, mein Stolz gewesen wäre,
Jetzt ein Verbrechen seyn, das mir die Pflicht
Verbeut? — Die reinste Liebe soll ich tödten?
Wie kann ichs? wie? — Dich, göttliche Serena,
Nicht lieben soll dich dieses Herz, worin
Dein holdes Bild, mit jedem dieser Züge
Der engelgleichen Unschuld, allen Raum
Erfüllt, und alle Wünsche zu sich reifset?
Nein, meine Liebe kämpft nicht mit der Pflicht.
Wie könnt ein Trieb aus deinen Augen stammen
Der heilig nicht und deiner würdig wäre? —
Ach ewig will ich weinend um dich klagen,
Dich lieben, und durch öde Wüsteneyen
Dich rufen — Doch wohin verirrst du dich,
Mein banges Herz? was klag ich so vergebens?
Kann meine Leidenschaft, so rein sie ist,
Das Elend dieser Unglücksel'gen lindern?
Ach! alle meine Thränen, alle Qualen
Der Seele, die, nur sie beglückt zu sehen,
Den fürchterlichsten Tod, das bängste Leben
Nicht scheute, sind umsonst; ein leichter Wind

Verstreut sie, wie die unerhörten Klagen
Des Jünglings, der auf der Geliebten Grabmahl
Starr wie ein Marmor steht, dann bebt und weinend
Gen Himmel sieht und sie vom Schicksal fordert.
Ihr alle, die das Schicksal seinen Pfeilen
Zum Ziel erwählte, ihr von allen Menschen
Die Unglückseligsten, wie viel Ihr leidet,
O tröstet euch, ich leide mehr als ihr!
Nicht wer den liebsten Freund vor seinen Augen
Aus edeln Wunden für das Vaterland
Sein Leben strömen sieht, mit sterben will,
Und doch nicht kann, weil ihn die Sieger fesseln;
Auch der nicht, dem die Hoffnung seines Lebens,
Die schönste Braut, aus dem entzückten Arme,
Vom Blitz gerührt, in schwarze Asche fällt;
Fühlt solche Pein, fühlt sie so stark als ich!
Ach! lohntest du auch nur mit Einem Blick
Der Zärtlichkeit, Serena, meine Leiden!
O weintest du nur Eine Thrän' um mich,
Der so dich liebt, dafs er sein eignes Elend
Beym deinigen vergifst: Dann wollt ich willig,
Von dir verbannt, auf ewig deines Anblicks,
Du Göttliche, beraubt, mein Elend tragen.
  So klagt' er seinen mitleidwerthen Jammer;
Doch hielt die Tugend und die Zärtlichkeit

V. 213 — 236.

Ihn ab, sein Herz Serenen mehr zu öffnen,
Als seine Augen, sein verwirrtes Anseh'n
Und seine still entflieh'nden Seufzer thaten,
So oft sie sich begegneten. Sie hatten
Sich vielmahls schon auf diese Art geseh'n,
Und jedesmahl blieb seine Zärtlichkeit
Unausgesprochen, wie sein Schmerz. Auch sie,
So streng die Tugend jeden Blick bewachte,
War zur Verstellung viel zu offenherzig,
Und liefs ihr Mitleid über seine Qual
Ihn öfters sehn. Oft hub sich ihre Brust
Von unterdrückten Seufzern, langsam athmend,
Oft wandte sich in schüchterner Verwirrung
Ihr Auge von den seinen weg. Allein
Arist bemerkte selten diese stummen Zeugen
Von ihrer unglücksel'gen Sympathie.
Die Zärtlichkeit erlaubt ihm nicht, die Spuren
Der Gegenlieb' in ihrem Aug zu suchen.
Was half ihm auch die traurige Entdeckung?
Sie mehrte nur sein unheilbares Elend.

Zuschens schwand indessen in Serenens
Gestalt der Jugend Blüthe. Ihr Verhängnifs,
Iokasto's Grausamkeit, die täglich wuchs,
Die zärtliche Empfindung für Aristen,

V. 237 — 260.

Sein Elend, ihre Qual, die Furcht der Zukunft,
In der vielleicht in einer schwachen Stunde
Die Tugend dem Gefühle weichen könnte;
Diefs alles marterte das sanfte Herz
Der Liebenswürdigen, und trocknete
Des schönen Lebens Quellen langsam auf.

Arist sah' ihre bleichen Wangen welken;
Je mehr sie dem Verblüh'n sich näherte,
Je rührender ward ihm ihr Anblick.   Oft
Beschlofs er sie zu trösten, seinen Schmerz,
Wie wüthend er auch war, ihr zu verbergen,
Und durch die Überredungen der Weisheit
Ihr leidend Herz in sanfte Ruh zu wiegen.
Jetzt will er reden, doch ein kalter Schauer
Erschüttert ihn, da ihm ihr Blick begegnet.
Das bängeste Gefühl der eignen Pein
Verwischt die herzerhebenden Ideen,
Womit er sie und sich erheitern will.
Er flieht Serenens Gegenwart, die Beiden
So traurig ist.   Umsonst spricht die Vernunft
Ihm Ruhe zu; sie selber kann ja nicht
Empfindungen verdammen, die so edel, so
Gerecht sind.   Immer schwebt ihr rührend Bild
Vor seinen Augen, immer sieht er sie,

Den thränenvollen Blick zum Himmel auf
Gehoben, duldend wie ein stilles Lamm
Ihm, schweigend, ihres Schicksals Härte klagen.

Einst ging Arist an einem Sommerabend
Allein, und tief in seine Qual verhüllt,
Durch ein Gehölze in Jokasto's Flur.
Für jede freye Brust, die, unbestürmt
Von Sorg und Gram, der Freud' entgegen athmet
War diese Gegend und des Abends Anmuth
Ein irdisches Elysium. Allein
Wohin Arist den kummerschweren Blick
Voll Unmuth wirft, sieht er des Todes Farben.
Schon stieg der Mond in halbem Glanz hervor,
Die Stille wallt' aus leichten Thaugewölken
Von ihm herab, und herrschte um und um.
Die Thäler schlummerten, der träge Bach
Floss schläfriger, die Nachtigallen schwiegen;
Nur schauerte zuweilen durch die Gegend
Ein matter West, und schien dem Trauernden
Ein Seufzer der Natur, die ihn beklagte.

Er irrte tiefer in den Hain, bis er
An eine hohe Laube kam, aus Geisblatt
Und blühender Akazia gewölbet.
Er nähert langsam sich. Doch wie bestürzt

V. 285 — 308.

Bebt er zurück, da er Serenen, einsam
Halb von der Laube Dunkelheit beschattet,
Voll Schwermuth sitzen sieht, ihn nicht bemerkend.
Ihr weißer Arm stützt ihr tiefsinnig Haupt,
Das matt und welk auf ihren Busen hängt,
Die Seufzer ihres bangen Herzens zittern
Durch die benachbarten Gebüsch'. Arist,
Den diese Scene, die er nicht vermuthet,
In traurigs Staunen setzt, hört ihren Klagen,
Von einem dichten Strauch verborgen, zu.

„O dunkles unergründliches Verhängniß,
Zur Qual nur lebend seyn! Ach welch ein Leben?
Wie lang ists schon, seit dem der Freude Lächeln
Vor mir verschwand? Seit dem für mich die Schöpfung
Zur Wüste ward, der Tag zur Mitternacht,
Die schlummerlose Thränennacht zum Jahr!
Wo bist du hin, du süßer Traum der Kindheit?
Ihr Tage die mir Augenblicke schienen,
Ihr süßen Freuden meiner frommen Jugend,
Ihr einsamen Entzückungen, da mich,
Von Menschen ungestört, die Engel nur
Dem, der mich schuf, mein Daseyn danken hörten,
Wo seyd ihr hin? Weh mir! ihr seyd verschwunden,
Auf ewig! O! wie früh verschwandet ihr!

V. 309 — 333.

Hat je ein fühlend Herz, das seine Wünsche
Allein der Unschuld und dem Himmel weihte,
Ein grausamer Geschick erfahren? Je
Das Unglück schön're Hoffnungen zernichtet?
Ach Gott! du liebst zu sehr uns wohlzuthun,
Als dafs mein Jammer seines gleichen habe!
Verborgner Schlufs der ewigen Regierung!
O darf ichs wagen, ists dem Schmerz erlaubt?
Warum ward mir ein fühlend Herz gegeben,
Zur Tugend und zur Liebe ganz erschaffen?
Wenn jenes, dem die Sympathie es zugedacht,
Von ihm getrennt seyn mufste!— Ach, ihr holden
Betrognen Hoffnungen, ihr Paradiese
Voll Engelslust, worein die Fantasie
Mich schmeichelnd führt', als noch die süfse Freyheit
Den edeln Wunsch, geliebt zu seyn, erlaubte!
Wo seyd ihr hin? wie schnell seyd ihr verblüht!
Zum Unglück zärtlichs Herz! das höher schlug,
Wenn ich in süfser Täuschung mir den Freund,
Den Liebenswürdigen vor Augen mahlte,
Der mich allein die Liebe lehren konnte?
Ich sah' die Majestät des Edelmuths
In seinem Anblick, sah' die Redlichkeit
Auf seiner Stirn, und jeden ernsten Zug
Des Angesichts von Menschenlieb' erheitert —

V. 774 — 758.

Wie zärtlich wallt' in meiner Brust die Sehnsucht
Des Edeln werth zu seyn? Wie übt es sich,
Leichtbildsam, in den Armen der Gespielen
Zu den Empfindungen der künft'gen Liebe?
Was für ein Bild des allerschönsten Lebens
Ging da vor meinem Blick vorbey? Wie selig,
Wie paradiesisch war da jede Stunde,
Die im Gefolge guter Thaten sich
Zum Himmel schwang? Wie reich an heitrer Lust
Floſs unser Leben in die Ewigkeit? —
Ach alles ist dahin! Es war ein Traum!
Vergeblich hat die Tugend dieses Herz
Als wie ein Genius bewacht, es einst
Dem theuern Freunde, seiner werth, zu schenken!
Vergeblich hauchtet ihr, ihr sel'gen Hüter
Der frommen Unschuld, unter Frühlingsrosen
Empfindungen der Zärtlichkeit mir ein!
Und du, den die Natur vielleicht für mich bestimmte,
Du Edelmüthiger, so groſs, so zärtlich,
Wie sich mein Geist den künft'gen Freund einst bildte,
Der Himmel weiſs, wie mich dein Leiden rührt,
Wie oft ich, deinen Schmerz nicht mehr zu seh'n,
Mein thränend Auge plötzlich von dir wandte,
Wie gern ich um dein Glück noch mehr als jetzt,
Noch mehr, wenn's möglich ist, erdulden wollte.

V. 359 — 383.

Du, Tugend, zeugest mir, wie rein und heilig
Mein Herz ihn liebet! — Ach! er hat verdient
Glückseliger zu seyn! — Nie hat sein Mund
Sein Herz verrathen, niemahls ging ein Blick
Aus seinen Augen, den die Unschuld strafte.
Er drückt' in seiner Brust mit tiefem Schweigen
Die Seufzer des geheim beweinten Leidens —
Wie hätt' er mich geliebt? — Doch, ernstes Schicksal!
Auch diese süfsen Träume raubst du mir!
Die Pflicht verbietet sie! — Zu strenge Pflicht,
Die wider alle Triebe kämpft, und das sogar
Versagt, was sonst mein Herz geadelt hätte! —
Doch flieht nur, flieht, ihr mehrt nur meine Qual,
Entflieht ihr Bilder jener Seligkeiten,
Ihr eiteln Träume meiner Jugend, flieht!
Gewifsre Hoffnungen erheitern mich.
Mein Geist, der Angst der steten Klagen müde,
Sieht freudigschauernd seine Rettung nah',
Und schwebt schon zu den seligen Gefilden
Der Ruh empor. Er sieht den nahen Tod,
Und weint ihm froh entgegen — Komm, o komm,
Mit deiner umgestürzten Fackel, komm
Du lang erseufzter, komm! du hast für mich
Nichts furchtbares: Und zeigtest du
Dich auch mit allen deinen Schrecken mir,

V. 384 — 408.

Du wirst mir schön, du wirst mein Engel seyn!
Komm, Freund der Leidenden, du letzte Hoffnung
Des müden Kummers, schliefse diese Augen,
Sie haben ausgeweint. — Komm, führe mich
Dahin, wo Ruh und Unschuld ewig herrschen —
In welche neue sel'ge Gegenden
Wirst du entzückt, mein Geist? Welch einen Glanz,
Welch eine Wonne thauen diese Himmel? —
Wie wird mir? Wie verliert sich die Erinnerung
Der Noth, in Engelslust? Wie süfserquickend
Fliefst die äther'sche Luft um mich? Was eilen
Für göttliche Gestalten, himmlisch lächelnd,
Mit offnen Armen auf mich zu? wie zaubrisch
Ertönt die Harmonie von ihren Harfen! —
Fleuch, Schmerz, entweihe nicht die Seele mehr,
Die schon den Himmel fühlt! — Ihr kurzen Tage
Die ihr mich noch von diesem Glücke scheidet,
O rauschet schneller fort! — Und du, mein Freund,
Dir soll noch meine letzte Thräne weinen,
Du bist es werth! — O fühltest du die Ruhe,
Die jetzo mich umfängt! mein Leid ist fort.
Ja, ja, ich seh' die aufgehellte Zukunft,
Wir werden glücklich seyn! — Ihr stillen Lauben,
Wo ich vordem den schnellen Lenz versang,
Seyd mir zum letzenmahl gegrüfst! Ihr Bäche,

V. 409 — 432.

An denen ich in heil'gen Träumen schlief,
Fliefst sanfter hin! Ihr vormahls werthen Fluren,
Nehmt diesen Leib, der einst wie ihr geblüht
Und nun erstirbt, mit seinen Thränen auf!

So sagte sie, und sah mit heiterm Auge,
Nicht thränend mehr, die Brust mit Trost erfüllt,
Gen Himmel auf. Und freundlich sah hinwieder
Der Mond auf sie herab; es schienen ihr
Die Hügel rings umher, als wie ätherisch,
Mit Glanz umflossen. Um sie schwebt ihr Schutzgeist
Unsichtbar her, und labt ihr Ohr und Herz
Mit ihr allein vernommnen Melodien.

Sie geht und läfst den unglücksel'gen Freund,
Von tausend kämpfenden Bewegungen
Zerrissen; langsam schlägt sein banges Herz,
Er athmet ängstlich, wie die letzten Seufzer
Des Sterbenden, bis ihm ein Strom von Thränen,
Wohlthät'gen Thränen, kurze Lindrung schafft.

Indessen legt Serena sich, den Tod
Erwartend, nieder. Ruhig sah' sie Ihn
Herbeynah'n, froh, wie eine Braut der Ankunft
Des langentbehrten Freunds entgegen siehet.
Er kam in Cherubinischer Gestalt;
Statt nächtlich schwarzer Todesschrecken glänzte

V. 433 — 456.

Des Himmels Heiterkeit um ihn; es tönten
Einwiegende ätherische Accente
Von Engelsharfen Ruhe in ihr Herz,
Das, immer schwächer pochend, endlich ganz
Zu schlagen aufhört, während ihre Seele,
Erst sanft betäubt in süßer Ohnmacht, dann
Von himmlischen Begeistrungen verzückt
Dem Genius in die Arme sinkt, der sie
Mit festlichem Triumf ins wahre Leben fuhrt.

Erwartet nicht, daß ich Aristen schildre
Als er die Freundin todt vor sich erblickte?
Daß ich ihn mable, diesen Unglückselgen,
Der, sinnlos und betäubt, in Todesschmerzen
Dahin sinkt, dann sich langsam wieder sammelt,
Und den gelindern Schmerz, der nun vertobt hat,
In Thränenbächen ausweint.— Nein! ihn mahlte kein
Timanthes nicht, nicht Dürer, weinen gleich
Die Engel selbst den leidenden Erlöser,
Den, noch im höchsten Leiden groß und göttlich,
Sein seelenvoller Griffel dargestellt;
Ihn könnte nicht die allerzärtlichste
Der Frauenseelen, Englands Singer [1]), schildern.

Er floh' die Welt.   Sie hatte lange schon
Nichts reitzendes für ihn.   Doch jetzt noch minder,

V. 457 — 481.

Da mit Serenen alle seine Wünsche
Zur Ewigkeit sich aufgeschwungen hatten.
In einem abgelegnen Aufenthalt
Lebt er, was ihm zu leben übrig war,
Der Weisheit und Serenens Angedenken.
Des Schmerzens Wuth verwandelte sich jetzt
In eine sanftere Melankolie,
Die Ernst und Mattigkeit auf all sein Thun
Und jede Miene gofs. Sein Antlitz glich
Dem Angesicht der Erde, wenn den Himmel
Ein herbstlich weitumschattend Grau bewölkt,
Und nach und nach der Auen Glanz erlischt.
Doch Ruh und Hoffnung war in seiner Seele.
Er pries die Vorsicht, die Serenens Leiden
Ihr Ziel gesetzt; er sah sie in den Kören
Der englischen Gespielen, am Kristall
Der Himmelsbäch', und sehnte sich zu ihr.
Sie schien ihm jeder Handlung heil'ger Zeuge;
Wie zärtlich war er für sein Herz besorgt,
Es ihrer Liebe würdig zu erhalten?
Vielleicht war's auch Serenens Gegenwart,
Der Anhauch ihres Nektarmundes, der
In stillen, der Betrachtung heil'gen Stunden,
Jetzt leis ihn anweht, jetzt entzückt dahin reifst.
Oft in der Wälder dicht gewölbten Gängen,

V. 482 — 496.

Zur Abendzeit, sah' er, in holden Träumen
Die Himmlische, wie sie auf Regenbogen
Hernieder sank. Aus ihren Mienen strahlte
Die Würde der Unsterblichen, die Anmuth
Des Paradieses flofs um ihre Lippen;
Die Rosenfinger bebten durch die Laute,
In deren Goldklang ihre helle Stimme
Das Lob der Gottheit sang. — Wie schlug alsdann
Aristens Herz! Wie flog sein Aug ihr zu!
Voll süfser Wehmuth, voll Gefühle, die
Man nur in euch, ihr sel'gen Sfären, fühlet,
Und die nur dann sich in des Menschen Seele
Aus euch ergiefsen, wenn sie, vom Gedanken
Der Ewigkeit begeistert, über Erd' und Zeit
Empor sich schwingt und unter Engel mischt.

A n m e r k u n g.

1) Seite 118. Elisabeth Rowe-Singer, in deren Briefe damahls der Dichter sehr verliebt war.

DER UNZUFRIEDNE.

V. 1 — 16.

In einer Gegend, die der Tigris wässert,
Wohnt' in der jüngsten Zeit der Erde Zohar,
Ein Günstling des Geschickes, wie es schien.
Die Menschen lebten damahls ohne andre Bande,
Als die womit sie die Natur verknüpfte.
Noch war die Königskrone nicht erfunden,
Und ungelehrig noch der freye Mensch
Lastthieren ähnlich seinen stolzen Nacken
Zu schmiegen unter Wesen seines gleichen.
Ein jeder wohnte, ungestört,
Mit seinem Hause, wo es ihm gefiel.
Die Erde, voll von ungenütztem Reichthum, stand
Noch allenthalben ihren Kindern offen.

So lebt' auch Zohar. Eine weite Gegend,
Des Segens Wohnung, immer blüh'nde Thäler,
Die nie der Thau verliefs, von fruchtbarn Bächen

V. 17 — 41.

Durchwunden, fette herdenvolle Anger
Und Waldungen von Palm und Mandelbäumen,
Mit einem Heer von Sklaven und von Mägden,
Den ganzen Reichthum jener Zeit der Einfalt,
Empfing er aus der milden Hand des Schicksals.
Wie glücklich konnt er seyn? Doch, lebt der Mensch,
Der es nicht wäre, wenn er selbst sich kennte,
Und deine Stimme, weiseste Natur,
In seinem Busen lispelnd, folgsam hörte?
Die Weisheit darbet nie zufriedne Wonne,
Und braucht dazu nicht grofsen Überflufs.
Doch Zohar war im Schoofs des Glücks nicht glücklich.
Zwar hatte sein geneigter Stern dem Jüngling
Ein biegsam Herz mit Witz und Geist gegeben;
Allein, zu viel von Jugendhitze glühend,
Schweift' aus dem angewiesnen Gleis' er bald
In tausend thörichte Begierden aus.
Gewohnheit stumpfte seinen Sinn, verhüllte
Sein Glück in ein verhafstes Einerley;
Der Unzufriedne fing zu wünschen an,
Und jeder Wunsch erzeugte neue Wünsche.
Sein Herz war jenes Tejers ¹) Herzen gleich,
Wo Amor nistete: im Ey ist noch
Ein Wunsch versteckt, ein andrer halb entkrochen,
Der wird schon flick, weil jene jüngern zirpen;

V. 42 — 63.

Nun wachsen sie und hecken wieder andre.
Wie war ihm da zu helfen? Die Natur,
So reich sie ist, ist doch zu arm, dem Thoren
Genug zu geben. Doch der Ekel selbst,
Der endlich Überlegungen gebiert,
Heilt den Bethörten von der Sucht zu wünschen.

Einst da er, müd im Labyrinth der Wünsche
Herum zu irren, eingeschlummert war,
Setzt' ein belebter Traum die Reihe Bilder,
Die ihn vorher beschäftigt, fort. Der Geist,
Der mit dem Zepter, das der Geister König
Ihm anvertraut, die Unterwelt beherrscht,
Erkiefste selbst, des Jünglings Herz zu heilen,
Die Träume, die mit nachgeahmtem Leben
Ihn hintergingen. Zoharn däucht, er irre
Voll unzufriedner Klagen auf dem Haupte
Des Berges, wo er von der Zedern Fufs
In fröhliche, weit ausgestreckte Fluren,
Sein väterliches Gut, heruntersah;
Doch unerfreut; Ihm blüheten sie nicht;
Ihn rührte nicht der Aussicht wilde Anmuth,
Nicht Honigbäche, die mit klarer Fluth
Aus Dattelstämmen rannen, noch die Hügel
Von Lämmern weifs, wie Paros Marmorfelsen.

V. 66 — 89.

Von tausend halb entwickelten Begierden
Gedrängt, schwebt Z o h a r hin und her, als plötzlich
Ein ungewohnter Schimmer ihn umzittert.
Er staunt und sieht aus einer goldnen Wolke,
Die Balsam thauet, F i r n a z nieder steigen,
In göttlicher Gestalt, mit sanftem Anblick,
Der alle Furcht aus seinem Busen lächelt.
Was für ein Trübsinn, sprach der Geist zu ihm,
Bewölkt dein unzufriednes Aug, o Jüngling;
Was nagt dich für ein Gram? was wünschest du?
Entdeck es frey, damit ich dirs gewähre.

Von seinem Blick ermuntert, sprach der Jüngling:
Verhaſst ist mir mein Zustand, weil er immer
Derselbe bleibt, so gleich ist jeder Tag
Dem Tag der vorging und dem Tag der folgt.
Oft dünket mich mein ganzes Leben nur
Ein langer Augenblick. Die Luft, die mich
Umwölbt, ist traurig, Wald und Thäler sind
Von Schmuck entblöſst, die Stunden leer an Freuden.
Auch ist, seitdem mich T h i r z e n s Arm umfängt,
Ihr ganzer Reitz verblüht. Sie ist nicht mehr dieselbe,
Von der ich, eh ich sie besaſs, geglaubt,
Daſs sie allein mein ganzes Herz erfülle.
Ihr schöner Leib, die langen blonden Locken,

V. 90 — 112.

Die Stirn von Elfenbein, der Rosenmund,
Ihr Kuſs, einst süſser als die erste Traube,
Und was mich sonst an ihr entzückt, war alles
Am dritten Morgen schon nicht mehr entzückend.
Ich fühl in mir ein unerforschlichs Leeres,
Und sehe nichts was meinen Wünschen gleicht.
Verwandle, wenn du mich beglücken willst,
O guter Geist, (so zeigt dich mir dein Ansehn)
Dieſs öde Land in eine Zauberau,
Wie jene sind, wo sel'ge Wesen wohnen.
Sie sey ein Sammelplatz von allem Schönen
Was die Natur durch alle Erdengürtel
Verstreut; was sich die Fantasie ersinnen,
Erträumen kann, das schmeichle meinen Sinnen,
Und sättige die lustbegier'ge Seele.

So sagt er.   Kaum entfloſs das letzte Wort
Dem Mund des Wünschenden, so sinkt er schlum-
                                        mernd
Vor Firnaz hin. Ein schöpferischer Schauer
Bebt augenblicklich durch die ganze Gegend.
So wie der Geist sein Auge zirkelnd drehet,
Verschönert sich das Antlitz der Natur,
Weit um ihn her. So scheint verliebten Dichtern,
Wenn sie, wie Kristan oder Eschilbach, ²)

V. 113 — 137.

In jenen dichtrischen beglückten Zeiten,
Da Venus mit den scherzenden Kamönen
Um Friedrichs lorberreichen Scheitel schwebten,
An der Geliebten Arm den Frühling grüfsen,
Die ganze Flur von ihrem Blick bezaubert;
Violen, Amaranth und Hyacinthen
Entspriefsen ihrem Fufs, die Bäume grünen
Hellglänzender, die schönern Blumen winken
Gefälliger dem Zefir, der, unachtsam
Auf ihren Wink, des Mädchens Hals umflattert.
So wurden Zohars Fluren durch den Wink
Des Geisterfürsten umgestaltet.   Alles
War hier vereinigt, was die Günstlinge
Der Pierinnen, alles was Homer
Und der von Mantua, von Idens Gipfel
Wo Juno mit dem zauberischen Gürtel
Den Zeus getäuscht, und von Kalypsens Insel,
Und von der goldnen Zeit, die Salonin
Der Erde wieder geben sollte, sangen.
Die schlafeinladenden, mit Rosenbüschen
Bekränzten Bäche, die um Tibur rieseln;
Der Lustwald, wo den Singenden Albuna
Aus Myrten Antwort gab, die stolzen Blumen,
Die nektarathmend Hyblens Matten deckten,
Und was in Cyperns Flur zur Wollust reitzte,

V. 138 — 161.

Wenn Venus und Adon, umringt von Scherzen,
Auf schwelgerischen Rosen schlummerten:
Diefs alles glänzte mit erhöhter Schönheit
In diesem Wunderort, der jenem glich,
Wo in der Liebe seidnen weichen Netzen
Die Zauberin Tankredens Muth entnervte.

Der Unzufriedne wacht jetzt auf, und fühlt,
Und sieht und staunt, und sinkt, von so viel Schimmer
Betäubt, fast in des Schlummers Arm zurück.
Er findet sich auf einem Veilchenlager
Von Pafischem Gesträuch umwölbt; ihm weht
Ein matter Wind begeisternde Gerüche
Wie Wolken zu, und streichelt sanft die Wangen.

Verwundernd und entzückt von seinem Glücke,
Irrt Zohar durch die grüne Dunkelheit
Bedeckter Gänge, oder in Mäandern
Sidonscher Bäum' und düftender Granaten.
Dort reitzt die goldne Ananas die Hand,
Hier lockt sie der verführerische Lotos,
Und Hand und Augen irren unentschlossen!
Indefs die weiche balsamierte Luft
Von tausendstimmigen verbuhlten Liedern
Unzählicher befiederter Sirenen bebt.
Wie süfs bestürzt stand Zohar? So erstaunt

V. 162 — 186.

Ein Reisender, der nach verhafstem Irren
Die anmuthsvollen Küsten Ceylons grüfst;
Er sieht von fern den lichten Glanz der Hügel,
Ein Landwind haucht ihm, mit dem Zimmtgeruch
Der Wälder, süfs vermischte Symfonien
Von den Bewohnern der Gebüsche zu:
Er steht wie neugeschaffen da, und sieht
Und lauscht, und saugt mit langen Zügen
Die süfse Landluft wollusttrunken ein.
Jetzt ist er lauter Ohr, jetzt schwebt sein Aug'
Uneingedenk des Ohrs am schönen Ufer
Umher, von Einem Hain, von Einem Traubenhügel
Zum andern, und vergifst sich in Bewundrung
Der neuen paradiesischen Gesichte.

Er schweifte noch mit zweifelhaften Füfsen
In dieser neuen Welt, als ihn der Anblick
Von sieben Nymfen plötzlich auf sich zieht.
Den Charitinnen gleich, wenn sie am Peneus
Mit aufgelöfstem Gürtel, Hand in Hand,
Cytheren und dem Lenz entgegen tanzen,
So schwebten sie vorüber. Wollust athmete
Aus Blick und Gang; bezaubert sieht sie Zohar,
Und sieht nichts anders mehr. Auch sie
Erblicken ihn, und fliehen, listig schamhaft,
Erhascht zu seyn, in dunklere Gebüsche.

V. 187 — 210.

Was fehlte nun dem Freund der Sinnenlust?
Wie glücklich dünkt er sich in seinem Traume?
Nun war kein Wunsch, der ihn genagt, mehr übrig.
Was sich die Fantasie nur reitzendes
Erfinden konnt', entzückte seine Sinnen.
Nicht nur ein Tempe, ein Arkadien,
Ein Garten des Alcinous, ein Hybla;
Nein, alles diefs in Einem Raum verengt,
Erbot ihm tausendfache Lustbarkeiten.
Nicht nur Ein Venusbild umarmt ihn hier,
Wie Eine Helena dem Paris nur
Zum Dank des zugesprochnen Apfels wurde;
Nein, ihrer sieben in der vollen Blüthe
Der jugendlichen Schönheit, jede reitzend,
Jedwede im Genufs die trefflichste,
Verwehrten ihm den Überdrufs der Gleichheit.

Nicht lange. Kaum entflohen sieben Tage,
(So dehnten sich im Traum Minuten aus)
Als aus dem Wollusttaumel neue Wünsche
Mit Ungestüm den Unzufriednen weckten.
Er reifst sich los, und flieht ins dunkelste
Gebüsche, wo er die getäuschte Hoffnung
Den stummen Bäumen klagt, und übellaunig
Mit seinem Schicksal und sich selber hadert'.

V. 211 — 235.

Unseligs Herz, Feind deiner eignen Ruhe,
(So ruft er aus und schlägt sich vor die Brust)
Du Abgrund unersättlicher Begierden,
Ich hasse dich — Doch wie? was für ein Unsinn
Empört mich wider mich? Trägt denn mein Herz
Die Schuld, wenn seine gröfseren Begierden
Sich in der Lust des Körpers nicht beschränken?
Wie sehr ermüdet überhäufter Reitz
Die schwächern Sinnen? Das Gefühl verwirrt
Sich in der Menge seiner Gegenstände.
Die Augen blendet allzustrenger Glanz,
Die Ohren werden taub von Harmonien,
Und selbst die Sättigung zeugt neue Wünsche
O hörte Firnaz mich, o möcht er sich
Nur Ein Mahl noch erbittlich finden lassen!
Nun seh ich erst des vor'gen Wunsches Thorheit
In ihrem ganzen Umfang ein. Doch jetzt,
Jetzt fühl ich eine würdige Begierde!
Was könnte mir zum Wollen übrig bleiben,
Wär' diese nur erfüllt? O möchte doch
Mein Land so unbeschränkt als meine Wünsche,
Und meine Macht der Völker Schrecken seyn.
Wie süfs ists, sich der Menschen Herrscher denken,
Ein Gott der Erde seyn, das Schicksal ordnen?
Aus Einer Hand den wartenden Provinzen

V. 236 — 260.

Den Donner, aus der andern Sonnenschein
Mit gleichem unbewegtem Antlitz geben.
O würde mir diefs Glück! — Noch sprach sein Mund
Als ihn ein unsichtbarer Arm ergriff,
Und augenblicklich durch die Luft entführte.
Jetzt sah er, unter seines Fufses Flucht,
Ein grenzenloses Land, mit Zedernbergen
Umthürmet, sich verbreiten; Ströme, Meeren gleich,
Entstürzten ihrem lüftgen Haupt, und rauschten
Vielarmig durch die palmenreichen Ebnen,
Wo hochgethürmte Städte, königlich
Von ihren Hügeln auf die Fruchtbarkeit
Umgebender Gefilde niedersehend,
Mit goldnen Dächern ihm entgegen schimmern.
Diefs alles, was du siehst, ist dein! spricht F i r n a z,
Den Zohar, ungesehn, nur fühlt und hört.
Mit unersättlich geitz'gen Blicken misset
Er, rings umher, die unabsehbar'n Fluren
In seinem Flug, und giebt es endlich auf
Was unermefslich scheint, zu messen.   Froh
Und ungeduldig pocht sein schwellend Herz
Von allem dem sich im Besitz zu sehen.
Nach langem Fluge sinkt er jetzt herab,
Und steht in einer glänzenden Versammlung,
Von Helden und von Greisen weit umringt,

V. 261 — 284.

Die den Erstaunten ihren Sultan grüſsen.

Man windt ein Diadem um seinen Scheitel,

Der Silberklang der festlichen Trompete

Verkündigt ihn durch alle Marmorgassen,

Und mischt sich in das allgemeine Jauchzen.

Ihn führt ein ehrfurchtwürd'ger Kor von Alten

Zum marmornen Palast; ein stolzes Heer

Von Kriegern trabt dem König nach, und breitet

Vor seinem Schloſs die furchtbar'n Flügel aus.

Die silberhellen Waffen blitzen zitternd,   •

Die Mordsucht glüht im wilden Blick der Männer,

Und sucht den Feind — Jetzt fließen, Strömen gleich,

Die unterworf'nen Völker in die Stadt,

Die Stufen seines goldnen Throns zu küssen.

Unzählbare Kameele tragen ihm

Den Reichthum ferner Länder zum Geschenke,

Der Negern Gold und Indiens Spezereyen.

Nun wird doch Zohars Wunsch befriedigt seyn?

Er wähnts, er sey es, und ist stolz darauf,

Das, was ihn einst entzückte, alle Macht für ihn

Verloren hat. Gleichgültig läuft sein Blick

Jetzt über seines Harems Blumen hin;

Er höret nicht das lusteinladende

Getön des Saitenspiels, die Zauberstimme

V. 285 — 309.

Der Sängerinnen locket ihn umsonst;
Nur die Trommete, die den Ruhmbegierigen
Ins Schlachtfeld ruft, der Rosse wildes Wiehern,
Der Seinen Siegsgeschrey, der Feinde Winseln,
Tönt seinen Ohren süfs, ist ihm Musik.

Jetzt zieht er aus. Die Nachbarn seiner Grenzen
Sind billig, wie ihn däucht, die Erstlinge
Der Siege, die sein hoher Muth beschliefst.
Er fällt sie an, und eine blut'ge Schlacht,
Wo, rings um ihn, die Opfer seines Stolzes
Unzählbar fallen, schlägt ein friedsam Volk
In Fesseln. Hoch auf seinem furchtbar'n Thron
Nimmt die erzwungne, mit verbifsnen Flüchen
Vermischte Huldigung der neuen Sklaven
Der Sieger an, und eilt, ein ferner Land
Mit seiner Kinder Blut zu überschwemmen.
Er kommt und siegt, und mit der Siege Zahl
Entgrenzet sich die Wuth noch mehr zu siegen.
Schon sind ihm um und um die Völker zinsbar,
Wohin er blickt, begegnen ihm Trofäen,
Verheerte Fluren, ausgebrannte Wälder,
Zerstörte Wohnungen, volkreiche Länder leer
An Menschen, öd und ungebaut die Dörfer,
Wo ehmahls, nach des Tages Werk, der Abend
Zum Reihentanz die muntre Jugend rief;

Und noch ist Zohars Herrschsucht nicht gesättigt.

Noch quält ihn der demüthige Gedanke,

Daſs Völker sind, die nicht sein Schwert gefühlt!

Er that den Wunsch zuerst, den spät nach ihm,

Wenn nicht die Nachricht trügt, der Held gethan,

Der dem D a r i u s Reich und Leben raubte:

„Ach hätte doch der Himmel eine Brücke

„Die mich zum Sieg in andre Welten trüge!

Zwar waren unter tausend niedern Sklaven·

Die ihn vergötterten, noch wenig Weise

So kühn, der Menschlichkeit ihn zu erinnern;

Sie zeigten ihm in Gott der Fürsten Urbild,

Der nur, um wohlzuthun, allmächtig ist,

Und warnten den Tyrannen, der, in dumpfer

Verblendung, selbst an seines Thrones Sturz

So eifrig grub, vor seinem nahen Fall.

Doch Zohar hörte nicht; wie sollte der

Die Weisheit hören, dem der Thränen Stimme

Und des vergofsnen Bluts nichts hörbar ist?

Der Tod belohnte die getreue Warnung

Den grauen Vätern, die an seinem Hofe

Die einzigen, verhafsten — Menschen waren.

Nicht lange mehr, so sehen ihre Geister

Die trotzig abgewiesne Warnung fürchterlich

V. 334 — 358.

Gerochen. Zohars Auge fand sich durch
Den Anblick eines mächt'gen Volks beleidigt,
Das, unabhängig seit Jahrhunderten,
Der Ruh' im Schoofs das Glück der Freyheit und
Der Mäfsigung genofs. Der Stolze sandte
Den herrischen Befehl den Edeln zu,
Sich ihm zu unterwerfen, wenn sie nicht den Grimm
Des Weltbezwingers auf sich laden wollten.
Auf ihre Weig'rung zog er selbst an eines
Zahllosen Heeres Stirne gegen sie.
Allein hier war der Damm, an dessen Stärke
Sein Glück sich brach. Des theuern Vaterlandes
Allmächt'ge Liebe rief das ganze Volk
Zur Gegenwehr, und, wie ein einz'ger Mann,
Beseelt von Einem Geiste, steht es auf.
Es waffnet sich der Jüngling und der Greis,
Das Mädchen selbst greift muthig nach dem Schwert,
Und drückt die zarte Brust mit Schild und Bogen.
Gerechtigkeit und Muth, den Freyheit zeuget,
Stärkt jeden Arm, macht jeden Mann zum Helden.
Sie stürzen unaufhaltbar in den Feind,
Der Grimm des Todes blitzt von ihren Schwertern.
Die Räuber fallen, jeder Streich ist Tod,
Und die Gefloh'nen streut die bange Flucht
Wie Spreu, durch unbekannte Wüsten hin.

V. 359 — 382.

Der Sultan, der nach langem Taumel wieder
Die Menschheit fühlt, irrt, kaum dem Tod entronnen,
Auf unwegsamen unbekannten Pfaden,
Von aller Welt verlassen; mühsam schleppt sein Fuſs
Den Körper nach, doch spornet ihn die Angst.
Erschöpft und lechzend wirft er endlich sich
In einem öden Thal, von schroffen Felsen
Umringt, an eine Quelle hin, und bricht,
Dem Genius und seinem Schicksal zürnend,
Voll Bitterkeit in diese Klagen aus:

O Zohar, wie betrog dich deine Hoffnung?
Wo sind die königlichen Träume hin,
In denen du dich Meister vom Geschicke,
Ein Gott der Erde, sah'st, wo sind sie hin?
Unseliger, was ist aus dir geworden?
In welchen Abgrund stürzt dich deine Thorheit! —
Grausamer Geist, du sah'st daſs mein Verlangen
Mein Unglück war, warum gewährtest du
Den Wunsch, der unbewuſst den Tod begehrte?
Wie elend ist der Mensch? Was bist du Sklavin
Der Sinnlichkeit, betrügrische Vernunft!
Entbehrlichs Vorrecht vor glücksel'gern Thieren,
Du bist es, die der Menschen Jammer brütet.
Von dir benebelt, trunken von der Hoheit

V. 385 — 406.

Die du versprichst, träumt er ein Gott zu seyn,

Und sinket schwindelnd aus dem fremden Himmel

Tief unters Vieh in bodenlose Schlünde.

Und hebt er wieder sich, so taumelt er

Doch bald, von neuen Hoffnungen getäuscht,

Aus einem Labyrinth bethörter Wünsche

In einen andern; immer mehr erhitzt,

Stets unersättlicher, stets unzufriedner.

Wie glücklich seyd ihr, lüftige Bewohner

Des freyen Waldes! Ohne Leidenschaft

Lebt ihr, indem der Mensch aus Stolz sich quält.

Euch, die ihr wenig wünschet, zu vergnügen,

Ist die Natur mit Überfluſs erbötig.

Ihr schöpft die reinste Luft, euch lacht die Welt

Von allen Seiten an, Ihr singt und scherzt

Und lebt im gegenwärt'gen Augenblick

Den künftigen nicht ahnend, sorgenfrey

Und euers Daseyns froh, indeſs der Mensch

Dem nie genügt, in seinem Glücke selbst

Sein Unglück und in jeder neuen Lust

Die bittre Quelle neuer Schmerzen findet.

So sagt er, hebt sein Aug, und sieht um sich

Ein Sommervögelchen, mit regen Schwingen,

Auf deren Staub des Frühlings Farben blühn,

V. 407 — 430.

Der ihn gezeugt, zu Rosen von Narzissen,
Von einer Staud' auf eine blumenreich're
In ruhig frohem Unbestande flattern.
O Firnaz, ruft er aus, du war'st schon zweymahl
Zu meinem Unglück allzusehr willführig,
O sey es jetzt, da ich mein Glück mir wünsche.
Ja, ich beneide dieses Wurmes Stand!
Was ist die Wollust, die mich wie im Strudel
Umhertrieb, mit der reinen Lust verglichen,
Die diese leichtbeschwingte Raupe fühlt?
Viel lieber will ich über Blumen herrschen,
Als, Herr der Welt, mein eigner Sklave seyn.
Verwandle mich in einen Sommervogel.

Noch spricht der Unzufriedne, zweifelhaft
Erhört zu seyn, als schon das letzte Wort
Sich unvollendet in ein schwaches Zischen
Verliert. Er sinkt, als wie in Ohnmacht hin;
Indem schmiegt sich sein starker Leib zusammen
In einen Wurm, die Arme werden Hörner,
Dem Hals entsprofst ein blumiges Gefieder,
Vier Flügel schütteln ihren weifsen Staub
Leicht flatternd von sich. Jetzt erwacht die Seele
Aus ihrem Schlaf, und staunt und fühlet sich
In einen engern Kreis geprefst, die Triebe

V. 431 — 454.

Geschwächt und sanft, und den Gesichtskreis enger.

Bald wagts der neue Schmetterling zu fliegen,

Sinkt plötzlich wieder hin, hebt sich aufs neue

Und schwebt noch furchtsam in der fremden Luft.

Schon locket ihn der Pflanzen süßer Athem,

Der in sein zartes Fühlhorn lieblich wirbelt;

Er eilt von einer Blume zu der andern,

Und lispelt jeder seine Liebe zu.

Noch flog er sorglos und gefiel sich selbst

In seinem neuen wonniglichen Stande

Als ein Insektenfeind, die schwarze Dohle,

Voll Raubbegier von ihrer Höhe schofs,

Und ihn zum Futter ihrer Jungen raubte.

Die Todesangst weckt Zoharn aus dem Traum.

Halbschlummernd wacht er auf, und sieht sich um

Und fühlt sich an, und suchet seine Flügel.

Jetzt merkt er erst, dafs ihn ein Traum getäuscht.

Er findet sich an seiner Thirza Seite,

Die, von der Morgenröthe halbbeschimmert,

In leichtem Morgenschlummer ruhig athmet.

Er rafft sich auf, und sinnt dem Traume nach,

Und wundert sich der deutlichen Entwicklung

Der Triebe, die er oft, verworrner nur,

In sich gefühlt. „O! Wahrlich, rief er endlich,

V. 455 — 479.

Es war ein Geist, es war wohl Firnaz selbst,
Der diesen Traum vor meine Seele führte,
Und nicht umsonst. Dein Zweck betriegt dich nicht,
Unsterblicher, der für mein Wohl so sorgsam
Im Traume wirkt, was, wenn der Körper wacht,
Der von Empfindungen betäubte Geist
Nicht denken konnte. Ja, itzt fühl ichs erst,
Mein ganzes Leben war bisher ein Traum,
Ein langer Traum der eingewiegten Seele,
Die schlaff und träg den Sinnen unterlag.
Was fühl' ich in mir? Welche neue Triebe?
Wer giebt euch mir, ihr göttlichen Gedanken?
Wie klein wird mir die Erde! Wie verächtlich
Die Sinnenlust, wie kindisch alles, was
Noch kürzlich mir so wünschenswürdig schien!
Doch warum hab ich euch sonst nie empfunden,
Ihr Göttertriebe? hat vielleicht euch Firnaz
Mir eingelispelt, oder bist du es,
O Seele, die du, heil vom alten Schwindel,
Dich wieder fühlst, und kaum dich selbst erkennest?
Ja, ich bin göttlichen Geschlechts! die Sterne sind
Mein Vaterland, mein Element der Himmel!
Da war ich, eh' ein unbekanntes Schicksal
Mich in die Unterwelt herabgestoßen.
Des Leibes Wollust, und das tolle Nichts

V. 480 — 504.

Der Ehre, die mit Menschenblut sich tränkt,

Sind Nebel, die den düstern Kreis umwölben,

Wo ich verlernte, wie ein Geist zu denken.

Doch jetzt durchblitzt ein plötzlich Sonnenlicht

Die Nebelwolken; die Vernunft verbreitet

Ihr reines Licht — O welch ein Glück! ich sehe.

Und nun erkenn' ich erst, was mitten im Getümmel

Der Leidenschafsen, in mir leise rief,

Die Stimme der ätherischen Begierden,

Die nach der reinsten Geisterluft verlangen.

O Weisheit, giefse dein harmonisch Licht

In meine Triebe, sie verlangen Ruhe

Und Freuden, die nur du geniefsbar, standhaft,

Und würdig mach'st der Gottheit unsers Geistes.

Du lehrst mich überall Vergnügen pflücken,

Versöhnest mit dem Himmel mich, und tödtest

Der Thorheit Brut, die lasterhafte Klage.

Der Dunst zerfliefst, der deine Schönheit mir

Verbarg, Natur, und deine leisen Winke;

Der bittre Quell der Unzufriedenheit.

Nur Einen Wunsch, den einzigen von allen,

Der meiner würdig ist, gewähre mir,

O Weisheit! Lehre mich, anstatt

Sie aufser mir zu suchen, meine Welt

Und mehr als eine Welt, in mir zu finden.

V. 505 — 528.

Was hat die Ewige, — die in mir herrschet,
Und dann erst lebt, und dann erst sich empfindet,
Wenn sie als wie vom Leib entfesselt ist? —
Was hat sie für Gemeinschaft mit dem Stoffe?
Was sind für sie Gebirg' und weite Ebnen,
Und goldne Thronen, reitzende Gerüche,
Und Körper, die die Nerven zärtlich reiben?
Wie lange kann der Stoff die Wünsche halten?
Wie lange täuschet er die Lust zum Wechsel?
Windt nicht die Seele sich vom Schlamme los,
So bald sie in ihn stürzt, und dringt sich keuchend
In eine rein're grenzenlose Gegend?
Zu diesen Höhen schwinge dich, mein Geist!
Die Ewigkeit enthält dir noch, was hier
Dein Herz vergeblich in dem Unbestande
Der Welten sucht, die, wie gemahlte Wolken,
Nur Schatten sind und Wirklichkeiten scheinen.
Vertraulich mit der überird'schen Weisheit
Findt dich der Tod, der andre träumend würgt,
Erwacht; zufrieden lachst du ihm entgegen.
Dann steigst du durch die Pforte, die er dir
Eröfnet, in die Welt der wahren Wesen,
Und wunderst dich, daſs nebeltrunkne Menschen
Den Tod verwünschen und zu leben wähnen.

Anmerkungen.

1) Seite 122. S. die 33. Ode Anakreons.

2) S. 125. Zwey der anmuthigsten Minnesänger aus dem goldnen Alter der alten schwäbischen Poesie, deren Lieder in der Ausgabe der Manessischen Sammlung, welche 1756 in Zürich herausgekommen ist, zu finden sind.

MELINDE.

Melinde hatte siebzehn Jahre schon,
Fern von der Stadt, mit ihrer edeln Mutter
In froher Mittelmäſsigkeit gelebt.
Ein armes Gut, so klein als ihre Wünsche,
Hielt diese Zwey in seiner stillen Schooſs.
Melinde, der in ihrem zart'sten Alter
Der Tod den Vater nahm, ward von Elviren
Hier auferzogen. Welche Hoffnungen
Las diese schon in den noch schlaffen Mienen
Des Mädchens, das um ihren Busen scherzte?
Mit welcher Sorgfalt pflegte sie die Triebe
Der Tugend, die aus ihren jungen Augen
Unschuldig lacht', und ihren Spielen selbst
Was edlers gab, als andre Kinder fühlten?
Wie dich, eh du die niedre Erde ziertest,
Die Lieb' in ihrem Arm, o Doris, bildete,
Ihr zärtliches einnehmend sanftes Lächeln

V. 18 — 41.

In deine Augen goſs, und jede Neigung

In deiner Brust nach ihrem Herzen schuf;   .

Dich sah'n die Freundinnen, dich sah'n die Engel,

Und liebten dich, und segneten den Jüngling,   .

Den einst dein Blick die Liebe lehren sollte:

So wuchs in ihrer zärtlich edeln Mutter

Umarmung, unter liebreich weisen Lehren

Melindens Schönheit auf.   Ihr holdes Auge

Sah' nie der Städte schwelgerischen Schimmer.

Kein eitler Vorwurf, keine der Geburten

Des höf'schen Prunkes und der Üppigkeit,

Befleckten ihre unschuldsvollen Blicke.

Wie oft verweiltet ihr, wenn sie allein

Am Murmeln eines silberhellen Baches

Mit ihrem Herzen sprach, ihr leichten Sylfen,

Sie anzuseh'n, und gosset süfse Lüfte

Mit hyacinthnen Fittigen um sie,

Und scherztet um den jugendlichen Busen?

Und wenn sie sang, floſs der entzückte Bach

Harmonischer, die Nachtigallen horchten,

Und ringsum färbten sich die Blumen heller.

Noch hatte die unschuldige Melinde

Die Liebe nicht gefuhlt, obgleich ihr Herz

Sich selbst im Arm der ähnlichen Gespielen

V. 42 — 64.

Verrieth, dafs es zur unbekannten Liebe
Gebildet war, die aus der Zärtlichkeit
Der blauen Augen unbewufst entzückte.
Mit reinem Herzen sah' ihr fühlend Auge
Zum Himmel auf, und jeder sanfte Schlag
Der Adern, jede Wallung ihrer Brust
War dir, o Tugend, heilig. — Doch es kam
Der Augenblick, da sie sich weiblich fühlte.

Ismene war Elvirens beste Freundin,
Zwey gleiche Seelen, die der Stand nur schied.
Ismenens Güter grenzten an das Landhaus,
Wo sich Elvire mit der Tochter aufhielt.
Melinde gab Ismenen oft Besuch;
Sie war so sicher in der Freundin Schutz,
Als in der Mutter Arm.   Hier sah' sie einst
Ismenens Bruder, der von Reisen kam.
Der Anblick ändert ihres ganzen Schicksals Lauf.

Gefällig, edel, witzig, und so schön
Wie den Adonis uns die Dichter schildern,
Erschien Lysander vor Melindens Augen.
Kaum sah sie ihn, als ungewohnter Schauer
Ihr Herz durchfuhr; sie schlug die schönen Augen
Verwirrt erröthend nieder, doch Lysandern,

Nicht unbemerkt, der seine Stärke kannte.
O wie zerschmilzt dein weiches Herz, Melinde?
Wie hängt dein Aug' an ihm? Wie schamhaft bebt
Dein Blick, wenn er auf seinen trifft, zurücke?
Nie ward ein Herz vollständiger erobert,
Als jetzt des Mädchens unerfahrnes Herz.

Noch stärker, doch mit minder Zärtlichkeit,
Bezaubert auch ihr Anblick den Lysander.
Solch einen Eindruck hatte nie ein Mädchen
Auf sein Gemüth gemacht.　Er staunt und fühlt
Zum ersten Mahl sich, wider Willen, zärtlich.
Zwar hatt' er oft geliebt, doch Zärtlichkeit
War ihm ein Wort, bey dem er eben das,
Was er bey Tugend, oder Geistermährchen,
Und bey des G a b a l i s Sylfiden dachte.
Es war, als ob aus ihren fühlenden
Gerührten Augen, die nicht heucheln konnten,
Die Zärtlichkeit sich in sein Herz ergösse.
Doch die Gewohnheit regelloser Triebe,
Melindens Stand, der unter seinem war,
Und Hoffnung, sie auf den gewohnten Fuſs,
Mit einer Wollust, die dem Lasterhaften
Schimär'sche Freyheit süſser macht, zu haben,
Besiegten bald das reinere Verlangen,

V. 89 — 113.

Das plötzlich in ihm aufgestiegen war.
Er faſst bey kälterm Blut den schnöden Vorsatz,
Mit ihr die Zahl der Unglückseligen,
Die er, von ihrer Unschuld angereitzt,
Entehret hatte, zu vermehren.
Doch decket der Verräther mit der Miene
Der Zärtlichkeit den unverschämten Anschlag.
Sein Auge war gelehrt, der Liebe Sprache
Mit heuchlerischer Redlichkeit zu reden;
Sein Blick, sein Mund, dienstbare tiefe Seufzer,
Gehorsamten dem lasterhaften Willen.
Er sah' Melinden öfters schüchtern an,
Und wenn sein Mund die Wirkung ihrer Reitze,
Aus Ehrfurcht, ihr nur leise zu bekennen wagte,
Ergänzt, was er zurückzuhalten scheint,
Das schlaue Schmachten seiner feur'gen Blicke.
Die Schöne kehrte mit verwundtem Herzen
Zurück in ihre stille Hütte, aber fand
Die Freude nicht in ihr, die sonst im Eingang
Der Kommenden entgegen lächelte.
Zum ersten Mahle schien sie ihr zu eng.
Schon schwang die Nacht ihr sterniges Gefieder
Um die Natur, schon lag Elvir' im Schlummer
Als sie, den Schlaf umsonst zu Hülfe rufend,
Mit ihrem bangen Herzen sich besprach:

V. 114 — 137.

„Wie ists mit dir? Warum entflieht die Ruhe
Aus deiner Brust, der Schlaf von deinen Augenliedern?
Was raubt der Unschuld heitre Stille dir,
Zu schwaches Herz! — O könnt' ich es mir selbst
verhehlen!
Und doch — Warum verhehlen? Nicht gestehn,
Mir selbst gesteh'n, was nicht zu seh'n, zu fühlen
Ich keine Augen haben müste und ⸴
Kein Herz? — Wie liebenswerth Lysander ist!
Was für ein Wort ist dir entflohn? Wie rasch,
Verwegne, glaubst du deinen Augen!
Wie unvorsichtig! Kennst du denn Lysandern?
Wer bürget dir dafür, dafs seine Seele
Sein Äufsres, das so viel verspricht, nicht schändet?
Und doch! Es kann nicht seyn, es ist nicht denkbar
Dafs die Natur uns so betriegen sollte,
Sie, die in ihren Werken überall
Der äufsern Zierde innern Werth gesellt.
Gewifs, gewifs der Gott, der hier so prächtig wohnt,
Ist seines Tempels werth! — Strahlt Güte nicht
Und Redlichkeit aus allen seinen Zügen?
O fühltest du in deiner edeln Seele,
Was ich für dich! — Beynahe sollt ich es
Zu hoffen wagen? Sagte nicht sein Auge
So ehrfurchtsvoll, so schön, mir Liebe zu?

V. 138 — 162.

Wie zärtlich schüchtern senkt' es sich, so oft
Sein Blick dem Meinigen begegnete!
Wie glücklich wär' ich, liebte mich Lysander!
In welcher sel'gen Einfalt lebten wir
Fern von der Welt, vergnügt mit unsrer Liebe,
In diesen Thälern, wo die freye Tugend
Sich vor der Thorheit und dem Laster einschliefst!
O welche neue Hoffnungen verbreiten
Ihr glänzendes Gefieder um mich her!
O Liebe! allzuschön erscheinst du mir!
In welcher Serafsmiene seh' ich dich
Mir zärtlich lächeln! O wie wallt mein Herz
So gern dir zu! — O täusch es nicht, diefs arme
So traurig dir entgegen wallende
Arglose Herz, mit deiner Engelsmiene!
Es ist zu schwach, mit dir in dieser lieblichen
Gestalt zu kämpfen. — Solltest du mir nur
So hold erscheinen, um auf ewig wieder
Mich zu verlassen? Schmeichelt mir vielleicht
Ein falscher Traum, wenn ich geliebt mich glaube?
Wie, wenn Lysander — kaum erträgt mein Herz
Den schrecklichen Gedanken — wenn er nicht
So gut, so edel wäre, als die Liebe ihn
Mir zeigt? Wie wenn er mit erdichteten
Empfindungen der unerfahrnen Unschuld

V. 163 — 186.

Nur Schlingen legen wollt, und unter Blumen
Auf seinen Raub, wie eine Schlange laurte?
Wie schrecklich ist mir diese Möglichkeit!
Doch, wär' es auch, soll doch Melinde nie
Der Tugend und der Ehre untreu werden.
Eh werde du, zu sehr gerührtes Herz,
Das unglücksel'ge Opfer deiner Liebe!
Eh müssen diese gern gefühlten Flammen
In Thränenbächen löschen, eh ich dich,
Gespielin meiner frommen Jugendzeit,
O Unschuld, und, o Liebe, dich entweihe!

So irrte, zwischen Furcht und Hoffnung schwankend,
Das arme Kind, getäuscht von seinem Herzen,
Die ganze Nacht in fieberhaften Träumen.
Die Morgenröthe fand sie wach und sorgend,
Und Thränen glänzten in den matten Augen,
Wie Morgenthau im Schoofs der Blumen glänzt.
Doch bald erheitert Aug und Herz sich wieder,
Da sie Lysandern sieht, und sein Gefühl
Und eine Liebe, die sie mit der ibrigen
Im Einklang glaubt, von seinen Lippen hört.
O Würdige, von einem Freund der Tugend
Geliebt zu seyn! Wie hätt'st du ihn entzückt,
Wenn er in deinen wehmuthsvollen Augen

V. 187 — 210.

Die holde Scham der Liebe, die nicht länger
Verborgen bleiben kann, gesehen hätte?
Wie süßbegeistert hätt' er deine Thränen
Dem schüchternen geliebten Aug' entküßt?

Zwar auch Lysander ward von dieser Scene
Entzückt, doch minder weil ihr Herz ihn rührte,
Als weil er seinen lüsternen Begierden
Bald Ruh in ihrem reinen Arm versprach;
Allein ein leichter Wind streut seine Wünsche,
So wie Melindens Hoffnung, in die Luft.

Schon waren Monate mit schnellen Schwingen
Vorbey geflohn, da sich die beiden liebten;
Doch däuchten sie dem Mädchen, das so ganz
Der ersten, reinen Liebe sich dahin gab,
Sie däuchten ihr in ihrem Wonnetraum,
Nur Tage, gleich des Paradieses Tagen.
Lysander schien ihr ihres ganzen Herzens
Vollkommen werth; auch war er's, hätte nicht
Die Macht der zügellosen Sinnlichkeit
Ihm den Geschmack an reinern Freuden längst
Geraubt, und Unschuld ihm und Tugend als
Fantomen vorgespiegelt, denen nur
Ein Thor sich selbst und sein Vergnügen opfert.
Allein Melindens Unerfahrenheit

V. 211 — 234.

Vermummter Laster Mienen auszuspähen,
Die Liebe und die leichtbetrogne Unschuld,
Die alle Herzen nach dem ihren schätzt,
Erlaubt' ihr nicht, in des Liebhabers Larve
Den häfslichen Betrüger zu entdecken,
Bis endlich, ach! zu schnell, die Stunde kam,
Die sie aus ihrem süfsen Irrthum weckte.

Nacht war es, eine heitre Stille schwebte
Um die Natur, und lud Melinden ein,
In einem Lustwald, der Ismenens Garten
An ihre Wohnung schlofs, umherzuirren.
Die Kunst war hier versteckt, man glaubte sie
Nicht stolz genug, die Schönheit der Natur
Erhöhn zu wollen, die sie doch erhöhte.
Die hohen Bäume hatten wie von selbst
In Gänge sich gereiht, mit duftenden
Gesträuchen und mit Lauben untermischt,
Von Geifsblatt oder Rosen, die den Wandelnden
Auf ihre stillen Blumenbänke luden.
Vom Gipfel einer rauhen Felsenspitze
Stürzt sich ein Bach, und wälzt, gemächlich fallend,
Sein wallend Silber durch die ganze Gegend;
In Blumen oder Ranken eingefafst,
Polierten Spiegeln gleich, auf deren Fläche

V. 235 — 258.

Der helle Mond sein zitternd Bildnifs wirft.
Hier ging Melinde, wie es schien, allein;
Doch, wie sie glaubte, in der unsichtbaren
Dem Geist, der leiser fühlt, nur merklichen
Gesellschaft ihrer himmlischen Gespielen.
Auch war die Unschuld und die holde Liebe
An ihrer Seite mit der süfsen Stille,
Umgeben von Betrachtungen, wie Venus,
Wenn junge Liebesgötter um sie schweben,
Wie H a g e d o r n und U t z sie oft geschen.
Die Gegend schien nicht eine ird'sche Scene,
Sie schien bezaubert, wie die Wundergärten
In die uns Dichter führen, wo die Feen
Mit leichten Füfsen runde Tänze winden,
Gleich den ätherischen Gefilden,
Wohin die zärtlichste der Dichterinnen,
Der Britten S i n g e r, oft verzücket wurde.

Lysander, welcher jeden Schritt Melindens
Sorgfältig spähte, glaubte diesen Abend
Vom Glücke selbst ihm zugeführt, und schlich
Dem Mädchen nach, das, von der holden Stille
Gelockt, in einer Laube grünem Schoofs,
Auf einem Bette weicher Kräuter ruhte.
Er naht sich, unbemerkt, mit leisem Tritt.

Da lispelt ihm ein nächtlich frischer West
Die Worte zu, die das zufriedne Mädchen
In ruhiger Entzückung zu sich sprach:

„Wie süfs bist du, des Herzens holde Stille,
Und ihr, die ihr sie lieblich unterbrecht,
Beliebte Schauer, angenehme Schrecken
Der hellen Nacht, der frohen Einsamkeit,
Der Schöpferin der schönsten Hoffnungen!
Wie fühlt mein Herz sich selbst und seinen Adel!
Welch eine himmlische Zufriedenheit,
O Unschuld, lächelst du in meine Seele!
Mit welcher Ruhe, frey von lüsternen
Aufwallungen der wünschenden Begierden,
Seh' ich in euch, ihr goldnen Tage, hin,
Die mir in ihrer himmlischen Gesellschaft
Die Lieb' entgegen bringt, die selige
Erhab'ne Liebe, meiner Tugenden
Beherrscherin, die Krone meiner Triebe!
Wie glücklich werd' ich seyn, wenn einst mein
                    Freund,
Mit mir, o Vorsicht, vor dir ausgegossen,
Dich loben wird, und dann auf unsrer Liebe
Äther'schen Schwingen zu der göttlichen
Empor getragen, in der Schönheit Fülle

V. 282 — 305.

Den sterblichen und matten Reitz vergißt,
Den er an mir, vielleicht zu zärtlich, liebt!
Mit welchen Wallungen der reinsten Freude,
Wovon das schwache Bild mich schon entzückt,
Will ich alsdann in seine Arme fallen,
Und dich an seiner Brust, o Liebe, preisen!"

Lysander hört sie; hört den freyen Ausbruch
Der schönsten Unschuld, die so zärtlich liebt;
Er fühlt und bebt, und die Entschließung wankt,
Die sich dem Ausgang schon entgegen freute.
Doch bald raubt eine unglücksel'ge Stärke
Der wilden Seele, den Bewegungen
Der sanften Menschlichkeit den schwachen Eindruck.
Er nähert sich, voll schmeichelnder Gedanken,
Der Grotte, wo der Liebenswürdigen
So wenig von dem nahen Unglück schwante.

„Wie weich ist jetzt ihr Herz? gewiß sie fühlt,
Fühlt deinen Einfluß, wollustathmende Natur!
Die tiefe Ruhe, die gewognen Schatten,
Die Luft von Nachtthau frisch und lieblich düftend,
Die melankolischen verliebten Lieder
Der Nachtigall, die aus der schwarzen Stille
Der Büsche klagt, — gewiß, dieß alles wirkt
Auf dein gefühlvoll Herz, gewiß es schmachtet

V. 306 — 329.

Nach neuer unbekannter Lust. — Wie thöricht,
Wenn solch ein Glück durch meine Blödigkeit,
Vielleicht wohl unersetzlich, mir entschlüpfte!
Wie schön ist sie? Hat je die Fantasie
In ihren feurigsten Begeisterungen
Was reitzenders gesehn, als wie du dich,
Melinde, mir in freyer Anmuth zeigest?
Wen machte nicht dein Anblick kühn? Wie du
Nachläfsig schön, gleich der Natur im Schlummer,
In einer Stellung ruhst, als ob dein Herz
Etwas verlangte, was die Schüchternheit
Der jungen Seele nicht zu denken wagt."

So sagt der Lasterhafte bey sich selbst.
Voll wilder Freud' und nebeltrunkner Hoffnung
Naht er sich ihr. — Sie wird ihn nicht gewahr,
Bis die bekannte Stimme sie den wachen Träumen
Des halb entschlummerten Gefühls entweckt.
Sie hört und zittert auf. Doch wie erstaunt sie,
Da sie Lysandern sieht, der wollusttrunken
Sie zu umarmen kommt. — Entsetzen, Zweifel
Und Zärtlichkeit, und Angst und Abscheu beben
Auf einmahl durch ihr überraschtes Herz.
Jetzt sieht sie ihn wehmüthig zärtlich an,
Mit einem Blick, der auch dem Wildesten

V. 330 — 353.

Gefühl der Tugend hätte geben sollen;
Allein Lysandern gab er nichts, als was
Ihn stärker spornte, sich die Zärtlichkeit
Und die Verwirrung des zu schwachen Mädchens
(Wie er sie sich versprach) zu Nutz zu machen.
Er sprach mit einem Feuer, das sie schreckte,
Von ihren Reitzungen, von seinen Flammen,
Von Götterwollust, von der Gunst der Nacht,
Die den Verliebten ihre Schatten leihet,
Von süfser Ohnmacht, von Entzückungen,
Und was die Wuth, der man den heil'gen Nahmen
Der Liebe giebt, für Schaum und Unsinn sonst
Aus lasterhaften Lippen giefsen kann,
Die unerfahrne Unschuld zu betäuben.

Sie staunt und bebt, und will entflieh'n, obgleich
In ihren Augen Zeugen ihrer Schwachheit
Den Rasenden zu gröfs'rer Kühnheit reitzten.
Doch da er sie mit unverschämten Armen
Umschlingen will, entreifst sie sich gewaltsam;
Sein Frevel füllt ihr ganzes Herz mit Grauen,
Die Liebe stirbt auf einmahl mit der Furcht.
Sie fühlt in sich die Obermacht der Tugend,
Und will mit hohem Ernst den Frevel ihm
Verweisen; doch, zu schwach ihn abzuschrecken,

Giebt ihm ihr schöner Zorn nur neuen Muth.

Der sieggewohnte Lüstling hält ihn nur

Dem Zorne gleich, der die verwegnen Finger

Des Jünglings mit beschnittnen Nägeln straft.

Jetzt sah sie keine Rettung, als mit Thränen

Und bangem Fleh'n sein Mitleid zu erregen.

In ängstlicher Verwirrung fällt sie ihm

Zu Fuſs, und ringt die zarten Rosenarme,

Und spricht mit einer Stimm', aus welcher Unschuld

Und Angst und Wehmuth felsenrührend tönen:

Um dieser Thränen, um der Inbrunst willen,

Mit welcher dich mein redlich Herz geliebt;

Ach um der Hoffnung willen, der ich jetzt

Auf einmahl in die bäng'ste Nacht entstürze,

Bedenke dich Lysander, eh' du mich

Für meine Zärtlichkeit auf ewig elend,

Auf ewig trostlos machst! — O strafe nicht

Die Schwachheit eines unverwahrten Herzens,

Das dich für redlich wie sich selber hielt,

Mit einem Unglück, dem es tausendmahl

Die schrecklichste Gestalt des Todes vorzieht.

Ach, um der Thränen willen, die ich weinte,

Da ich, von überflieſsender Empfindung

Bewältiget, mein ganzes Herz dir zeigte,

V. 378 — 402.

Um der unschuldigen Entzückung willen —
Doch, ach! was red' ich? können die dich rühren?
Du hast mich nie geliebt, du hassest mich!
Unmenschlicher! Aus was für einer Ruhe
Stahlst du diefs Herz, das, eh' es dich gekannt,
So glücklich war! — Ach warum sah ich dich?
O warum lehrtest du die Liebe mich,
Die Liebe, die ich nie erfahren, kennen?
War's, nur zum Elend mein Gefühl zu schärfen?
O warum liefsest du mich nicht der Stille,
Der frohen Einfalt, der ich sorgenfrey,
Gleich einem Kind, im sichern Schoofse lag?
Da war ich glücklich.   Keine Wünsch' empörten
Mein heitres Herz, der Himmel war allein
Der Gegenstand der zärtlichen Begierden.
O warum mufstest du mich lieben lehren?
Die falsche Liebe, die mir Unerfahrnen
Entzückungen und Paradiese zeigte,
Und jetzt in einer Wüste mich verläfst?
Ach, lafs dich diese Thränen, die nicht heucheln,
Ach! lafs sie dich bewegen, eh' sie dir
Wie Todes-Bäche um die Seele rauschen!
Kann mein Verderben denn dich glücklich machen?
Es kommt ein Tag, Lysander, eine Stunde,
Zuletzt, ein Augenblick; Ein Augenblick

V. 403 — 427.

Lysander! der das Urtheil deiner Seele

Auf ewig spricht — O denke, wenn mein Flehen

Dein Herz nicht rührt, wie wird das Schreckenbild

Der jammernden mifshandelten Melinde,

Von dir, vielleicht auf ewig, unglückselig

Und hoffnungslos gemacht, mit welchen Schrecken

Wird es im Tode deinen fliehenden

Qualvollen Geist verfolgen! O! wie würden

Die Seufzer, die du nicht geachtet hättest,

In deine Seele donnern! — Ach, Lysander,

Es ist ein Gott, es ist ein naber Richter!

Die Tugend und ihr Lohn, und die Bestrafung

Des Lasters und die Ewigkeit sind wirklich!

Der Tod wird einst der Leidenschaften Dunst

Von deinen Augen wehn; dann wird der Taumel

Der Lüste schwinden — Ach, dann wirst du sehen!

Im Thor der Ewigkeit wirst du, erschüttert

Von Seelenangst, in deine Zeit zurück sehn.

O! wie verächtlich werden dir alsdann

Die Triebe seyn, die deiner Trunkenheit

Jetzt würdig scheinen, ihnen Ehr und Tugend,

Und deine Seele und Melindens Unschuld

Für einen Augenblick dahin zu geben!

Bezähme dich, Lysander, flieh von hier,

Und lafs die unglückselige Melinde,

V. 428 — 451.

Mit ihrer Unschuld, ihrem einz'gen Gut,
In unbekannter Einsamkeit, das Schicksal,
Dafs sie dich seh'n, dafs sie dich lieben mufste,
Und ihres Hoffens Eitelkeit beweinen!
Vielleicht, dafs endlich meine steten Thränen,
Die traurigen, zu tief gesefsnen Bilder
Der reinen Zärtlichkeit vertilgen mögen,
Die nun mein Unglück ist! — Und du, vergifs,
Vergifs die thränenwürdige Melinde,
Vergifs, wie redlich dich das zärtlichste
Der Herzen liebte; und, wenns möglich ist,
Vergifs auch die barbarische Belohnung,
Die du der treusten Liebe zugedacht."

So sprach sie, und es strahlt' aus ihren Augen
Durch Thränenwolken eine stille Hoheit
Die den Verbrecher schreckt'. Er steht bestürzt,
Von Scham betäubt, den Blick auf sie geheftet,
Und fühlt der Tugend Göttlichkeit, und fühlt
Die Niedrigkeit des schmacherfüllten Lasters.
Doch eh' er aus der schütternden Verwirrung
Sich sammeln konnte, war Melind' entflohen.
Er ruft ihr thränend nach; umsonst. Sie eilt
Der sichern Einsamkeit der Hütte zu,
Die ihre Thränen unverräth'risch aufnimmt.

V. 452 — 466.

Lysander, tief gerührt von dieser Scene,
Von ihrem Reitz, den die erhab'ne Tugend
Verehrungswürdig macht, und von der Rede,
Die ihn mit ihren ängstlichen Accenten,
Stets wo er war, umtönte, wollte zwar,
Den Frevel auszulöschen, dessen Bild
Ihn stets verfolgte, sie zur Gattin wählen.
Allein Melinde hört ihn nicht; umsonst
Bemüht sich seine Schwester, sie zu rühren;
Vergeblich fleht er zu Melindens Füfsen;
Von Thränen und von Gründen unbewegt,
Beschlofs sie ihrer Tage Überrest
In einer Zelle den Betrachtungen
Der Ewigkeit zu leben, und die Triebe
Der reinsten Brust dem Himmel nur zu weihen.

SELIM UND SELIMA.

Unendliche Natur, der Gottheit Spiegel,
Wie reich bist du an Schönheit und Vergnügen!
Wie unerschöpflich ist dein Meer von Freuden!
Zwar trinken Myriaden von Erschaffnen,
Die Engel und die geistigen Bewohner
Der bessern Welten, mit dem erdgebornen,
Dem Thier verwandten Menschen, alle Bürger
Von Luft und See, bis zum bewohnten Sandkorn,
Bis zu den Welten, die uns Leuwenkoek
In Staub und Wassertropfen zeigt, sie alle,
Zahllose Scharen, trinken deine Bäche
Mit vollen Zügen. Doch je mehr sie trinken,
Je stärker strömt dein Überfluß sie an.
So schöpfen sie Vergnügen, ihre Nahrung,
Und stillen die besänftigte Begierde.
Der Mensch allein, obgleich von deinem Reichthum

V. 17 — 41.

Umflossen, klagt und fliehet den Genufs,

Entflieht der Freude, die ihn selber sucht,

Und sucht sie, wo sie nie zu finden war.

Vergeblich gab der Schöpfer ihm die Sinnen,

Dich, o Natur, zu fühlen, und von dir

Auf Flügeln der Empfindungen zu Ihm

Empor zu flieh'n; vergeblich stimmtest du

Die Schönheit, die aus deinen Werken strahlt,

Mit seiner Seele leicht bewegten Saiten

In Harmonie; der Thor, er achtet's nicht,

Und höret im Getümmel seiner Lüste

Dein sanftes Locken, noch dein Warnen nicht.

Die ihr euch Menschen nennt, wenn werdet ihr

Den Unsinn euers eiteln Thuns erkennen?

Wie lange noch, vom sichern Pfad der Weisheit,

Der sanft empor euch trägt, entweder in die Tiefe

Zu Thieren taumeln, oder in die Wolken

Zu untersagten Sfären schwindelnd steigen?

Bald seyd ihr Vieh und wälzt, der Ewigkeit

Vergessend, euch im Staub und Schlamm der Erde;

Bald athmet ihr mit lächerlichen Flittern

Dem Glanz der Engel nach.   O lernet erst

Das, was ihr fähig seyd, lernt erst geniefsen,

Und im Genufs der Himmel würdig werden,

Wo sich die Wahrheit, die ihr hier vergeblich

V. 42 — 65.

Im Nebel suchet, euch im Sonnenschein
In unverhüllter Schönheit zeigen wird.

   O dreymahl selig warst du, heil'ge Zeit,
Von Dichtern oft besucht, fruchtbare Mutter
Der schönen Bilder, deren mächt'ge Wahrheit
Noch jetzt, noch in der Zeiten trübster Hefe,
Auf jede Seele wirkt, die menschlich fühlt.
Du goldne Zeit, in die den Dichter oft
Ein Traum entzückt, wo er die Wunder sieht,
Womit dein Paradies, Homer der Britten,
Die Weisen reitzt; wo ihm die Schönen lächeln,
Die Töchter der Natur, die Bodmer uns,
So liebenswürdig als den ersten Frühling
Der Vorwelt, zeigt; die aber unsern Zeiten
Noch fremder sind als Klopstocks Serafim.
Komm, Muse, komm, begleite mich noch einmahl
In diese Welt, in die ich oft mich rette,
Wenn der Triumf der Thoren mich ermüdet.
Entwöhne mich mit Menschen umzugehen,
Die nur von fern es sind; hingegen führe,
Wenn ich im heil'gen Schatten der Betrachtung
Mich selbst geniefse, holde Träum' herbey;
Und die beliebten redlichen Gestalten
Der Menschen, die Natur und Tugend säugte;

V. 66 — 88.

Damit ich dann die dichtrischen Gesichte
Den Freunden wieder schildre, die mit mir
Gefühlvoll sind, und sich der Weisheit weihen;
Und denen ich itzt noch erzählen will,
Was sich mit Selim ehmahls zugetragen.

In eines freyen Thales stillem Busen
Lebt' Selim einst, ein liebenswerther Jüngling.
In seiner schönen Bildung hatte die Natur
Gefühl und Geist und alle Tugenden
Des Herzens ausgedrückt; nichts mangelt' ihm
Als das Gesicht; nur diese Gabe hatte
Der Himmel ihm versagt. Nie zeigten ihm
Der Körper wandelnde Gestalten sich
Im Sonnenglanz, dem Quell der feinsten Freuden.
Doch nie beschwerte sein zufriedner Sinn
Mit Klagen die Natur. Ihm war genug
In seiner Sfäre, war sie gleich umschränkter,
Die ihm vergönnten Freuden zu geniesen.

Doch über alles, was sein nächtlich Leben
Ihm lieblich macht, ist Selima, die Perle
Der Töchter ihrer Zeit, mit ihm verwandt,
Und von der Kindheit an für ihn bestimmt.
Sie liebten sich, so wie die Unschuld liebt,

V. 89 — 112.

Die, ungelehrt in Zwang und Sprödigkeit,

Die falsche Scham nicht kennt, das auszudrücken,

Was sie zu fühlen nicht erröthen darf.

Was je an einem Mädchen für den Sinn

Des Auges reitzend war und schön

Vereinte Selima. Ein süfs'res Licht,

Als das der Mond auf Frühlingsnächte giefst,

Ein Widerschein der schönsten Seele leuchtet

In ihrem blauen Aug', ein schöners Roth,

Ein sanftres Weifs, als Lilien und Rosen,

Vom höhern Roth des kleinen Munds erhoben,

Vermischet sich auf ihren zarten Wangen.

Allein für Selim glänzte diese Pracht

Der Farben, ungeliebt und ungenossen

An Selima; doch liebt er sie nicht minder,

Obgleich begierig, diese unbekannten

Gepriesnen Reitzungen an ihr zu kennen.

Einst eines frohen Tags, aus dem Gefolge

Des blumenvollen May, rief er die Freundin:

„Komm, meine Traute, weil der West uns lockt!

Ein warmer Einflufs macht die Lüfte heiter,

Die Fröhlichkeit singt aus den Luftbewohnern,

Und laue Zefyr wehen mir den Balsam

Des blühenden Orangenbaums entgegen:

V. 113 — 136.

Komm, Selima, laſs uns im offnen Felde
Die Lieblichkeit der Frühlingslüfte trinken.
Dir wird die Nachtigall in süſserm Ton
Entgegen singen, wo dein zarter Fuſs
Die Blumen leicht berührt, da werden sie,
Vor Wollust zitternd, dich mit süſsern Düften
Wetteiferd grüſsen; jedes sanfte Kraut
Wird weicher sich um deine Sohlen schmiegen.

So sprach er. Selima begleitet' ihn
In wohl bekannte Fluren, wo den Rand
Des musikal'schen Baches grüne Lauben
Von Geiſsblatt oder Rosenhecken zierten;
Hier saſsen sie, und fühlten dich, o Lenz,
Und deinen Einfluſs, der die Liebe nährt.
Ein blumichter Granatbaum streckte sich
Weit über sie, und hörte wie sie sich
Mit unverhaltner Zärtlichkeit besprachen.

Wie lieblich ist des heitern Himmels Wonne,
Spricht Selima, sein Anblick strahlt ins Herz
Ein geistig Licht, das es mit Ruh erfüllet;
Und Aug' und Stirn mit freyem Lächeln schmückt.
Welch holder Glanz, der auf den Auen zittert!
Wie lieblich blitzt der Abendsonne Gold
Durch's helle Grün der neubelebten Büsche!

V. 137 — 160.

O! könntest du, mein Freund, die Freuden fühlen,
Die das Gesicht von Licht und Farb' empfängt!

Wie süfs mufs die Empfindung seyn, sprach Selim,
Die dich so sehr entzückt! Zwar fühl' ich nichts
Wenn du von Licht und Schatten, von der Farben
Anmuth'gem Wechsel, von der Büsche Grün,
Und von dem Schmelz der bunten Wiesen sprichst;
So sehr ich mich bestreb', empfind ich nichts
An Blumen, als den lieblichen Geruch
Der duftenden, und ihrer Blätter Formen,
Mehr oder minder seidenartig, glatt,
Gefirnifst, oder sanft behaart und weich,
Die dem Gefühl durch angenehmen Wechsel
Harmonisch vielfach, wie die Töne, schmeicheln.
Die Sonne, was es seyn mag, das ihr andern
Die Sonne nennt, erquickt mich durch die Wärme,
Die meine Haut umwallt, und sanftes Leben
Ins Blut ergiefst. Was ists denn, Selima,
Was du den Schimmer nennst, den du so reitzend
Mir oft beschreibst? Kann er noch lieblicher
Als der Geruch bethauter Rosen seyn?
Und könnt' er eine süfs're Wärme durch
Die Adern giefsen, als ich fühle, wenn
Du deine sanfte Hand auf meine legest?

V. 161 — 184.

Wie wünschenswürdig wäre da, Geliebte,

Was ihr das Sehen nennt! Wiewohl ich nicht

Begreifen kann, wie andre oder süfsere

Gefühle möglich sind, als die ich kenne.

Wenn ich, von dir entfernt, am kühlen Ufer

Des Baches ruhe, wie vergnüget mich

Sein klatschend Rieseln! Lange hör' ich ihm

Halb schlummernd zu, dann schlüpft ein warmer

     Zefyr

Aus einem Blumenthal, sich abzukühlen,

Mit leichten Füfsen auf des Grases Spitzen,

Und fächelt mit ambrosial'schen Flügeln

Mir Wollust zu; mich dünkt, ich taumle trunken

In einem Wirbel reitzender Gerüche,

Gefühllos anderm Eindruck, bis die Lieder

Der Nachtigall, aus eines Haines Tiefe,

Mich schnell aus dem beliebten Staunen wecken.

Nun bin ich lauter Wohlklang, alle Triebe,

Gedanken und Empfindungen der Seele,

Stimmt süfse Harmonie; ich fühle mich

Der Erd' entzogen und in Paradiese

Verzückt, ich hör' in Engelsharfen rauschend

Der Sfären Symfonie, und fühle stärker

Der Gottheit Gegenwart. —

 Allein bezaubernder als alle andre Freuden,

V. 185 — 208.

O Selima, sind die Entzückungen,
Die mich in deinem sanften Arm ergreifen.
Wie wallet schon mein Herz, wenn ich von fern
Still lauschend deiner Füße Tritt vernehme!
O! was empfind' ich, wenn du liebevoll
Die weichen Arme küssend um mich schlingest?
Was gleichet deinem Kuß? was deiner Stimme,
Wenn sie mit Tönen, die die Seele selbst
In Liebe schmelzen, sagt, du liebest mich?

Wie rührst du mich, sprach Selima entzückt,
Und werd' ich stets so liebenswerth dir scheinen?
Wirst du mich immer lieben? — O wie traurig
Ist mir der Schatten nur des Gegentheils;
Doch ja! du liebst mich ewig! die Natur,
Der Himmel hat mit unaussprechlichen,
Den Seelen nur empfindbarn Sympathien
Uns Liebende verknüpft; wir lieben ewig!
Doch sage mir, Geliebter, was es war,
Das dich zuerst an mir gereitzt, was war es,
Womit mein Glück dein theures Herz gewann?
Bey andern schleicht die Liebe durch die Augen sich
Ins Herz; du selber hörtest unsre Dichter oft
Die Macht der siegenden geliebten Augen preisen.
Den einen fängt der Wangengrübchen Zauber;

V. 209 — 232.

Ein Mund, der lächelnd Küsse lockt, den andern.
Was war es denn, womit ich Dich zuerst
Zu rühren wufste? Stille meinen Vorwitz.

So lang ich mich, erwiederte der Jüngling,
Erinnern kann, hat mich der Töne Wohlklang mehr
Ergetzt, als alles, was den andern Sinnen,
Die die Natur mir gönnte, schmeicheln kann.
Ich liebte, noch ein Kind, im dichten Busch
Oft Stunden lang den zärtlichen Gesängen
Der Vögel, die sich lockten, zuzuhören.
Der Quellen Sprudeln, lispelnde Gebüsche,
Des Tannenwaldes wellengleiches Rauschen,
Der Bienen schwärmendes Gesums, und was
Sonst das Gehör zur Frühlingszeit vergnüget,
Ergetzte mich, mehr als ichs sagen kann.
Einst als ich, wie ich pflegt', in einer Grotte
Des Haines lag, allein, doch von Ideen
Und Schöpfungen der Fantasie umgeben;
Es war im Lenz, und nie hatt' einen Abend
Der stille Mond mit sanftern Influenzen
Beseliget, — da tönte aus der Stille
Des Hains, so dacht' ich, eine Engelsstimme
In mein entzücktes Ohr, und weckte meine Seele
Aus ihrem Traum. Du warst es, Selima,

V. 233 — 256.

Die, wie du glaubtest, nur allein von Nymfen
Des Hains vernommen, deiner schönen Seele
Empfindung sangst.   Die meine schien auf einmahl
Ganz Ohr zu werden, alle andre Sinnen
Verstummeten; ganz aus mir selbst entzückt
Sog ich mit offnem Mund die süfsen Töne,
Wovon ich, als sie schwiegen, noch den Nachklang
In meinem Innersten zu hören glaubte.
Jetzt schwiegest du — Wie seufzt' ich, da du
                              schwiegst!
Mir war als hört' ich auf zu seyn, ich sänke
Ins Nichts zurück, und fühlte mich nicht mehr.
Zuletzt erwacht' ich wieder, drehte lauschend
Mein Ohr umher, die Harmonie zu hören
Die mir das Herz entführt; umsonst! sie schwieg,
Und öde Stille herrschte durch den Hain.
Doch war es mir, als säuselte sie immer
Um meine Ohren, und ein geistig Echo
Gab sie unzählig in der Seele wieder.   ´
Noch wufst' ich nicht, ob eine Sterbliche,
Ob nicht vielmehr ein Sänger aus den Wolken
Mich so entzückt; doch lieb' ich unaussprechlich
Die holde Stimm', und jeder süfse Ton
Blieb fest in meiner Fantasie verschlossen.
Jetzt fühlt' ich tausend neue Regungen,

V. 257 — 281.

Ein ungewisses strebendes Verlangen

Nach einem unbekannten Gut,

Geheime Ahnungen und Wünsche, die

Nicht eher als in deinen Armen schwiegen.

Bey Tag und Nacht umschwebte mich das Bild

Der Stimme, die mein Herz in seiner Schwärmerey

Mit einem Leib umgab.   Im Träumen selbst

Besuchte mich die holde Sängerin,

Nahm meine Hand, zog sanft mich zu sich hin,

Und sang das Lied: ich saſs zu ihren Füſsen

Und horchte still entzückt, bis Traum und Bild

Verschwand.   Wehmüthig irrte dann der arme

Verlaſsne durch den Hain und rief

Der holden Unbekannten und beschwor

Rings um sich her die schweigende Natur

Sie ihm zu geben.   Aber wie mir ward

Als ich dich fand, und diese Melodie

Der Stimme, die mich im Gesang bezaubert,

In deiner Rede sanftem Klang entdeckte;

O, wie mir da zu Muth' war, Selima,

Spricht keine Zunge aus! Was weiter folgte,

Wie unsre Herzen sich erkannten, sich

Erschaffen für einander fühlten, wie

Dich Selim liebet, und, in deiner Liebe

Befriediget, kein ander Glück begehrt,

V. 282 — 306.

Kein anders kennt, als ewig dich zu lieben,

Wem, Theu'rste, ist diefs mehr bekanut als Dir?

Indessen kann ich doch ein heimliches

Verlangen nach dem Vorzug, den euch die Natur

Vor mir gegönnt, nicht immer unterdrücken.

Ja, Selima, um deinetwillen, nur

Dich anzuschauen, wünsch' ich mir zu sehen.

Ich wollte leicht der Morgenröthe Schimmern,

Der Wolken Farben, das Gepräng des Frühlings,

Des Himmels Blau, und was du sonst mir rühmst,

Diefs alles wollt ich missen — Aber, sage,

Ist's strafbar, dafs ich Dich zu sehen wünsche?

Wie gern ich auch von unsern Hirten Dich

Besingen höre, immer macht es mich

Ein wenig traurig, dafs ich kaum das dritte Wort

Von deinem Lob mir selbst erklären kann.

Die rabenschwarzen Locken, deren Nacht

Des Nackens Alabasterglanz erhebt,

Die blauen Adern, die durch Lilien

Und Rosen dir um Hals und Busen spielen,

Der Lippen Nelkenroth, das warme Licht

Der seelenvollen Augen — Alle diese Worte

Entzücken mich, doch fafs' ich nichts davon.

Ich sinne nach, ob in den tiefsten Falten

Der Seele nicht dazu die Bilder liegen;

V. 307 — 330.

Ich steh' und träum', unzählige Fantomen
Umschweben mich, und schwinden wieder plötzlich
In dünne Luft; doch, wie ich mich bestrebe,
So bleibt mir, was ihr Glanz und Farben nennt,
Was unerforschliches. — O Selima,
Wie wär' ich glücklich, wenn ich, wie du oft
Zu können rühmst, dein Herz in deinen Mienen
Zu lesen wüfste? Wenn ich schon von ferne,
Eh mich dein Arm, eh mich dein Mund erreicht,
Dich gegenwärtig fühlte; deine Blicke
Voll Liebe, deine ausgestreckten Arme
Den meinigen entgegen eilen fühlte!
Welch eine Gunst des Himmels mufs das seyn,
Mit diesen Augen aus des andern Blicken,
Blofs durch das Auseh'n, ohne Mund und Ohr,
Einander zu versteh'n, sich zu besprechen,
Und, sonder Schall, die innersten Gedanken
Der Seelen anzuhören! Welche Wunder
Von leisen Harmonien müssen nicht
Dem Aug' entfliefsen, das zu gleicher Zeit
Des Mundes und des Ohres Dienste leistet!

Vielleicht, sprach Selima, und seufzte zärtlich,
Dafs eine Gottheit deine Wünsche hört;
Vielleicht sind diese unbekannten Freuden

Dir näher als du hoffest. — So besprachen
Die Liebenden sich zärtlich mit einander,
Bis sich die Sonne hinter die Gebirge
Hinabgesenkt, und sie die kühle Nacht
Zur Wohnung, in des Schlummers Arme, rief.

Noch lag das Mädchen auf dem weichen Lager
Von sanfter Ruh umfangen, als ihr Schutzgeist
In Traumgestalten, die er ihrer Seele
Aus leichter Luft gebildet vorstellt,
Vor ihr erscheint. Der Jugendglanz des Himmels
Umfliefst sein Haupt, aus dessen hellen Locken
Nektarne Rosen nie verblühend athmen.
So stand der Genius vor ihr, und sprach
Mit wundersüfser Stimme: Dein Verlangen,
O Erdentochter, flog nicht ungehört
Vor meinem Ohr vorüber. Siehe den in mir,
In dessen unsichtbaren Armen du
Dich von der Kindheit an entfaltet hast.
Da du geboren wurdest, ging ich hin,
Dein Genius zu seyn. Ich habe dich
Mit mehr als mütterlicher Zärtlichkeit
Vom ersten Augenblick geliebt. Ich war's,
Dem du, ein Kind noch, an der Mutter Busen
Zulächeltest, wenn ich den glüh'nden Wangen

V. 355 — 379.

Mit Rosenflügeln Luft und Schlummer zugofs.

Ich hört' es, wenn dein Herz mit offner Unschuld

Geliebt zu seyn, am Frühlingsmorgen seufzte.

Ich war's, der dich in jene Schatten rief,

Wo Selim deine Stimme hört' und liebte.

Vollkommen sey es dann, das Glück, das ich

Euch zugedacht, ihr seyd des Glückes würdig.

Dein Freund soll sehen! — Selima, du selbst

Sollst zu der Seligkeit, dich zu besitzen,

Auch das Gesicht ihm schenken.   Im Gebirge,

Das ostwärts diese Flur umthürmt, da rauschet

Ein schneller Bach von seinem Ursprung weg:

An dessen Krümmen gehe durch die Reihen

Der Weiden fort, bis du den Quell entdeckest,

Dem er entspringt.   Dort blühet ein Gewächse

Von weichen Blättern, gleich der Balsamstaude.

Der Blüte Gold, der stärkende Geruch

Verräth es gleich; doch grünt es unbemerkt,

Wie viele Kräfte, die im Schoofs der Erde

Dem Menschen, der die Schöpfung auszuspähen

Verdrossen ist, und lieber Hirngeburten

Und Schattenwelten träumt, verborgen bleiben.

Von diesem brich zwey junge Blätter ab,

Und lege sie des Abends auf die Augen

Des Jünglings hin.   Kaum wird ihr seidnes Haar

V. 380 — 403.

Sie sanft berühren, so entweicht ein Häutchen,
Und giebt dem Licht den lang verwehrten Durchgang.

So sprach er und verschwand. Das Mädchen fuhr
Unruhig auf, und sann erstaunt und zweifelnd
Dem Traumgesichte nach; doch däucht' es ihr
Mehr als ein Nachtgeschöpf der Fantasie;
Bald machte die Begier, es wahr zu finden,
Die scheinbare Vermuthung zur Gewißheit.
Nun eilte sie beym ersten Morgenroth
Dem Berge zu, den ihr der Geist beschrieb,
Fand den erwünschten Bach, und ging so lange
Mit froher Furcht an seinen Hörnern fort,
Bis sich die Klippe zeigte, wo er sprudelnd
Aus einer Ritze quoll. Ein sanfter Wind
Trug ihr die süße Kraft der heil'gen Pflanze
Von ferne zu; sie zitterte vor Freuden,
Sucht' und erblickte sie, und sprang hinzu,
Und brach, wie ihr der Geist befohlen, schaudernd,
Zwey Blätter ab. Jetzt flog sie hoffnungsvoll
Zurück, und sah' schon die Entzückungen
Des Freundes, wenn er nun durch sie die Welt
Und sie erblickte; frohe Thränen perlten
Von ihren Wangen. Unter diesen Träumen
Betrog sie die Beschwerlichkeit des Weges.

V. 404 — 427.

Es war schon Abend, da sie wieder kam.

Mit ungeduld'gen Armen wartet Selim

Auf ihre Ankunft.　Weil sie unbemerkt

Entwichen war, erschöpfte sich sein Herz

In traurigen selbst quälenden Gedanken,

Doch desto freudiger war die Umarmung

Der Wiederkommenden, die kaum die Ursach,

Warum sie heimlich floh', verbergen konnte.

Sie wandte vor verirrt zu seyn, da sie,

Zum Kranz ihm Morgenblumen abzubrechen,

Ins Feld gegangen, und ein fremder Vogel,

Mit hohen Farben, schüchtern vor ihr hüpfend,

Sie nachgelockt.　Nun gingen sie im Paar

Die Abendsonne zu genießen, nach dem Hügel,

Der des Besuchs gewohnt sich lieblicher

Als andre schmückte.　Beide nahm ein Öhlbaum

In seine Dämm'rung.　Jetzt sprach Selima

Zu Selim, dem sein nahes Glück nicht schwante:

Wie, meinst du, Selim, da der Erde Frühling

So lieblich ist, wie muß des Paradieses

Ather'sche Schönheit seyn, womit die Tugend

Den Seelen schmeichelt, die ihr hier getreu sind?

Welch süßer Schauer wird uns dann ergreifen,

Wenn, wie aus einem Traum erwachend, wir

V. 428 — 451.

Ins wahre Leben uns versetzet seh'n;
Die Wollust, die uns hier entzücken konnte,
Wie klein und kindisch wird sie dann uns scheinen?
Kaum werden wir, zu gröf'rer Lust erweitert,
Es glauben können, dafs wir Menschen waren.

So sprach sie. Selim hört sie mit Verwundrung.
Sie rafft sich auf, umarmt ihn fröhlich bebend,
Und drückt die Blätter auf sein Auge; gleich
Entweicht das Häutchen, und sie tritt zurück.

Der Jüngling sieht. Ein nie empfund'ner Schauer
Erschüttert mächtig seine ganze Seele,
Da in der aufgeblühten Pracht des Frühlings
Die schöne Welt sich ihm zum ersten Mahl
Im Sonnenglanz, in ihrer Färbung, zeigt.
Lang steht er starr und sprachlos, aufser sich
Hinweg gezückt — Zuletzt nach langem Schweigen,
Bricht die Verwundrung aus den offnen Lippen:

Wie ist mir? Bin ichs selbst? In welche Welt
Bin ich verzückt? Wo liefs ich meinen Körper?
Was für Gestalten, was für neue Wunder
Umzittern mein noch furchtsam Aug'? O Himmel!
Ist dieses das Gesicht? Sind diefs die Farben?
Ist diefs der Sonne Schimmer, den ich dort
Durch jene Büsche wallend lodern sehe?

V. 452 — 475.

O! was für neue nahmenlose Freuden

Umströmen mich! Ein Augenblick gab mir

Ein neues Wesen, und ein zweytes Leben!

Bin ich vielleicht in einer andern Welt?

Im Paradies? — Doch warum hör' ich nichts?

Ward mir für diesen neuen Sinn der übrigen

Genuſs entzogen? Oder duften hier

Die Blumen nicht? Tönt hier kein Hain von Liedern?

Doch nein! ich fühle noch — Dieſs ist mein Leib,

Dieſs ist der Boden, wo ich stand; die Farben

Die ich erblicke, sind die Blumen selbst

Die ich betrete; schon empfind ich wieder

Bekannte Düfte mir entgegen wallen.

Ich bins — und Selima — Sie drückt', ich weiſs

                  nicht was

Auf jedes Aug', und schnell entfloh' sie mir.

Ich seh', und sie entflieht! — O Selima,

Hörst du mich nicht? Soll ich nur D i c h nicht sehen?

Was nützte mir alsdann der Augen Licht?

Bist du vielleicht der Preis für das Geschenk,

Das mir ein Gott gemacht? Die Welt zu sehen,

Soll ich dich seinen Armen überlassen?

Ach! Selima, so schön die Welt auch ist,

Wo D u mir fehlst, um die ich Welten gäbe,

Ist keine Welt für mich! — Was seh' ich? welche

V. 476 — 499.

Erscheinung! Welche göttliche
Gestalt ist diefs? — welch ein Gefühl von Wonne
Durchwallt mit süfsen Schauern meine Adern?
Soll ich dir glauben, mein entzücktes Herz?
Ist Selima die Göttin, die ich sehe?
Doch deine Majestät — Ja Selima, du bist's,
Ich fühl's, die Liebe ist, was mir so rührend
Aus deinem sanften Aug' entgegen strahlet;
Du bists — Hier fällt der dichterische Pinsel
Mir aus der Hand — Nur Thomson oder Tasso
Vollendete das schmelzende Gemählde.

Nachdem sie aus den stärksten Wallungen
Der Freude sich erhohlt, und Selima
Dem Wundernden die himmlische Erscheinung,
Die ihres Glückes Ursach' war, berichtet,
Sagt Selim, und umarmet sie, und drückt
An seine Brust des Mädchens sanfte Hand:

O Selima, jetzt leb' ich erst, jetzt fühl' ich's,
Mein vorig Leben war vom wirklichen
Ein Schatten nur! Nun bin ich erst erschaffen!
Dich seh' ich jetzt! O gönne mir die Wollust
Dich anzusehen! unersättlich immer
Dich anzuschauen! — So ist diefs die Stirn,
Um die sich sanft das braune Haar verliert!

V. 500 — 523.

Sind diefs die Augen — welch ein süfser Glanz!
Gewifs hier wohnt der Geist, hier strahlet er
In Blicke aus! O! wende deine Augen,
Ihr Feuer blendet mich! — Doch, Schönste, nein,
Verbirg sie nicht, sie, die ein süfsers Licht
Als Sonnenschein in meine Seele strahlen.
Ich zittre, wenn sie, auch nur Augenblicke lang,
Mir nicht die Zärtlichkeiten deines Herzens
In ihrer holden Sprache, meinen Augen
Nur hörbar, sagen. — Ja, hier nähert sich
Mein Geist dem deinen, hier durchschau'n sie sich,
Hier fliefsen die zerschmolznen Seelen selbst
In liebestrunkner Zärtlichkeit zusammen!

So ruft er, dann durchzählt sein gieriger
Entzückter Blick die Reitzungen von einer
Zur andern, die zum ersten Mahle sich
Verschämt dem unverwöhnten Auge zeigten:
Den Nelkenmund, der unter seinen Küssen
Zu höh'rer Röthe schwillt, die Rosenwangen,
Den edlen Hals, um dessen Marmorweifse
Die Locken ihren braunen Schatten werfen,
Die schöne Brust, die halb verhüllt ihn blendet,
Den runden Arm, die kleine weifse Hand.
Untadelhaft ist was er sieht; so schön,

V. 524 — 547.

Nicht schöner, stand die Göttin von Cythere,
O Tizian, vor deiner Fantasie:
Jetzt wurde wahr, was einst ein Weiser sprach:
Das Auge sieht, und wird nicht satt vom Sehen.

Doch endlich wirft er den geblendeten
Noch ungeübten Blick auf andre Gegenstände,
Auf Hügel, die im Abendroth noch glühten,
Erhab'ne Cedernhaine, stille Thäler,
Wo Silberbäche sich durch Myrten wanden,
Und Gärten, wo ein jeder Hauch des Zefyrs
Den Grund mit einem Schnee von Blüthen deckte.
Er irrt in einem Labyrinth von lieblichen
Gesichten, jede Wendung, jeder Blick
Eröffnet der Bewund'rung neue Scenen.
Doch allgemach verdoppeln sich die Schatten,
Ein lieblich dämmernd Braun verhüllt die Farben
Der bunten Flora, und die ferne Landschaft
Verliert sich schon im blauen Duft der Nacht.
Schon steigt der Mond herauf, und seltne Sterne
Durchirren schon mit mattem Strahl die Tiefen
Des dunkeln Äthers. Selim sieht erstaunt
Den Schauplatz der Natur so schnell verwandelt;
Ein süßer Ernst, ein anmuthsvolles Grauen,
Bemächtig't sich der sanft bestürzten Seele

V. 548 — 571.

Des Schauenden; er schweigt, ein fey'rlich Staunen
Zieht seinen Geist mit seinem Blick empor.

Nach langem Schweigen sieht er, wie erwachend,
Nach Selima sich um, er drückt sie zärtlicher
An seine Brust, und Freudenthränen rollen
Auf ihre Wangen, die an seinen ruhen.
O Selima, so ruft er voll Entzückung,
Welch ein Gedanke war's, zu dem mein Geist
Erhöhet ward! — Wie groſs, wie liebenswürdig,
Ist Er, der uns und diese Welt erschuf!
Mich dünkt, ich seh' ihn hier im Widerscheine,
Wie dort der Mond im stillen See sich spiegelt.
Ja, Schöpfer! ich empfinde heiligschauernd
Dich gegenwärtig! Du erscheinest mir
Im lichten Glanz des farbenreichen Frühlings;
Dich hör' ich in den freyen Melodien
Der Nachtigall; ich fühle Dich im Säuseln
Der Abendluft, die meine Stirne kühlt.
O Selima, laſs uns das Leben brauchen,
Ihn stets zu loben, ihn durch unsre Freude,
Durch unser Glück und ein zufried'nes Herz
Zu loben! Ihn, den Schöpfer unsers Glückes.

So sprach der Jüngling, voll zufried'ner Inbrunst,
Und sank ans Herz der zärtlichen Geliebten,

V. 572 — 582.

Und küfste die entzückten Thränen auf,
Die, als er sprach, in ihren Augen blinkten;
Geliebte Thränen, Zeugen von der Hoheit
Der Seele, die sich überirdisch fühlt!
So, Doris, hat dein seelenvolles Auge
Vor überwallender Empfindung oft
Mir zugeweint; in deinem Antlitz waren
Des Himmels Mienen — Lafs dein eignes Herz
Diefs Bild vollenden, dessen Angedenken
Nun, fern von dir, bis uns der Tod vereinet,
Mein trauernd Herz mit süfsen Schmerzen füllt.

BRIEFE

VON

VERSTORBENEN

AN

HINTERLASSENE FREUNDE.

---

1 7 5 3.

Google

ERSTER BRIEF.

ALEXIS AN DION.

INHALT.

Alexis, der in seinem Erdeleben blind gewesen war, entdeckt seinem Freunde die Ursache davon, und beschreibt seinen Eintritt in die unsichtbare Welt, seine ersten Gefuhle in diesem neuen Zustande, seine Gespräche mit dem Engel, der ihn führte, und seine gegenwärtige Glückseligkeit.

V. 1 — 3.

Freund, die Liebe, die uns im irdischen Leben
vereinte,
Hat mein Sterben erhöht.   Wie könnt' ich mein
himmlisches Glück dir
Länger verhehlen, da einst uns jede Freude gemein
war?

V. 4 — 15.

Billig weih' ich die Erstlinge dir der himmlischen
Früchte

Deiner göttlichen Freundschaft, die ich mit Serafim
breche.

Doch du geniefsest sie schon, indem dein Freund
sie geniefset,

Und durch dich sie geniefst. Welch eine himmlische
Wollust

Mufs es durch dein Innerstes athmen, das süfse
Bewufstseyn

Einen Engel gebildet zu haben! So lohnet die
Weisheit!

Dion, du weifst, wie freudig der Tod mich fand,
ihm zu folgen,

Ja ganz thränenfrey, hätte mich nicht mein Dion
gehalten,

Und die Klagen der zärtlichen Schwester. — Ich
hoffte vom Tode

Was mir ein nächtliches Leben verweigert hatte;
still lauschend

Horchte mein Ohr dem Rauschen des Todesengels
entgegen,

Dem ich flehte, zu eilen. Er kam. Sein kältender
Anhauch

V. 16 — 27.

Schauerte sanft durch jede Ader; nur flüsternden
Lüftchen

Ähnlich, berührte mein Ohr die weinende Stimme
der Freundschaft,

Und jetzt sank ich in süse Betäubung, so sanft, wie
der Abend

In die Arme der Nacht auf weiche Blumen dahin
sinkt.

Als ich erwachte, o Wunder! so schwebt ich, vom
Körper entfesselt,

Und von ätherischem Schimmer umflossen, über dem
Lager,

Wo ich die irdische Schale gelassen, um die ihr
im Kreise

Sprachlos standet. Mit schüchternem Blick voll
froher Verwundrung

Sah ich zweifelnd umber, und, des Lichts noch
ungewohnt, schlossen

Immer die Augen sich wieder, wiewohl der irdische
Mittag

Einem ätherischen Auge nur matter dämmernder
Glanz scheint.

Lange sah ich euch an: doch deine geliebte
Melinde

V. 28 — 40.

Strahlte mir bald am stärksten ins Antlitz. Mit
bebendem Herzen

Naht ich mich ihr, von heiligen Sympathien gezogen,

Voll Gefühles, wozu die menschliche Zärtlichkeit
keinen

Nahmen erfand, aus Ehrfurcht, Mitleid und Liebe
gemischet.

O wie schien sie mir schön, obgleich vom Kummer
umwölket,

Wie ein sterbender Frühling! Die Hoheit der göttlichen Seele

Drang aus den bangen Zügen hervor; sie sah auf den
Leichnam

Selbst halb seelenlos hin; mein Herz zerfloss mir in
Mitleid.

Lange stand sie, und sah mit starrem Auge gen
Himmel,

Thränenlos, mit schwer athmender Brust; und Todesblässe

Deckte die Wangen, bis endlich der Schmerz vom
Herzen zurück trat,

Und in Thränen zerfloss. Voll inniger Zärtlichkeit
naht ich

Sie zu entküssen, der göttlichen Schwester, mit
offenen Armen,

V. 41 — 52.

Als ein himmlischer Glanz, mich rings umgebend,
in seinen
Blitzenden Wirbel, mit sanfter Gewalt, mich plötzlich empor zog`.

Eine Göttergestalt trat aus dem eröffneten Licht-
kreis
Majestätisch hervor, und löschte der irdischen
Schönheit
Dunklere Bilder´ aus meinem Gemüth´, wie die
steigende Sonne
Schnell das Morgengewölk und die flüchtigen Schim-
mer der Dämm´rung
Löscht, und in triumfierendem Glanz den Himmel
erfüllet.
Mein zu junges Gesicht ertrug den Anblick des
Engels
Einen Augenblick kaum; ich sank in sanfter Betäu-
bung
Ihm in die zärtlich eröffneten Arme. Die himm-
lischen Lüfte,
Die sein düftender Fittig verweht´, erweckten bald
wieder
Mein entschlafnes Gefühl. Er hatte mit schwäche-
ren Farben

V. 53 — 65.

Seine zu göttliche Pracht gemildert. Jetzt sah ich
    ihn kühner

Und bald unverrückt an: die Liebe, die mir sein
    Lächeln

Eingofs, stärkte mein Auge zum überirdischen
    Auftritt,

Der mir entgegen glänzt'. Er biefs mich folgen.
    Wie lieblich

Flofs sein Befehl aus den ewig blühenden Lippen!
    So lieblich

War nicht das süfse Stammeln, das dich in Entzük-
    kungen setzte,

Als dir in deiner seligsten Stunde die sanfte Melinde,

Dafs sie dich liebe, mit zärtlichen Seufzern der
    Unschuld bekannte.

Liebevoll sah ich noch einmahl zurück auf die
    weinende Schöne;

Einmahl auf dich, dann folgt ich dem Engel durch
    Seen von Strahlen,

Welche die milde Sonn' aus tausend Quellen hervor
    giebt,

Welten zu tränken. Mein Blick zerflofs in der
    blendenden Aussicht

Durch den ätherischen Raum. Sein unermefslicher
    Umfang

V. 66 — 77.

War noch glänzendes Chaos für mich. Indem wir
    so flogen,
Sprach mein Führer, und zog wie einen Schleyer
    von Wolken
Über mein Antlitz, den mächtigen Einbruch des
    Tages zu dämpfen,
Der mich blendete. Sohn, (so sprach mein gött-
    licher Führer)
„Unterdefs, bis dein Auge des himmlischen Lichtes
    gewohnt wird,
Höre mir zu, und lerne mich lieben. Von deinen
    Freunden
Bin ich der erst' und zärtlichst'. Ich habe, vom
    Schöpfer befehligt,
Da du gezeugt wardst, dich zur dunkeln Erde
    begleitet.
Unter mir wuchsest du auf, ob meine wachsame
    Sorgfalt
Dir gleich unsichtbar war. Ich wars (kaum wirst
    du es glauben)
Der in der ersten Kindheit die Quelle des Lichtes
    dir stopfte,
Da du am Busen der Mutter noch lagst in kindischer
    Schönheit,

V. 78 — 90.

Ihre geliebteste Lust und von der freygebigen
Hoffnung

Schon mit jedem Glücke begabt. — In welche
Betrübnifs

Stürzte sie meine Wohlthat! Wie viele thörichte
Zähren

Wurden geweint, indem dein Engel sich über dir
freute!

Auch du empfandst den Verlust und weintest, die
liebende Mutter

Nimmer mit lächelndem Blick auf dich sich neigen
zu sehen,

Wenn du an ihrem Halse mit schmeichelnder Zärtlichkeit scherztest.

Ach! sie wufste nicht, welche Gefahr die gierigen
Augen

Dir bereiteten; schöne Gefahren, worin sich die Seele

Willig verliert. Die Vorsicht sah die verderblichen
Netze,

Welche die irdische Schönheit dir legen würde.
Man nennt sie

Freuden, ein lockender Nahme, wie viele hat er
getäuschet!

Dein zu empfindliches Herz, das jeder Wollust sich
aufthat,

V. 91 — 104.

Hätte sich unvorsichtig in sanft verstrickenden
    Blicken

Jeder Sirene gefangen. Die Vorsicht wuſst' es,
    und nahm dir

Augen, die nur den blumigen Weg zum Verderben
    zu leuchten,

Schöner und feuriger glänzten. Schon manche
    willige Seele

Hat ein reitzendes Aug' in Labyrinthe von Freuden

Täuschend gelockt, und dem stygischen Drachen,
    der Nachreu, geliefert,

Der den Ausgang bewacht. — Zwar jetzo würden
    die Dinge,

Welche die Menschen der Tugend entlocken, dir
    lächerlich scheinen.

Was Gefahren für Sterbliche sind, ist helleren
    Geistern

Kindischer Tand. Was ist der Schimmer von
    blitzenden Kieseln

Um der Könige Haupt? was tausend goldene Sklaven

Dem, der über dem Kreise der Sonnen, die himm-
    lischen Scharen

Zahllos, in göttlichem Glanz, vor dem die Sonnen
    erblassen,

Um die Stufen des Throns anbetend liegen gesehn hat?

V. 105 — 118.

Was sind schäumende Becher mit ihren taumelnden
　　　　Freuden,

Rosenarmige Mädchen und lockende Myrtengebüsche

Voll verliebten Gemurmels, Entzückung und Seufzer
　　　　der Wollust,

Kränze tanzender Nymfen, und Töne voll schmach-
　　　　tenden Reitzes,

Einem unsterblichen Geist, von dem Ein grofser
　　　　Gedanke

Schöner ist, als das ganze Gepränge des leblosen
　　　　Stoffes;

Dessen Begierden noch selbst im Besitz unzähliger
　　　　Welten

Fordern würden? Kann sie, die stolze Verwandte
　　　　der Engel,

An Glycerions Busen nur sterblich zu seyn sich
　　　　bereden?

Dennoch, du weifst es, geschieht diefs auf Erden.
　　　　O danke der Vorsicht,

Dafs du es nicht von der Reue gelernt. Du, Glück-
　　　　licher, sahest

Nie die holden Verführerinnen in ihrem Triumfe,

Leichter ward es dir, immer getreu der Weisheit
　　　　zu bleiben,

Da du niemahls den Reitz der Nebenbuhlerin sahest,

V. 119 — 130.

Die ihr so viele Verehrer entlockt. Zwar ist auch
die Tugend

Schön, und die Mutter des reinsten Vergnügens;
doch flüchtigen Augen

Unsichtbar, und zu geistig. Sie führt vom Genusse
zur Hoffnung,

Und wie schwach ist der Mensch, durch gegenwärtiger Wollust

Stärkern Glanz in die Zukunft hindurch zu schauen? —
Zuweilen

Zeigt sich die Tugend sogar in sinnliche Schönheit
verkleidet,

Und wer liebt sie da nicht? Doch wird sie in goldenen Zimmern

Selten gefunden, noch seltner auf Rosenwangen.
Sie meidet

Gern die Gestalt, in welcher vermummte Laster oft
lauern.

Sie in ihrer unsterblichen Schöne, in himmlischem
Schmucke

Königlich in den Reichen der unvergänglichen
Wonne

Herrschen zu sehn, ist Engeln und edlern Welten
gegönnet,

V. 131 — 143.

Sterblichen nicht. Wie leicht, wenn sie, wie die
    lächelnde Venus,

Mit Entzückung und Scherzen umgeben den Men-
    schen erschiene,

Würde die Thorheit mit ihrem Gefolg in die Reihen
    sich mischen,

Und ein vertünchtes Scheusal für Tugend umarmet
    werden! —

Doch, ich sage dir, was ich dich selbst, die Vor-
    sicht zu retten,

Deinem würdigen Freund oft in der einsamen
    Laube

Sagen hörte. — Noch ist die Erinn'rung der Stunden
    mir lieblich,

Da mich der süße Ton vertrauter Gespräche der
    Freundschaft

Von olympischen Symfonien zurück hielt. Ergetzend

Schallt es in eines Unsterblichen Ohr, wenn liebende
    Menschen

Sich in schweigenden Schatten von ihrem Glücke
    besprechen;

Lieblicher, wenn ein Jüngling den bildsamen Freund,
    in dem Busen

Eines umhüllenden Thals am kühlen Abend die
    Weisheit

V. 144 — 156.

Lieben lehret; die Weisheit, die staubigen Win-
keln gehäfsig

Oft in Hainen geseh'n wird, und willig dem Jüngling
begegnet,

Der sein Herz ihr eröffnet. Wie oft hat dieses
Vergnügen

Mir dein Dion gegeben? Von seinen beredtsamen
Lippen

Flofs ambrosische Wahrheit: die Überzeugung belebte

Seine Reden, er red'te nur was er erfahren, und
fühlte.

Und wie eröffnete sich dein Herz so willig der
Weisheit!

Da dir die sichtbare Welt verschlossen ward, wandte
dein Geist sich

In sich selber, und ward mit seiner Bestimmung
bekannter;

Hörte lauschend die fordernden Stimmen der zartesten
Triebe,

Und, statt jener betrüglich süfsen vergiftenden
Früchte,

Die der fette verwilderte Boden der Sinnlichkeit
zeuget,

Nährtest du sie mit Freundschaft und Hoffnung, der
einzigen Speise, ·

V. 157 — 169.

Die sie auf Erden erquickt, in deren erkältendem
Grunde

Echte, unsterbliche Freude nicht wurzelt. Leer
an Fantomen,

Deren Geräusch die Stille der ernsten Ideen nur
störet,

Konntest du im Verborgnen die holde Weisheit
umarmen,

Die dir nun in die Ewigkeit folgt. Und diese,
Geliebter,

Ist nun dein; ein uferlos Meer unerschöpflicher
Freuden,

Dich und Engel zu tränken. Für wenige nächtliche
Stunden

Offnen sich dir Äonen voll Licht in unendlichen
Reihen,

Eifernd breiten vor dir Myriaden göttlicher Welten

Ihre Reitzungen aus, verschiedner und weniger
zählbar,

Als die Blumen, die über ein irdisches Hybla der
Frühling

Streuet. Hier führt der Genuſs, von keinem
Wunsche gestöret,

Stets zum höhern Genuſs; der müſste Gott zu seyn
wünschen,

V. 170 — 181.

Der hier noch wünschen könnte, wo Engel in
Überflufs schwimmen.
Aber der strengere Flug ermüdet dich, lafs uns hier
ruhen,
Denn wir werden, bis wir dein künftiges Wohnhaus
erreichen,
Manchen Himmel durchstrahlen." So sprach mein
Schutzgeist, und stand jetzt
Neben mir auf dem kristallenen Gürtel des fernen
Saturnus.

Jetzo hub ich mein Aug' empor, und sahe ver-
wundernd
In die ätherischen Felder. Da flammten unzählbare
Sterne
Um mich in grenzlosen Weiten; die einen schossen
wie Blitze
In das geblendete Auge; die andern, dem Abend-
stern ähnlich,
Hauchten ein sanfteres Licht. In weiten helleren
Kreisen
Ruhten die Sonnen in göttlicher Pracht; in kreisen-
dem Fluge
Drängten sich, zahllos, die Erden zu ihrem besee-
lenden Lichte.

V. 182 — 193.

Dreymahl sank ich entzückt auf mein Antlitz, erhabne
Gedanken
Schwellten in meiner Seele sich auf, und strebten
gen Himmel,
Hin zu dem göttlichen Licht, von dem die Funken
hier schwammen.
Auch der Engel, wiewohl des göttlichen Schauspiels
gewohnet,
Theilete mein Entzücken, und sah mit denkenden
Augen
Bald in die sternvolle Tiefe, bald auf mein Antlitz,
das heller
Schimmert'. Jetzt stürzt ich behend in den glänzen-
den Abgrund mich wieder,
Athmete geitzig die himmlische Luft, und fühlt' es,
o Dion,
Dafs hier mein Vaterland sey. Wir flogen weiter.
Die Freude
Über mein neues Leben gab meinem Fluge des
Lichtes
Schnelligkeit. Ganze Himmel entflohen mit ihren
Gestirnen
Unter uns weg. Schon schaut' ich mit festern
geübteren Blicken

V. 194 — 206.

In den ätherischen Ocean hin.   Wie staunt' ich
aufs neue,

Da ich, was ich für Wüsten gehalten, von glänzenden Wesen

Wimmeln sah; Thieren, von seltsamer Bildung,
ätherischen Fischen,

Wenn ich so sagen kann.   Die Wogen des grundlosen Äthers

Rauschten von ihren vielfarbigen Schwingen.   Kein
reisender Engel

Steht so betroffen, wie ich, indem er vom eilenden
Fluge

Seitwärts zur Erde sich lenkt, die Wunder der
Schöpfung zu sehen,

Die ihr wallender Busen enthält.   Durch berstende
Meere

Eilt sein glänzender Fuß, von einer Nais geleitet,

Zum kristallnen Palast des Herrschers der Wasser.
Hier schimmert

In den erhabnen Gewölben der ganze Reichthum
des Meeres,

Perlen und funkelnde Stein' und tausendfarbige
Muscheln,

Die an Bildung und blühendem Schmelz die Blumen
des Frühlings

V. 207 — 219.

Übertreffen. Das Auge, das edlere Welten gesehn
hat,
Säumt sich auf diesen Wundern. Jetzt mustert der
König der Meere
Seine Scharen vor ihm; da wälzen sich lebende
Berge
Bey ihm vorbey; ein unzählbares Volk aus Seen
und Flüssen,
Vielfach an Bildung und Leben, verwandt mit
Thieren und Vögeln,
Rauscht den mächtigern nach; auch bringen gezähmte
Delfine
Perlenfarbene Nymfen, sie kommen aus silbernen
Grotten,
Oder Korallenhainen: Der Engel erstaunet, die Erde,
Und die befiederte Luft im Wasser nachgeahmt
sehend,
Menschliche Fisch' und schuppige Vögel und thieri-
sche Pflanzen.
Freund, ich erstaunte noch mehr. Doch könnt' ich,
was ich gesehen,
In der irdischen Sprache dir mahlen? Die Sprache
der Engel
Selber ist noch zu arm die Wunder des Schöpfers zu
nennen.

V. 220 — 232.

Mein Begleiter sah meinen Geist in Bewundrung
versunken,

Ob ich gleich schwieg. Er sagte: wie billig entzückt
dich der Anblick

Einer dir neuen Schöpfung! Du glaubst die Gottheit
zu sehen,

Die du vorher nur geahnt. Du fühlst sie dir näher,
und schmeckest

Still in dir selbst die Seligkeiten des grofsen
Gedankens,

Dafs, Der diese Himmel ins Leben hauchte, dich
liebet,

Er, dem diese Sonnen, von seiner Urkraft gezogen,

Zitternd sich nähern, in dessen Beschauung der
göttliche Cherub

Keines Anblicks die Schöpfung zu seinen Füfsen
mehr würdigt.

Aber wie wirst du erstaunen, wenn dich die Erfahrung gelehrt hat,

Dafs du nur einen Winkel des unermefslichen
Weltbau's

Mit überlaufendem Blicke geseh'n. Die Ewigkeit
hält dir

Einen Schatz von Erkenntnissen auf, den niemand
erschöpfet.

V. 233 — 244.

Und wer könnt' es? Wo ist ein Erschaffner, die
  Grenzen der Schöpfung

Auszufinden? Die Grenzen der alles vermögenden
  Güte?

Hier, hier wachsen die Flügel der Seele, die göttliche Liebe,

Liebe zum einzigen Wesen, dem alle Herzen
  gehören,

Zu dem Wesen der Wesen, dem, als er ins ewige
  Nichts sah,

Myriaden von Welten, dem neidischen Chaos ent-
  ringend,

Lächelnd entgegen kamen: Zu Ihm, der mit Einem
  Hauche

Seines Mundes die Geister erschuf, in denen Sich
  Selbst Er

Nachgeahmt, Er, der Alles in Allem ist, Alles
  erfüllet,

Und wohin sein göttlicher Blick im unendlichen
  Raume

Ausstrahlt, immer sein eigenes Bild in unzähligen
  Spiegeln

Dargestellt sieht. Ihn sehen in jeder Sfäre des
  Himmels

V. 245 — 256.

Ihre Bewohner, ihn siehet im Staub und in Sonnen
der Engel.

Nur der thierische Mensch, versunken im Schlamm
des Stoffes,

Hat kein Auge, das Licht, das ihn durchleuchtet,
zu sehen,

Hat kein Ohr zu vernehmen, was jeder Laut in der
Schöpfung,

Was ihm der mächtige Einklang von allen Wesen
verkündigt.

Diefs ists, was den Besuch der Erde den Himmels-
bewohnern

Widerlich macht.   Verschlössen nicht hier und da
einzelne Hütten

Menschen mit reinem Herzen und offnen inneren
Sinnen,

O! wir scheu'ten den niedrigen Sitz des Lasters und
Aufruhrs

Und die einzige Welt, die wider Gott sich empöret.

Während mein Führer diefs sprach, entdeckte sich
endlich die Sfäre,

Die ich bewohne, dem suchenden Aug'. Aus hundert Gestirnen

V. 257 — 269.

Strahlte sie prächtig hervor. Mit dreymahl schnel-
                          lerem Flügel

Flohn wir ihr zu; ein süfs erquickender zirkelnder
                          Lichtstrom

Ging von ihr aus; nie gefühlte Wollust durchstrahlte
                          mein Wesen.

Ich empfand, dafs der Leib, womit mein himmlischer
                          Schutzgeist,

Mich im Tode bekleidet, für diese Sfäre geschaffen,

Seine Geburtsluft hauchte, er schien mir verklärter
                          und leichter.

Sieben safirne Monde gehn mit harmonischen
                          Schritten

Um sie herum. Mit der sanften Dämm'rung des
                          fernsten Begleiters

Sanken wir auf die schönste der Welten. — Doch,
                          Dion, hier schweigen

Alle Menschenbegriffe: was ich gefühlt und
                          gesehen,

Wirst du alsdann erst fühlen und sehn, wenn die
                          einzige Hoffnung,

Die der Tugend auf Erden erlaubt ist, der Tod dich
                          mir zuführt.

Hier wo ich wohn' ist der Sitz der Schönheit. Die
                          übrigen Sonnen

V. 270 — 281.

Scheinen nur Schatten von ihm. Ein Engel, der
    tausend Olympe

Durchgeflogen, verweilet sich hier; sein Fufs, wie
    geheftet,

Säumt auf den lazurnen Hügeln, und fast vergifst er
    im Anschau'n

Seines Fluges erhabnen Zweck. — Hier herrschet
    die Weisheit

Schattenfrey, einfach, göttlich, die Schöpferin
    ewiger Wollust.

Jeglicher Blick ist Wahrheit, in jeder Empfindung
    der Himmel;

Jede Minute schwingt sich, mit Lobe der Gottheit
    beladen,

Zum benachbarten Himmel der Himmel. Die hei-
    ligen Geister,

Die hier wohnen, umarmen mich irdischen Fremd-
    ling so zärtlich,

Als sie einander umarmen. Ich ruh an der reinesten
    Freude

Ewigem Brunnen. Ich bet', in Entzückungen aus-
    gegossen,

Ihn, den Unendlichen an, der mich durch Tiefen
    von Liebe

V. 282 — 286.

So beseliget hat. — O Freund, zu welchem mein
Herz sich

Mitten aus diesen Freuden nach deiner Erde gezogen

Fühlet, mein ähnlichster Freund, wenn kommst du,
die Früchte der Tugend

Mit mir von Bäumen des Lebens zu brechen? Wenn
werd ich dich wieder

Sehen, mit dir das Glück, das ich dir danke, zu
theilen!

ZWEYTER BRIEF.

LUCINDE AN NARCISSA.

Inhalt.

V. 1 — 3.

Mitten in Seligkeiten, die mir mit Engeln gemein
sind,

Näher der Gottheit, und nie von der schönen Ruhe
geschieden,

Deren Schatten, vom hohen Olymp auf die Erde
geworfen,

V. 4 — 17.

Die betrogne Begierde der eiteln Sterblichen locket,

Seh ich aus Auen des Friedens, aus Welten voll
　　　himmlischer Schönheit

Oft zur Erde hinab, wo mein Glück, im Strahle der
　　　Gottheit

Jetzt zur Vollkommenheit reifend, die ersten Keime
　　　getrieben;

Wo noch der Irrgang der Zeit mir meine Geliebtesten
　　　aufhält.

Aber Narcissa, die Rose der Schönen, die Göttin des
　　　Reitzes,

Schimmert mit sieggewohnetem Aug' im goldenen
　　　Zirkel

Prächtiger Freuden, und hat schon ihre Lucinde
　　　vergessen,

Ihre Lucinde, die sich serafischen Armen entreisset

Um sie zu seyn, und sie oft in die stolzen Gärten
　　　begleitet,

Welche zu Wüsten zu machen, ein Blick in den
　　　Frühling des Himmels

Schon genug ist. Zwar sah ich dein Herz in Weh-
　　　muth zerfliessen,

Da dich der Tod Lucindens, die du vor wenigen
　　　Tagen,

Jugendlich froh und blühend wie eine Rose verlassen,

V. 18 — 29.

Überraschte; ein schwarzer versteinernder Anblick
für Augen,

Die des Lächelns der Freude, wie meine Narcissa,
gewohnt sind.

Doch du wandtest sie bald vom Grabe deiner Vertrauten

Auf dein geliebteres Selbst, und auf die Welt, die
dir jetzo

Blühend erscheinet, wie du; bald hatten die Seufzer
des Kummers

Sich im mächtigern Rauschen der Freuden des Lebens
verloren.

Zwar noch schauerte manchmahl, wenn dich der
Spiegel dir vorhielt,

Deine furchtsame Brust; du bebtest beym Anblick
der Rosen,

Die du sonst mit gefälligem Blick zu betrachten
gewohnt bist.

Trauriger Fall, der dich zwang, an ihr Verwelken
zu denken!

Jetzt erblickte dein Spiegel zum ersten Mahl thrä-
nende Wangen;

Aber die Fröhlichkeit liefs dich nicht lange den
ernsten Gedanken

V. 30 — 42.

Preis gegeben; Ergetzungen mufsten die Dünste
zerstreuen,

Welche die grämliche düstre Vernunft aus dem Grabe
der Freundin

Aufzog; bald gelang es dem edeln Jokasto, die junge

Herzenbezwingerin wieder mit sich und der Welt zu
versöhnen.   •

Wo du erscheinst, bewundert, bey jedem Worte
vergöttert,

Gleich als würd' es zu Weisheit, so bald dein Mund
es berühret,

Siegest du — über Westen und wohl gekräuselte
Köpfe,

Glänzest im Schauspiel, und störst den Filosofen im
Lustgang;

Gleich gewohnt Liebe zu geben, es mag dir gefallen
im Tanzsahl

Jetzt Diana zu seyn, jetzt halb entkleidet am Nacht-
tisch

Mehr Cytheren zu gleichen. Die Herzen sind dein,
ob du lächelst

Oder zürnest. Durch dich verlernte Floretto sein
Flattern;

Hylas erstaunte, dafs ihm ein flüchtiger Seufzer
entflohn war;

V. 43 — 55.

Selbst der schöne Jokasto vergaſs beynah daſs er
schön sey,

Als er dich sah, und lernte beynahe was anders noch
lieben

Als sich selber. — So rauschen dir unter Rosen-
gebüschen

Deine Tage dahin; so taumelt die goldene Jugend

Von dir hinweg, nur halb empfunden, gedankenlos
freudig;

Und so ist Lucinde für dich vergebens gestorben!

Zittre nicht weg von dem Blatt, das in der Sprache
der Wahrheit

Mit dir redet, die dir, so süſs sie Engeln ertönet,

Nicht so angenehm klingt, als der Ausruf eitler
Bewundrung

Oder abgöttische Lieder! Doch deine zärtlichste
Freundin

Redet mit dir, du hörtest sie sonst. Verdienet sie
etwa

Minder dein Ohr, da ihr Geist sich nun im Reiche
des Lichtes

Aufgeklärt hat, und ihr Herz in den Armen himmlischer Geister

V. 56 — 68.

Zärtlicher lieben gelernt? — Wie kann ich schwei-
          gen, Narcissa,
Wenn du in taumelndem Leichtsinn zu eiteln Freu-
          den herabsteigst,
Die du verachtetest, zögest du nur in einsamer Stille
Einmahl dich in dich selber zurück? — Ich sehe dich
          öfters,
Wenn du allein zu seyn glaubst. Du stehst dem
          gefälligen Spiegel
Gegen über, zum Tanze geschmückt, und lächelst
          dich selbst an.
Schmeichelndes Glas, was zeigest du ihr? die hei-
          terste Stirne,
Augen die seelenvoll scheinen, und wie ihr Rosen-
          mund sprechen,
Jeden Zug mit eigner unnennbarer Anmuth ge-
          schmücket.
Welch ein zaubrisches Lächeln! wie blüht die lieb-
          liche Wange,
Wie viel Herzen hat schon die schwarze Locke
          gefesselt,
Die den blendenden Hals so reitzend beschattet!
          Wen fängt nicht
Dieser geschmeidige Leib, der sie den Grazien
          gleichet?

V. 69 — 81.

Ja, du bist schön, Narcissa. — Doch wenn Lucinde
sich zeigte,
O wie erblaſste dein Stolz, wie welkte die sterbliche
Schönheit
Plötzlich dahin im Glanz der unvergänglichen
Jugend!
Doch der Sieg ist zu klein! Behalte den Vorzug, den
mindstens
Keine Gespielin dir raubt; sey schön, sey reitzend,
entzückend,
Ich bin unsterblich! — Was ist die schönste mar-
morne Venus,
Gieb ihr noch Leben und Regung und ihren reitzen-
den Gürtel,
Und was ist sie dann gegen die Seele, die Tochter
des Himmels
Welche noch blüht, wenn alle Gestirne, die Blumen
des Athers,
Ganze Himmel von überirdischer Schönheit, ver-
welkt sind?
Sie, die in ihren Gedanken den Plan der Welten
umfasset,
Ins Unendliche sieht, mit Götterfreuden sich sättigt?
Was ist gegen die Weisheit die schönste Rundung
der Wangen?

V. 82 — 94.

Was ein Lilienhals mit der reinen Unschuld verglichen?

Wird ein korallener Mund nur einen Gedanken ver-
dunkeln

Der, wie ein Serafinsblick, durch tausend Welten
umherstrahlt?

Und wie wenig verdient, auch an sich selber ein
Vorzug

Der nicht dein ist, den dir der morgende Tag vielleicht raubet?

Zwar jetzt blühest du noch, beschämest, wenn du
erscheinest,

Jede wetteifernde Schönheit; allein, Ein Blick in
die Zukunft

Wird die Zaubergestalt des Gegenwärtigen löschen.

Blick in mein Grab! Wo blieb die ehmahls reitzende
Bildung?

Wo die glänzenden Augen, die Reitze, die Liebesgötter?

Ach! wo sind sie, Narcissa! hier sind nur Knochen
und Asche,

Und hier schliefst sich dein Lauf. Hier, angebetete
Schöne,

Wird die blendende Hand, die jetzt der entzückte
Jokasto

V. 95 — 107.

Fast mit Küssen verschlingt, verächtliche Würmer
einst speisen!

Welch ein Anblick, o Schöne! was wirst du seyn,
wenn Lucinde

Ewigkeiten im Umgang der Geister des Himmels
besitzet?

Ach! ein Geripp', ein Abscheu der tief bestürzten
Bewundrer.

Bebst du? erstarrt dein Busen? — Getäuschte! du
bebst vor dir selber,

Denn dies ist das Ende der Schönheit, wofern ihr
ein Geist fehlt,

Der die Unsterblichkeit erbt. — Wer wünscht nicht
der schönen Narcissa

Eine Seele? — Hier färbt der Zorn die Wange dir
wieder;

Höhnisch lächelnd rufst du: „Ein überflüssiges
Wünschen!

Und wer zweifelt denn, dafs ich beseelt bin? Wenn
hörtest du jemahls

Dafs mein Hoffen sich nicht bis jenseits des Grabes
erstrecke?"

Bist du unsterblich, Narcissa? vergieb dem Irrthum!
Wer konnte

Dies errathen, der dich im labyrinthischen Tanzsahl

V. 108 — 121.

Unter Eulen und Schwanen und Traumgestalten
erblickte,

Oder am Altar der Schönheit, von leichten Sylfen
umflattert,

Wenn du die Muschen durchsuchst, und nach-
sinnst, wo die gewählte,

Um dem sichern Jokasto zur Unruh Ursach zu geben,

Reitzen soll; oder wenn du, an einem einsamen
Tage,

Mitten im Schoofse der schönen Natur, von Dünsten
geplaget,

Dich bey dir selbst nicht findest, und nach Zerstreu-
ungen schmachtest?

Doch ich verkenne dich nicht, vermenge dich nicht
mit den leeren

Puppen, die ohne Geist geistlose Bewunderer reitzen.

Edel und gut ist dein Herz, und mehr als die flat-
ternde Seele

Eines Schmetterlings blickt aus deinen Augen, Narcissa!

Ich verkenne dich nicht! Doch, sprich, wie ist's
möglich, dafs diese

Edlere Seele sich selbst so sehr verkennet? So lange
Ihres Ursprungs uneingedenk, gleich der Schmetter-
lingsseele,

V. 122 — 134.

Zwischen verächtlichen Wünschen und Sorgen ihr
    Leben vergaukelt?

Sprich, wie kann sie mit Seufzern vergoldeter Gek-
    ken, mit Weihrauch

Schwärmender Dichter sich nähren? Was hat sie
    dabey zu verlieren,

Wenn ein höheres Blau in Deliens schmachtenden
    Augen

Spielt? Und welch ein Stolz für Seelen, vom Him-
    mel entsprungen,

Schöner als — Blumen zu seyn, und etwas länger zu
    blühen!

Warum hauchte der Schöpfer ein Wesen mit mäch-
    tigen Kräften

Und Begierden nach Wonne? und legte Funken
    der Gottheit

Tief in sein Innerstes hin, die erst, wenn die Sfären
    erlöschen,

Völlig entbrennen, und unvergängliche Strahlen
    verbreiten?

Wie? von müfsigen Thoren umringt, von einem
    Jokasto

Angebetet zu seyn?—Narcissa, da du nicht sterblich

Seyn kannst, wolltest du's auch, so komm zu dir
    selber und werde

V. 135 — 146.

Weise! Wag' es den Schleier des Selbstbetruges zu
heben,

Und in dich selbst zu schauen? O sprich, der Blick,
der so willig

Auf dem Glase verweilt, das die reitzende Seite dir
zeiget,

Sage was macht ihn hier so schüchtern? Wie bebt
er so schamhaft

Von dem Herzen hinweg, in dessen Tiefen er sehn
soll?

Und warum bebt er? Schreckt ihn vielleicht die
verödete Wüste

Einer nicht wohl gewarteten Seel', unfruchtbar,
verwachsen,

Wo, der Strahlen der Weisheit beraubt, die zärtlichen Keime

Jeder Tugend im Unkraut ersticken, und ganze
Gefilde,

Statt des geistigen Frühlings, nur wilde Aussicht
ihm geben?

Oder fürchtet er etwan im Irrgang verworrener
Triebe

Neigungen nackend zu sehn, die er gern sich selber
verbärge?

V. 147 — 158.

Fürchtet er etwa zu sehn, es decke diefs zaubrische
Lächeln,
Diese Frühlingsgestalt, nur eine gebrechliche Seele?

Wie so schnell ist die Schönheit, dein höchster
Ehrgeitz, verdorret,
Da der Strahl der Wahrheit sie traf! Wie wird dir
Weisheit,
Selbst um schön zu seyn, nöthig! Doch was du
Freuden zu nennen
Würdigst, o sage mir, ists nicht eben so flüchtig
und eitel,
Als was dich in den Augen herzloser Thoren ver-
göttert?
O wie würd' Ein Blick in die Seligkeiten des
Himmels,
Nur ein einziger Blick die Freuden dir ekelhaft
machen,
Denen du dich unbedachtsam ergiebst! Du nenntest
Entweihung,
Mifsgeburten der Thorheit mit einem Nahmen zu
ehren,
Der nur der Tochter Gottes gebührt. — Und schon
auf der Erde

V. 159 — 170.

Könntest du sie geniefsen. Die Tugend bringt ihren
    Geliebten

Oftmahls Früchte von Göttergeschmack, von olym-
    pischen Zweigen

Abgebrochen. Wer wollte da noch auf dem irdischen
    Boden

Wollust lesen, und gierig die Kost den Thieren
    entwenden,

Wenn uns Engel Ambrosia reichen? Verächtlichs
    Ergetzen,

Das uns empfindlicher rührt, je minder die Seele
    gefühlt wird;

Das in der Ferne sich dir mit tausend Reitzungen
    anbeut,

Und zu beglücken verspricht, dann halb gekostet
    entfliehet,

Und, im Fliehen entzaubert, nur widrige schwarze
    Gespenster

Ekel und Sehnsucht zurück läfst. Wie thöricht,
    sich öfter als einmahl

Von ihm täuschen zu lassen? es an den Geberden
    nicht kennen,

Wenn es gleich seine Runzeln in ändernde Larven
    verhüllet?

V. 171. — 183.

Und was hat denn das Glück dir für dein Herz zu
erwiedern?

Und was sind denn die Dinge, die dir zu gefallen
verdienen?

Buntes Gewand, das ekle Gewebe von schleimigen
Würmern,

Oder Blumen von strahlenden Steinen, die Locken
zu schmücken;

Schlüpfriger Filomelen Gesang, zeittödtende Spiele;

Mitternächtliche Tänze, die noch der Morgenstern
siehet,

Und der schimmernde Zirkel von hüpfenden Knaben
und Schönen,

Deren jede sich selber nur sieht und heimlich
frohlocket

Reitzender als Narcissa zu seyn, — Diefs nennest
du Freuden?

Arme Betrogne! Wie würdest du vor dir selber
erröthen,

O wie beschämt, wie bestürzt, Narcissa, würdest
du stehen,

Wenn dich mitten im Tanz einst der Gedank' überraschte,

Dafs in dir eine Seele schlummert, dafs Engel dir
zusehn?

V. 184 — 195.

Welche Vergnügungen, wenn, sie geniefsen zu
können, die Seele

Eingeschläfert seyn mufs? die Arme schmachtet
indessen

Dafs die erhitzten Sinnen in süfser Trunkenheit
taumeln.

O wie übel befriedigt der niedrige Vorzug der
Schönheit,

Oder des Glücks, den erhabenen Zug zur Ehre, das
Zeichen

Einer grofsen Bestimmung, das uns der göttliche
Finger

Eingedrückt hat! Die Ehrbegierde, die über den
Sternen

Unter den Cherubinen zu glänzen bestimmt ist, wie
kann sie

Mit der Beute der Muscheln, mit bunten Kieseln
sich brüsten?

Aber noch übler sorgst du mit deinen fröhlichen
Schwestern

Für den zärtlichen Hang zur Lust, die schätzbarste
Gabe

Unsers Schöpfers, weil er ihm auch die Führerin
zugab,

V. 196 — 208.

Die ihn zum Guten nur leite, das immer schön ist.
Die Neigung
Die zur Freude dich lockt, ist dir mit dem keimen-
den Wurme
Wie mit dem ersten der Engel gemein; sie wächst
mit der Seele,
Reiniget sich mit ihr, und macht sie besserer Welten
Würdig. Doch nicht im Schoofse der trägen geist-
losen Freude,
Nicht im Ergetzen, das nur in den Sinnen wallet.
Was Wunder,
Wenn du oft, zu dir selber verbannt, in der schön-
sten Einöde
Seufzest, wenn jeder befriedigte Wunsch in zwey
sich zerspaltet,
Und in reinerer Luft die Quelle der Fröhlichkeit
stocket?
Oder erblickst du in deinem Herzen diefs traurige
Leere
Und erzitterst? Dann fliehst du, das schwarze
Gesicht zu vergessen,
Wieder mitten ins Rauschen der eiteln Ergetzung
zurücke.
Arme Narcissa, die in der Blüthe des Lebens, des
Alters

V. 209 — 221.

Mangel schon fühlt, nach Freuden seufzet und doch
zum Genusse

Ungeschickt ist! Ein Überfluſs an beglückender
Wonne,

Reich an Ändrung und reitzend genug für die flüchtigste Neigung,

Könnte dir werden, so bald du nur in dir selber ihn
suchtest.

Freundin, jede Begierd', jetzt Hasserin deiner Ruhe,

Kann sich zu Tugend adeln, laſs nur die Weisheit
ihr zeigen,

Was sie lieben soll; statt nach fremden Quellen zu
lechzen,

Wird sie selbst Zufriedenheit strömen. Bald wird
ihr der Himmel

Dem sie bestimmt ist, bekannt; du wirst aus der
übenden Tugend

Neue Vergnügungen, die du dir selbst bekennen
darfst, schöpfen.

Eben die Triebe, Narcissa, die jetzt mit streichen-
den Schwingen

Nah an der Erde flattern, sind über die Sonnen zu
steigen

Fähig; du bist, wie du willst, durch deine Begierden ein Engel,

V. 222 — 234.

Oder ein Wurm. — Und willst du noch lang, mit
        dem niedrigen Ruhme

Eines glänzenden Wurmes zufrieden, von Freude
        zu Freude

Flattern? von Wunsch zu Wunsch, von einem
        Schimmer zum andern?

Unvorsichtige, flieh! es lauschen verborgene Schlangen

Unter den Nektarblumen; sie scheinen zu schlum-
        mern, und warten,

Bis du, zur Ruhe gereizt, dich dem düftenden
        Bette vertrauest.

Zwar du bist stolz auf die Unschuld, die deinen
        Busen bewachet,

Du verachtest, wovor du zittern solltest. Du
        rühmst dich,

Kalt in den Flammen zu bleiben, und lächelst jede
        Gefahr an.

Wurde die Unschuld denn niemahls gefällt? hat
        scheinbare Bosheit

Nie mit ihrer Besiegung geprahlt? o Freundin, nur
        Tugend

Sichert ein zärtliches Herz, und diese befiehlt dir
        zu fliehen.

Was du für Unschuld hältst, ist Güte des Herzens
        und Ehrgeiz;

V. 235 — 247.

Schwache Waffen, den reitzenden Feind, der mit
        Liebe bedrohet,

Abzuweisen. Der Ehrgeitz gefällt sich, Sklaven zu
        machen;

Und wie leicht ist die Güte gewonnen, die gerne
        geliebt ist?

Glaubest du, dafs Jokasto die werthe Freyheit zu
        flattern

Ohne Absicht dir opfre? — Er sollte dich lieben?
        Die Schönheit

Raubt ihm nur Einen Wunsch, der ohne Liebe
        gestillt wird.

Oder erwartest du blofs von schönen Augen und
        Wangen,

Dafs sie das wirken, was selbst Klarissens Tugend
        nicht wirkte? —

Ein gefälliger Blick, ein süfses Pochen im Busen,

Kann dich fällen. Die Wollust, (die allzu oft Liebe
        genennt wird)

Wechselt die Maske, worin sie spielt, nach der
        Sinnesart derer,

Denen sie nachstellt, doch meistens läfst sie Freude
        sich nennen,

Sicher, in dieser Gestalt zu gefallen. So lockt sie
        dich Anfangs

V. 248 — 261.

Durch Gefilde voll Anmuth in ihren bezauberten
Irrweg,

Wo du durch krumme Mäander stark hauchender
Rosengesträuche

Taumelnd, und lüstern nach neuen betrüglich ahnen-
den Freuden,

Endlich dahin verirrst, woraus dich Thränen nicht
rotten.

Fürchte dein Herz, Narcissa, mehr als den gefähr-
lichsten Anfall;

Wenn es am stärksten sich wähnt, ists oft am
schwächsten. Ich zittre

Wenn die Gefahr sich mir zeigt, die dir dein Vorwitz bereitet!

Unbewufst liebest du schon! Oft sind die Sirenen-
gestalten

Unbekannter Freuden vor deine Stirne getreten,

Und dein Herz hat verlangend gewallt. Die Ver-
führerin zeiget

Dem Betrogenen nur den ersten Aufzug des Spieles,

Lauter bezauberten Grund, elysische Auen und Haine,

Lauter Genufs, Entzückung und ewig blühende
Wonne. —

Jetzo sitzet Narcissa, von blumigen Büschen verborgen,

V. 262 — 276.

Auf der Bank von Violen, und ohne den Zaubergürtel

Schön wie Armide, von tausend Amoretten umgeben;

Wollusttrunken, den Arm um den weifsen Nacken

umschlingend,

Klebet Jokasto entzückt an ihren Lippen; die Büsche

Rauschen von lüsternen Seufzern umher; die schwim-

menden Augen

Sehn nur Entzückung um sich. — Doch schaue nun,

glückliche Göttin,

Einen Augenblick weiter. — O grauenvolle Ver-

wandlung!

Himmel voll Wollust, wo seyd ihr? wo seyd ihr

ewige Freuden?

Und wen seh' ich dann hier? o möchte mein Auge

mich täuschen!

Eben diese Narcissa, mit matten irrenden Blicken,

Todesblässe bedeckt die verzehrten Wangen, die

Augen

Sind von Thränen erschöpft, die Locken, die Seile

der Liebe,

Irren wild um den Lilienhals. Verlassen, verachtet,

Schmachtet sie, schmachbelastet, und keine Einsam-

keit ist ihr

Einsam genug, sie dem strafenden Blick der Welt

zu verbergen.

V. 277 — 288.

Ach, die Ruh ist auf ewig von ihr gewichen, und
    Reue,
Thränen und ewiger Gram ihr Loos; die mensch-
    lichsten Freuden,
Freundschaft und Liebe, der Lohn der Tugend,
    entflohn ihr auf ewig;
Da der Verbrecher indefs, mehr schuldig, doch
    sicher vor Strafe,
Seiner Besiegten vergifst, und neue Narcissen ver-
    göttert.

Freundin, vergieb diefs traurige Bild der redlichen
    Liebe,
Wie sie die Himmlischen fühlen. Wir trennen
    Wahrheit und Liebe
Nie von einander. Von Eigennutz wie von Bedürf-
    nifs entfernet,
Suchen wir nur das Wohl des Geliebten, und scho-
    nen aus schwacher
Falscher Zärtlichkeit nicht, ihm kurze Schmerzen
    zu machen,
Wenn sein Übel allein durch ätzende Mittel zu
    heilen
Möglich ist. Auch verbirgt sich vor uns das Laster
    vergebens

V. 289 — 301.

Unter die Miene der Wahrheit; kein irdischer
    Schimmer verblendet
Unsern schärfern Sinn. Die Dinge, die ihr
    bewundert,
Zeigen sich uns, der Farben, die ihnen die Leiden-
    schaft leihet,
Und der Gröfse beraubt, die sie im wünschenden
    Auge
Erst empfangen, in nackter Natur, — jetzt schön,
    wie der Schöpfer
Sie gebildet, jetzt, wie sie der Fall von der Ordnung
    entstellet.
Glaube demnach, Narcissa, der treuen Erinn'rung
    der Freundin,
Die im Schoofse der Ruhe, zu welcher der Kummer
    den Zugang
Nie gefunden, für dich besorgt ist, und jetzo
    versuchet,
Ob ihr Bild noch nicht ganz in deinem Herzen
    erloschen,
Und was die Wahrheit bey dir vermag, die von
    sterblichen Lippen
Minder vielleicht dich rührt', als da sie vom Himmel
    dich suchet.
O wie erhöht mein eigenes Glück der süfse Gedanke

V. 302 — 315.

Bald dich den stillen Pfad der Tugend wandeln zu
sehen,

Deren Freuden du noch nicht kennest! O Schwester,
nur diese

Machen uns seliger als die Menschen. Wie sind sie
unendlich

Über die sinnlichen Freuden erhöht! wie olympische
Blumen

Über verwelktes Gras. O könnt' ich, Narcissa,
nur einen

Matten Schattenriſs dir von dieser Seligkeit geben,

Der du bestimmt bist, die deine von Gott ent-
sprossene Seele

Unbewuſst, selbst im Wirbel der Eitelkeiten erseufzet;

O du rissest dich aus den seidenen Netzen der
Thorheit

Ungestüm los, du verlörst den Geschmack an sterblichen Freuden.

Ja es scheute dein zärtlicher Fuſs nicht Pfade von
Dornen,

Sie darauf zu ersteigen, dafern es der Tugend
gefiele,

Ihre Blumen in Dornen zu wandeln. Hier athmet
die Seele

Eine reinere Luft, die sie zum Denken erheitert.

V. 316 — 328.

Keine misstrauische Vorsicht befiehlt uns die Freuden zu prüfen,

Die sich uns anerbieten; hier wohnen nur göttliche
Freuden,

Früchte von edlen Thaten; Empfindungen himmlischer Liebe,

Die uns mit unaussprechlicher Lust zum Ewigen
hinziehn.

Aber diese Betäubung, in der die Entzückung der
Menschen

Allzugern sich verliert, die süsse Ohnmacht, der
Taumel

Glühender Freuden, der Wunsch der Sinne, das
Sterben der Seele,

Sind uns fremde; denn keine Wollust blüht im
Olympus,

Die für Thiere nur wächst. Die süsseste Wallung
des Herzens

Darf dem herrschenden Geist nicht einen Augenblick rauben.

Doch die erhabenste Lust strömt aus dem Innern
der Seele

Selber hervor, und kehret in ihren unendlichen
Urquell.

O Narcissa, die Gottheit, der Geist der alles beseelt,

V. 329 — 341.

Alles beglückt, die unendliche Schönheit, das Urbild
des Wahren,

Diese zu sehn sind unsre Blicke gereinigt. Die
Gottheit,

Welche die Menschen im schwachen Abriſs nur
dunkel erkennen,

Den die Natur mit flüchtiger Hand im irdischen
Stoffe

Von ihr gemacht, die seh'n wir mit einem Anblick
viel heller,

Als sie ein forschender Weiser in heiligen Nächten
betrachtet,

Wenn er sich, wie vom Leib entfesselt, dem Land
der Ideen

Fernher nähert, und mit tief staunendem Geiste die
Quelle

Aller Ordnung und Güte beschaut. Dieſs Schauen
der Gottheit

Tilget jede geschaffene Schönheit aus unserm Gemüthe;

Plötzlich erlischt der Serafim Glanz, die Himmel
verschwinden,

Und kein Ausdruck, kein Bild, kein Maſs, nichts
Endliches fasset

Was sie erfährt und fühlt, die selbst vergötterte
Seele,

V. 342 — 353.

Welche Gott in sich fühlt.   Doch unvollendete
Wesen

Tragen nicht lange das Anschaun Gottes, obschon
sich sein Antlitz,

Sie nicht gar zu verzehren, durch hüllende Wolken
nur zeiget.

Ungern zittern wir dann in unsre Sfäre zurücke,

Wo das Auge sich wieder erhohlt; die helleste
Aussicht

Dünkt uns Nacht, das Schönste, was sonst in Entzücken uns setzte,

Rühret uns kaum.   Doch freuen wir uns, im
himmlischen Antlitz

Unsrer Geliebten, im Auge, woraus die Seele her-
vorstrahlt,

Züge der Gottheit zu finden; der Gottheit, von der
wir so voll sind,

Dafs wir alles verachten, was uns ihr Bild nicht
zurückwirft.

Doch ich schweige, — du fassest noch nicht die
Wonne der Geister.

Aber ist, was ich dir sagte, und mir zu entdecken
erlaubt war,

V. 354 — 365.

Nicht vermögend, Narcissa, dein schlummerndes
    Herz zu erwecken?

Schämst du dich noch unsterblich zu seyn? und
    darfst du es wagen,

Ohne Verwirrung noch an die Puppenspiele zu
    denken,

Die dir ein edleres Kleinod als tausend goldene
    Welten,

Die dir die Würde der Seele geraubt, des heiligen
    Fremdlings,

Den der Olymp nicht herab liefs, um sich im Schoofse
    der Thorheit

Zu entgöttern. O möcht' ich dich unter den selte-
    nen Schönen

Die für den Himmel blühen, erblicken! O möchtest
    du weislich

Stunden gebrauchen, welche so nah an die Ewigkeit
    grenzen,

Und zu Aonen werden. Und wenn der Schatten des
    Himmels,

Dessen äufserste Züg' ich entwarf, die bezauberten
    Inseln

Schon vertilget, die ihr Betrogne, von Sehnsucht
    verleitet,

V. 366 — 369.

Durch die Meere des Lebens vergeblich verfolget;
wenn Freuden

Wie sie dem Himmel entsprossen, der Liebe der
Sterblichen werth sind;

O so säume nicht länger, Narcissa, die Tugend zu
suchen,

Der es erlaubt ist, die Erde dir schon zum Himmel
zu machen.

DRITTER BRIEF.

CHARIKLES AN LAURA.

INHALT.

Charikles tröstet seine zurückgelassene geliebte Laura, indem er ihr die Fortdauer seiner Liebe, die durch seinen neuen Stand nur gereiniget worden, zu erkennen giebt; und durch Abschilderung der Schönheiten seines jetzigen Wohnorts, der Sonne, sie noch mehr zu reitzen sucht, durch standhafte Erfüllung ihrer Pflichten, ihre Wiedervereinigung zu befördern.

V. 1 — 3.

Endlich ist mir vergönnt, was ich so lange mir wünschte,

Laura, mit dir zu reden, wie wir uns ehmahls besprachen,

Als Entfernung uns noch und Jahre der Prüfungen trennten.

V. 4 — 16.

Gern erschien ich dir selbst, wenn nur dein sterbliches Auge

Ungeblendet den himmlischen Glanz zu ertragen
vermöchte,

Der mich umgiebt. Wie oft, wenn dich die einsame Zeugin

Unsrer Zärtlichkeit einst, jetzt deiner Schmerzen,
die Laube,

Dich und deine Thränen verschliefst, in Stunden
der Dämmrung,

Wenn der Waldgesang schweigt und die blumigen
Hügel entschlafen,

Wenn du dann einsam, das Haupt auf die weifsen
Arme gestützet,

Safsest, und unter Träumen und bangen Entzückungen irrtest,

Klagenfrey, nur den thränenden Blick in die himmlischen Räume

Zärtlich geheftet! — O Laura, wie schön, wie
liebenswürdig,

Schienest du mir! wie innig sehnt ich mich dich zu
umarmen,

Oder, mit Symfonien von Engelsharfen umgeben,

Freud' in dein Herz, und Ruh und tröstende Hoffnung zu giefsen!

V. 17 — 28.

Fürchte nicht, daſs der Tod die zärtlichen Bande
zerreiſse,

Welche die Sympathie, zwey Seelen auf ewig zu
binden,

Selber gewebt! O Laura, noch mehr, als ich ehmahls
dich liebte,

Lieb ich dich jetzt, erhabner als in den heiligsten
Stunden

Unsrer Freundschaft, als in den zärtlichen Augen-
blicken,

Wenn vor süſser Empfindung mein Herz in deiner
Umarmung

Seufzte, wenn mir ein Blick in deine begeisterten
Augen

Wie ein Blick ins Elysium war, und mich Freuden
umfingen,

Deren Erinnerung selbst die Freuden des Himmels
nicht löschen.

Mitten in neuen Scenen, die mit olympischen
Wundern

Weit um mich her sich schimmernd entfalten, von
Göttergestalten

Und der ewigen Blüthe Serafischer Schönheit
umgeben,

V. 29 — 40.

Zieht mich ein süfser Hang zu dir, o Freundin,
    herunter.

Willig vertausch' ich für diese Schatten, die um dich
    sich schwärzen,

Jene Gefilde von himmlischem Schmelz, Lustgänge
    der Engel,

Schimmernde Lauben von ewig blühenden Freuden
    bewohnet;

Denn hier weint nicht Laura mir nach, kein zärt-
    licher Seufzer

Lispelt mir zu; hier hebt sich kein Herz vor wal-
    lender Sehnsucht

Meiner Gestalt entgegen, und glaubt sie staunend
    zu sehen.

Welch ein Gefühl unaussprechlicher Lust durchdringt
    dann mein Innres

Wenn ich still aus der braunen Umhüllung der
    Nachtluft herabseh',

Wie du gedankenvoll gehst. Jetzt ruht in lieblichen
    Träumen

Unsre Melissa, von englischen Flügeln, den Hütern
    der Unschuld,

Zärtlich bewacht; du legst sie ans Herz der ewigen
    Vorsicht.

V. 41 — 53.

Aber dich fesselt kein Schlummer, du suchst, vom
Monde geführet

Und von geheimer Sehnsucht, die Flur, wo nächtliche Formen,

Dämmernde Düft' und fantastische Wesen leicht-
schwebend umherziehn,

Schöne Ruinen des Tags! — Du gehst, stolz auf
die Gesellschaft

Rings um dich glänzender Götterwelten, im hellen
Gesichte

Einer unendlichen Zukunft, mit triumfierenden
Blicken

Grenzenlos schweifend; schon wallet dein Herz,
schon schwinget die Seele

Ihre in niedrigem Stoff verwickelte Flügel, und athmet

Unsrer ätherischen Luft hell glänzende Ströme von
ferne.

Theure Laura, dann sinkt mein treues mitleidiges
Auge,

Voll Entzückung und Wehmuth, auf dich stilltbrä-
nend herunter.

Auch du siehest unwissend mich an, ein lieblicher
Schauer

Zittert sympathetisch durch deine Adern, du siehst
mich

V. 54 — 65.

Wie im Traume vor dir; dann schwellen erhabene
Wünsche

Deinen Busen, die Lust zum Sterben bemächtigt
sich jedes

Deiner Triebe — Und o! wie bist du es würdig,
o Laura,

Daſs dir der Vater des Schicksals die frommen
Wünsche gewähre,

Daſs er deinem Charikles, und diesen Gefilden des
Lebens,

Und der Freundschaft der Engel dich schenke! —
Doch heilige Nächte

Weiser Fügungen trennen dich noch von den Sfären
des Lichtes.

Noch soll Hoffnung und stille Geduld zur künftigen
Wonne

Dich bereiten, noch soll sich dein Herz durch Prüfungen läutern,

Noch ein entartetes Alter von deiner Tugend bestrahlt
seyn;

Und was am stärksten dich hält, noch hält dich
deine Melissa.

Holder Nahme, wie schallst du mir lieblich! süſser
als Lieder

V. 66 — 78.

Englischer Harfen, erquickender als olympische
Winde,

Wenn sie um goldene Fluren und Lauben der Engel
ertönen.

Theure Melissa, der Mutter so ähnlich, so schön
wie die Wahrheit,

Heiter wie die ätherische Freude, voll Einfalt und
zärtlich

Wie die Unschuld, entfalte nun deine sprossende
Seele

Unter dem Einfluſs der lächelnden Augen der liebenden Mutter.

Welch ein Anblick für himmlische Seher, für deinen
Charikles,

In den irdischen Wüsten auf unkrautträchtigen
Felsen

Eine Blume zu sehen, wie der himmlische Boden
sie zeuget!

Dieser ist zwar von Bildungen voll, die kein irdischer
Lustort,

Kein Paradies der Dichter erzeugt, dem erhabensten
Fluge

Mahl'rischer Fantasien entzogen; vollkommnere
Formen,

Reinern Stoff, und seelentzückende Harmonien,

V. 79 — 91.

Nahmenlose, nie welkende Freuden, unzählbar an
   Andrang,

Beut sein unendlicher Busen uns an.　Allein die
   Entzückung

Die das Herz des Vaters durchströmt, der mensch-
   lichsten Freuden

Schönste, der Anblick des Kindes, das mit sanft
   glühenden Wangen

In die zärtliche Brust der schönen Mutter sich
   schmieget,

Die mit segnendem Blick auf ihren Säugling herab-
   schaut,

Diese Wonne ward nur den Menschen gegeben!
   Sie würden

Engel sich wünschen, wenn irgend ein Wunsch in
   himmlische Herzen

Zugang fände.　O Laura! wie warst du in meinen
   Augen

Dann so heilig; wie theuer mir jede der englischen
   Thränen

Die dein lächelndes Aug auf ihre rosigen Wangen

Thaute.　Wo ist im engen Bezirk der irdischen
   Wonne

Eine mit der zu vergleichen? — o Tugend, wie
   göttlich beglückst du

V. 92 — 104.

Die dich lieben? Nachahmungen von olympischen
Freuden,

Alles Gefolge der Liebe und Unschuld, Zufriedenheit, Ruhe

Und den Frieden der Seele, gewährst du den würdigen Menschen,

Welche, fern von der Welt, mit dir in einsamen
Thälern

Wohnen, und willig an Wahn und Gold und Eitelkeit arm sind.

Mitten unter dem Spielzeug der Gottvergessenden
Wünsche,

Auf der Erde, wo buntes Nichts und Kronen und
Wolken,

Leichte Flittern und schimpfliche Pracht und goldene Fesseln,

Wollust in Weinlaub versteckt, und Schmerz in der
Larve der Freude,

Scharen von Unvorsichtigen täuschen, wo ewige
Seelen,

Durch die Wildnifs von Lüsten, des Himmels uneingedenk, taumeln:

Eben da schenkt die Weisheit, aus ihrer göttlichen
Fülle,

Seligkeiten der Engel der kleinen geheiligten Zahl ein,

V. 105 — 116.

Die es wagen, und unter den menschlich verkleide-
ten Thieren

Menschen sind und sich lieben, und, in Beschauung
der Wahrheit

Lieblich genährt, sich nicht mit Schatten zu weiden
bedürfen.

Laura, diefs Glück ist dein, wenn Tugend und
Reichthum der Seele,

Und die Liebe des zärtlichsten Freunds zu beglücken
vermögen,

Und der Anspruch auf Ewigkeiten und Welten voll
Wonne,

Die dir entgegen strahlen! Dein ist die lächelnde
Liebe

Unsrer Melissa. O welche Quellen der lautersten
Wollust

Kannst du in ihrer Brust dir eröffnen! wie süfs, wie
belohnend

Ist das edle Geschäft', ein Herz, in welches der
Schöpfer

Seine Gestalt geprägt, die Würde des Wesens zu
lehren,

Das in uns durch das graue Gewölk des Stoffes
hervorblitzt,

V. 117 — 129.

Einst im vollen Mittag zu glänzen! Mit sorgsamer
Klugkeit

Leitest du sanft den Gang der jungen Gedanken
und führst sie,

Wenn sie verirren, zurück; du wehrst mit freund-
lichem Ernste

Dem zu üppigen Trieb der Fantasie; du ent-
wickelst

Jeden gutartigen Keim. Durch dich erblickt sie
die Tugend

Früh in der reinen Schöne, die, wenn sie der Seele
sich darstellt,

Unaussprechliche Lieb' erweckt und heißes Verlangen

Ewig sich ihr zu weihn. Du wachst, wie ein
himmlischer Schutzgeist,

Über ihr Herz, und lehrst sie die Mienen der heu-
chelnden Bosheit

Von dem offnen Gesicht der holden kunstlosen Güte

Unterscheiden. Mit welchen Entzückungen dankt
dir, o Laura,

Einst ein würdiger Mann, der in ihren schuldlosen
Armen

Schon den Vorschmack der Wonne der bessern Welten
genießet!

V. 130 — 141.

Sage nun, ist es erlaubt, so viel der Güte des
Himmels

Schuldig zu seyn, und zu weinen? — Zwar Zähren
der Ungeduld haben

Nie dein Aug' entweiht. Selbst da aus deiner
Umarmung,

Aus der letzten Umarmung mein Geist entfesselt sich
aufschwang,

Hubst du — ich sah es und segnete dich — die
gefalteten Hände

Und die bethränten Augen empor, und lobtest die
Vorsicht

Die mich glücklich gemacht! — Doch oft erliegt
auch die Grofsmuth

Unter der Macht der stärkern Natur; dann strömet
die Wunde,

Dann ertönt die seufzende Grotte von weinenden
Wünschen,

Und das entflohene Glück kommt, siebenfältig verschönert,

Vor die träumende Seele, mit ihm die bleichen
Schatten

Jeder goldenen Stunde der Lieb', ein banges Erinnern!

V. 142 — 154.

Glaube nicht, daſs ich die Thränen verdamme, die
Laura mir weinet,

Diese gutartigen Kinder der Menschheit, die in der
Gesellschaft

Stiller Geduld so rührend blinken. — Doch, Freundin, ich fühle

Jeden zärtlichen Schmerz und jeden pochenden Seufzer

Deiner zärtlichen Brust. Auch wir, im Reiche der
Wonne,

Auch wir fühlen wenn unsre Geliebten trauern, ihr
Kummer

Tritt mit umwölkter Stirn in den Zirkel ätherischer
Freuden.

O! unendlich bist du mir theurer, o Laura, seitdem mich

Jenseits des Todes die Hügel des Friedens empfingen!
Die Tiefen

Die uns trennen, verwehren der sympathetischen
Neigung

Nicht hernieder zu eilen, und, zu den vertrauten
Gespielen

In dem geliebten Herzen gesellt, mit ihnen gen
Himmel

Wieder hinauf zu fliehn. — Denn hat wohl die
Zeit der Seele

V. 155 — 167.

Auch nur Einen Genuſs aus ihrem dürftigen
            Reichthum

Anzubieten, der ihren Wunsch vom Fliehen zurück
            hielt'?

Arme Begierden! sie zittern in dieser irdischen
            Wüste

Unerfahren umher, vom Irrthum in Thäler gelocket,

Schatten zu haschen, Gespenster des Glücks und
            lächelnde Qualen.

Mitleidswerthe Betrogne! sie wissen nicht, daſs nur
            im Himmel,

Wo sie entsprungen sind, jeglicher Wunsch mit
            offenen Armen

Ihnen begegnet! — Doch nicht die deinen, o Laura,
            die schliefen

Nie vom Sirenengesang des schön geschminkten
            Betruges

Sorgenlos ein; schon früh gewöhnte die junge
            Begierde

Sich zum kühnen ätherischen Flug. Im Lichte, das
            Engeln

Leuchtet, gab dir die Wahrheit die Erde zu über-
            sehen,

Und du bewundertest nimmer! und deine Hoffnun-
            gen alle

V. 168 — 181.

Gleiteten von ihr ab. — O Laura, Laura, wie lange

Soll dich das irdische Leben den bessern Welten

   mifsgönnen,

Die du zu zieren verdienst? Wie lange noch wehrt

   dir das Schicksal

Unter den Sfären zu schimmern? Ist nicht dein

   heiliges Herz schon

Ausgebreitet genug, den Himmel zu fassen, dein

   Auge

Fähig, die Nähe der Gottheit zu tragen? O säume

   nicht länger!

Komm! Es sollen sich gern die diamantenen Pforten

Dieser Sonne dir öffnen, von deren Zinnen, o Laura,

Ich so vielmahl nach dir mit zärtlicher Sehnsucht

   herab seh'.

Hier sind deine Begierden daheim, hier wohnen

   sie gerne

Sittsam und froh in Thälern der Ruh, in ambrosi-

   schen Schatten,

Wo die Wollust an Quellen der Weisheit zur Speise

   für Engel

Reifet, voll himmlischer Kräfte, den Wuchs der

   Seele zu fördern,

Süfser als alles was Menschen entzückt, und doch

   nicht die schönste

V. 182 — 195.

Unter den empyreischen Früchten. — Hier lebt dein
Charikles,

Unter die Sonnebewohner versetzt, im herrlichsten
Schauplatz

Immer wechselnder Wunder. Hier, wo die Quelle
der Schönheit

Nie versieget, die euch in trüben Bächen nur
zufliefst,

Würde der Frühling der Erd' in seinem buntesten
Schimmer

Vor der blendenden Pracht des geringsten Gegenstands schwinden

Wie ein mittäglicher Schatte. — Doch, wie beschreib
ich dir, Laura,

Neue Reihen von Dingen, wozu die irdische
Schöpfung

Keine Bilder mir giebt? Kaum dafs begeisterte
Dichter,

Oder hochfliegende Fantasien in nächtlichen Stunden

Einen zitternden Blick in diese Reiche des Lichtes

Wagen, doch bald mit versengtem Aug von den
Göttergesichten

Niedertaumelnd, vergebens die nahmenlosen Gestalten

Wieder in sich zu finden, und wahr sich zu machen
streben.

V. 196 — 209.

Hier ist Licht der einzige Stoff. Unzählbare Formen

Nimmt es unter der Hand der Natur, leicht bildsam,
doch minder

Wandelbar als der irdische Klumpen. Die Strahlen
des Lichtes,

Wenn sie, den Tönen gleich, in tausendfachem
Verhältnifs

Sich verbinden, entzücken mit sichtbaren Harmonien

Zart empfindende Sinne. So wurden unzählige
Wesen,

Kinder der Symmetrie, unendlich an Schimmer verschieden

Wie an Bildung und Zweck, der Sonne gegeben.
Sie machen

Ein bezauberndes Ganzes. In unvergänglicher Blüthe

Herrscht hier die Schönheit, und strahlt nur reine
heilige Triebe

In die Seelen, die, innerlich frey, die Dinge
beherrschen

Die sie umgeben. O Laura, könnt ich diese dir
schildern,

Deren himmlische Freundschaft mich hier beseligt,
du würdest

Ungesehen sie lieben. Geschickt, auf Flügeln des
Lichtes,

V. 210 — 222.

Oder süfs duftenden Wolken von Erde zu Erde zu
    strahlen,

Nehmen sie feinere Bilder in ihr weiträumig Ge-
    dächtnifs.

Freyheit lächelt auf ihrer Stirn, die heiterste Seele

Mahlt sich in jedem Auge. Der unumwölkte Ver-
    stand herrscht

Ungestört über ihr Herz, und formt mit zärtlicher
    Sorgfalt

Jede Idee nach dem Urbild der Wahrheit, das immer
    ihm vorschwebt,

Immer in Harmonien gestimmt, die dem göttlichen
    Ohre

Selbst gefällig ertönen. Nie stöfst Begierd' an
    Begierde;

Lächelnd begegnen sich alle Gedanken, und eilen
    gesellig,

Nach dem erhabensten Ziel. Gewifs der Umfang
    der Schöpfung

Hat nicht schönere Seelen! Vielleicht, dafs irgend
    ein Himmel

Geister von höherer Kraft, ein andrer von schärferen
    Sinnen,

Oder in Leibern von hellerem Stoff zu haben sich
    rühmet;

V. 223 — 236.

Aber die schönsten der Geister zu tragen gebührt
                nur der Sonne.

O wie selig sind sie! Ihr einzig Geschäft ist Liebe,

Aus Erkenntnifs des Schönen und Guten.   So spähet
                ihr Tiefsinn

In der Schöpfung, nur Gott, mit immer wachsender
                Inbrunst,

Lieben zu lernen; so freuen sie sich, in ihren
                Geliebten

Neue Vollkommenheiten zu sehn, und in sie zu
                pflanzen.

Diese Kinder der Sonne bewohnen, seitdem sie den
                Erden

Leuchtet, ihre krystallnen Bezirke; der herrschende
                Seraf

Der aus seinem ätherischen Tempel, als Gottes
                Statthalter,

Über den weiten Umfang des Sonnenhimmels gebietet,

Hat erst wenige mit sich in eine höhere Sfäre,

Da zu wohnen, geführt.   Den immer zufriedenen
                Seelen

Scheinen Jahrhunderte nur wie flüchtige Tage zu
                rauschen.

Ihre Anzahl wird selten vermehrt; nur wenige
                Menschen

Findet die Vorsicht, mit ihrer Gemeinschaft belohnet
zu werden,

Würdig; nur die, die im irdischen Leibe den Adel
der Seele

Früh erkennend, zu grofs sich fühlen an sinnlicher
Schönheit

Bald verwelkenden Blumen zu kleben, die ihre
Begierden

Über des reitzenden Stoffs mit Wollust bewachsene
Hügel

Schwingen, und in der Beschauung des wahren Gott
ähnlichen Schönen

Voll entzückter Bewunderung ruhn, und ihr Herz
nach ihm bilden.

Unter diesen war ich.   Der menschenfreundlichen
Tugend

Dank ichs, und, Laura, dir.   Wer konnte dich,
göttliche Seele,

Kennen, und sonst was Sterbliches lieben? Wie
leicht ists dem Herzen,

Dem sich die Tugend in solchen allmächtigen Reitzungen anbeut,

Sie zu lieben! Du lehrtest es mich.   In deiner
Umarmung

Reinigte sich mein Herz, und jede Bewegung ward
sanfter,

V. 250. — 262.

Glühender jeder Entschluſs zu edeln Thaten. Du
warst mir

Wie ein Erinn'rungszeichen, daſs Himmel meiner
erwarten.

Konnt' ich dich ansehn, und irdisch denken? Du
gabst mir, o Freundin,

Schon auf der Erde, was andre Welten begehrungs-
werth machet.

In dem verlassensten Winkel der Schöpfung, in den
sich der Irrthum

Mit dem ganzen Gefolge des winselnden Elends
geflüchtet,

War ich durch dich beglückt, durch dich und die
selige Neigung

Andre mit mir zu beglücken. Nun leb' ich wo
Schönheit und Liebe

Königlich herrscht, wo nie das Ächzen der leidenden Unschuld

Unter die Symfonien der heiligen Freuden sich
mischte;

Wo beym Anblick der Tugend kein Neid entbrennet,
die Schönheit

Nie gehaſst wird, und Unschuld nie ihr Verderben
gereitzt hat;

In Gefilden des Friedens, wo, wie ein himmlischer
Frühling,

V. 263 — 274.

Ewige Freundschaft herrscht, und mit ihren lächelnden Schwestern
Niemahls welkende Kränze von liebenden Seelen
sich bindet.

Laura, was fühlest du, da ich dir meinen unsterblichen Wohlstand
Nur mit dunkeln Farben und menschlichen Bildern
entwerfe?
O wie klopft dir die Brust? wie glüht dein thränen-
des Auge?
Doch mein Glück ist gröfser, als meine Wort' es dir
mahlen,
Und nur mit d i r getheilt, in d e i n e n Umarmungen
doppelt,
Überschwänglich gefühlt, kann meine Wonne sich
mehren.

Selige Stunde, wann wird dein glänzender Flügel
sich aufthun?
Stunde des Wiedersehens, wann führst du mir
Lauren entgegen?
Still, mein verlangendes Herz! Sie ist nicht ferne!
Und wenn auch
Irdische Jahre sie noch mir vorenthielten. Indessen,

V. 275 — 281.

Bleibst du, Geliebte, dem sichern Schutz der Tugend
vertrauet!

Da ist der Himmel, wo Sie! Sie zwingt auch Wüsten,
zu blühen,

Mitternächte zu leuchten. Wenn sie ins reine
Gewissen

Wonne lächelt, so ruhst du, auch in der ödesten
Wildnifs,

Immer umgeben von stiller Erwartung der seligsten
Zukünft,

An der getreuen Brust der Hoffnung, die immer das
Beste

Ahnet, so sanft, als ob um dich her Elysium blühte.

———————

VIERTER BRIEF.

THEAGENES AN ALCINDOR.

V. 1 — 3.

Freund, der Vorhang ist weg, die Nacht ist vom
Tage verschlungen,
Dein Theagenes sieht! Die Wahrheit, unter den
Menschen
Kaum im Bilde bekannt, die himmlische Göttin der
Schönheit,

V. 4 — 17.

Giebt sich mir willig zu sehn; ich schaue die
   ew'gen Ideen,
Sie, die in euere Gruft durch die engen Ritzen der
   Sinne
Gleitende Schatten nur werfen, die ihr für Wesen
   · umfasset. ¹)
Mein erweiterter Geist entfaltet höhere Kräfte,
Die, auf Erden unbrauchbar, im Grunde der Seele
   verborgen,
Schlummerten; innere Sinnen, und weite Behälter
   der Wahrheit,
Augen für hellere Gegenstände, erhabne Begierden,
Denen die Erde zu leicht, der Zirkel des Menschen
   zu eng ist.
Oft, du erfährst es, o Freund, wenn die einwärts
   gesammelte Seele
In Betrachtungen irrt, entzündet sich aus dem
   Gewölke ·
Dunkler Ideen ein plötzlicher Strahl, der, dem nächt-
   lichen Blitz gleich,
Eine Welt von Erscheinungen dir, im Innern der Seele,
Sichtbar macht; doch eben so schnell, als er aufge-
   braust, schwindet,
Eh du erkennen kannst was du gesehn, ist der
   blitzende Lichtstrahl

V. 18 — 30.

Wieder dahin, und läfst dich erstaunt und traurig
im Dunkeln.

Diese Räume sind jetzt in meiner Seele bestrahlet,

Jeder flüchtige Blitz ist schnell zur Sonne gewachsen,

Die das Unendliche rund um mich her mit Mittag
begiefset.

O wie scheinen mir jetzt die stolzen Entwürfe so
thöricht,

Die wir ehmahls vom Weltgebäu träumten! Wie
wenig erreichte

Unsre kühnste Vermuthung die unerschöpfliche
Allmacht

Des erschaffenden Arms! Wie klein war unsere
Gröfse!

Was wir für Ewigkeit hielten, ist kaum das Leben
der Sonne;

Was wir, vom Flug ermüdet, Unendlichkeit nann-
ten, ist etwa

Ein Gefilde von tausend Gestirnen. Die stärkste
Bestrebung

Unsrer Erfindungskraft klebte noch stets in der Grenze
der Schöpfung,

In dem Sunde der Zeit. — Und doch gefällt es der
Gottheit,

V. 31 — 42.

Wenn ihr Geschöpf es wagt, sie zu sehn; wo Engel
zu schwach sind

Ist der Wille genug, wenn gleich die Kräfte versagen.

Kann die Seele was würdigers thun, als des Ewigen
Werke

Auszuspähen? Die Schöpfung, die sichtbare Gottheit,
den Inhalt

Aller Schönheit, und selbst die Lust des göttlichen
Auges?

Dich zu dem edeln Geschäfte mit neuem Muth
zu beseelen,

Will ich dir einen Entwurf der Natur der geschaf-
fenen Dinge

Mit den äußersten Strichen versuchen. Zwar ist es
nicht möglich

Dir, Alcindor, mit andern als irdischen Bildern und
Zeichen,

Was die Sprache des Himmels mit eigenen Nahmen
benennet,

Vorzumahlen; das Göttliche wird in den Menschen-
begriffen

Sich entgöttern, das Helle der Wahrheit in Schatten
erblassen.

V. 43 — 54.

Doch der flüchtigste Plan der Schöpfung, ihr mat-
tester Abglanz,

Ist schon geschickt in Bewundrung zu setzen; und
wahrlich, Bewundrung,

Diese belohnende Wollust für forschende Geister,
ist alles

Was selbst Engel erhalten, die in die Werke der
Weisheit

Und der allmächtigen Liebe sich senken. Sie durch-
zuschauen,

Ihre unsichtbarsten Ketten, die ersten Federn der
Regung,

Welche mit sparsamer Kraft die ganze unendliche
Sfäre

Treiben, und durch unzählbare Zwecke den Urzweck
befördern,

Den erhabnen, der Gottheit würdigen, einfachen
Urzweck,

Diefs erspähen zu wollen, ist eine so thörichte
Kühnheit,

Dafs nur der Mensch sie zu hegen vermag. — Vernimm denn, Alcindor,

Was von den Dingen des Himmels die Sprache der
Irdischen fasset;

V. 55 — 60.

Was dein Freund für nöthig befindet, die irrenden
        Schwingen
Deiner Gedanken im Flug durchs Unermefsne zu
        leiten.
Denn wie verirrt man so leicht, wo englische Flügel
        ermüden?

Dieser ganze bewegliche Bau des leblosen Stoffes,
Aus unzählbaren Himmeln mit ihren Welten gefüget,
Ist allein für Geister und Seelen gebildet, und lebet
Einzig durch sie. Die feurigsten Sonnen erlöschten
        zum Unding,
Jede blühende Welt zerflöfs' in glimmende Asche,
Wenn die Seelen vergingen, die alles mit Leben
        durchhauchen.
Freude zu fühlen und ewig zu seyn, belebte die
        Gottheit
Eine unendliche Schar von Geistern, nur dem nicht
        unendlich,
Der sie erschuf; ein Engel könnte Äonenlang
        zählen,
Ohne dem Ende sich näher zu sehn. So vielfach
        die Gottheit
Sich in endlichen Wesen, in denen sie selber sich
        nachahmt,

V. 69 — 81.

Zu verändern vermag; so weit der Zwischenraum
reichet

Von dem ersten der Engel, dem göttlichsten aus den
Erschaffnen,

Bis zu dem, der am Rande des Nichts sein Daseyn
verträumet;

(Ein weit gröfserer Abstand, als der die äufserste
Sonne

Von den Meeren von Glanz, die den Thron umhül-
len, entfernet)

So unzählbar, so mancherley sind die empfindenden
Wesen;

Jedes mit Samen der Zukunft, der bessern Zukunft,
befruchtet,

Jedes unsterblich, weil Gott sich in ihm nachahmend
entwickelt,

Jedes voll Triebe zur Lust. Sind aber aufser der
Gottheit

Quellen der Lust? — Sie müfsten dem ewigen Unding
entfliefsen!

Doch im Urquell des Guten die allerlauterste Wollust

Selber zu schöpfen, ist nur ein kleiner Haufe von
Geistern

Göttlich genug, die übrigen würde die Nähe der
Gottheit

V. 82 — 93.

Plötzlich verzehren. Sie nach dem Verhältnifs der
        steigenden Kräfte

Zu vergnügen, schuf Gott den ganzen Umfang des
        Stoffes,

Dem er nachahmende Züge der Geister, durch die
        er beseelt wird,

Ordnung und Schönheit gab, in zahllosen Stufen
        und Arten,

Die mit den Arten der geistigen Wesen harmonisch
        gestimmt sind.

So entstanden die Welten.   Durch unermefsliche
        Räume

Drehn sie sich unter der Gottheit bis an die Ufer des
        Leeren.

Nächst an dem Ewigen tönen die schönsten der
        Sfären, voll Lichtes,

Unvergänglich, harmonisch , die seligen Thronen
        der Engel.

Mit der Entfernung von ihm, wird auch die Schön-
        heit der Welten

Bleicher, mit Schatten bewölkt; der Stoff vergäng-
        lich und träge,

Wenig geschickt den Geist zu vergnügen; nur thie-
        rische Freuden

V. 94 — 105.

Sprossen aus seinem zu üppigen Boden, wie denen
gebühret,

Die die Natur ihm vertraut, den nähern Verwandten
des Staubes.

Da nur Liebe den Schöpfer die Wesen zu hauchen
vermochte,

Neigung sich ihnen zu schenken, und durch die
Stufen der Welten

Sie zu ihm selber zu ziehn; wie hätt' er sie ewig
zu schaffen,

Säumen können, wofern ein Geschöpf die Ewigkeit
faſste?

Aber der Fürst der Engel ist endlich, so sehr als die
Sonne,

Die erst, nachdem er Äonen im Anschaun Gottes
schon lebte,

Eine der jüngsten, der ewigen Nacht vom Schöpfer
entwinkt ward.

Nicht in allen ist gleiches Bestreben zum Werden;
nicht alle

Sind so lange zu dauern geschickt, wie die Geister
des Thrones,

Oder der jüngere Kreis der Ideen. Die Ewigkeit
sah erst

V. 106 — 118.

Diese entstehn, die ersten Zeugen der Herrlichkeit
Gottes.

Unterdefs schliefen die Embryonen von Geistern und
Welten,

Noch nicht zeitig zum Seyn, im schwarzen Schoofse
des Abgrunds.

Nach und nach, wie ihr Vorzug zum Leben sie
fodert, entschwangen

Sich die Himmel dem Nichts. Die neu entstandenen
Sonnen

Huben ihr glühendes Antlitz empor, und sahen
verwundernd

Halb gebildete Welten, nach ihrer Bestrahlung
begierig,

Ihnen entgegen taumeln; der goldene Frühling
entsprofste

Jugendlich, blumig, geschmückt zum Empfang der
seligen Wesen,

Die jetzt wurden, und halb bekleidet zu fühlen
begannen.

Selbst noch jetzt erscheinen zuweilen den Erdebewohnern

Neue Gestirn' in den Tiefen des Athers, die, kürzlich gereifet,

Zur Erstaunung benachbarter Himmel das Leben
begrüfsten.

V. 119 — 131.

So entsprang die Schöpfung, so wuchs und wächst
sie noch immer

Zur Vollkommenheit an. Die Allmacht der ewigen
Liebe

Kann nur in abgemessenen Zeiten den Widerstand
hemmen,

Der die Geschöpfe dem Leben mifsgönnt. — Wie
seyd ihr erhaben,

Selige Wesen, die ihr zuerst gewürdiget wurdet

Gott zu empfinden, den Ew'gen von Antlitz zu
Antlitz zu schauen!

Über den obersten Himmeln, noch über der Sfäre,
von welcher

Alle Welten Nachahmungen sind, erhebt sich zum
Schöpfer

Ein diamantener Kreis, unermefslich, unsterblich,
geraumer

Als die ätherische Tiefe worin die Sterne sich
wälzen,

Und der Natur nicht unterworfen. Ein göttliches
Licht füllt

Diese geheiligte Sfär', ein Licht wogegen die
Sonnen

Kaum dem Schattenbild gleichen, das auf still
fliefsende Bäche

V. 132 — 144.

Euer entnebelter Mond in Frühlingsnächten herab-
wirft.

Diese schuf Jehovah zuerst. Dann schuf er die
Geister

Die sie belebten, die hellesten Spiegel der göttlichen
Schönheit,

Cherubim, Gott zu sehn mit göttlichen Kräften begabet.

Plötzlich rauschte der Urquell des Lichts von wer-
denden Geistern;

Zitternd vor süfser Entzückung, von unaussprechlicher Freude

Ganz durchglühet, erhuben sie nun ihr Antlitz und
wagten,

Gott, dich zu sehn! — Denn hier ists, wo in sichtbarer Schönheit

Sich der Unendliche zeigt. Hier, Ewiger, sehn sie
dich heller,

Siebenmahl heller als irgend ein Engel der obersten
Kreise,

Wenn er sein sonnengleich Antlitz durch alle Tiefen
der Schöpfung

Über das stolze Gewimmel unzählbarer Sterne verbreitet,

Wenn er in jedem Dich sieht, doch immer reiner,
je näher

V. 145 — 156.

Er zum Himmel der Himmel dem Thron der Herr-
lichkeit strebet,
Und von dem seligen Anblick entzückt, mit gefal-
teten Händen
Auf sein Angesicht sinkt und in Gebete zerfliefset.
Unverwandt sehen sie Gott; die ganze Fülle der
Dinge,
Engel, Geister, Olympe voll Pracht, vor ihnen
verbreitet,
Könnten nicht Einen Blick von den Sehern Gottes
gewinnen.
Unter dem heil'gen Geschäfte verfliefsen Alter der
Sonnen
Ihnen wie Augenblicke. — Auch ist von des Ewigen
Anschaun
Ihrer Stirn' unaussprechliche Schöne so göttlich
verkläret,
Dafs sie den hellesten Blick der schönsten der Serafim
blendet.

In der Entfernung von tausend Längen des Sonnenhimmels
Windet sich um die Sfäre der Sfären ein schimmernder Gürtel,

V. 157 — 170.

Aus durchscheinendem Stoffe geschaffen, der oberste
    Weltkreis,
Aller Gestirne Beweger, das ewige Reich der I d e e n,
Und das Urbild der Himmel und Welten. Hier
    ewig zu bleiben,
Ist der erhabenste Wunsch der Geister, die es nicht
    wagen
Näher die Gottheit zu sehn. Die schönsten ätheri-
    schen Sonnen,
Selbst die himmlische Strafse, die Sammlung der
    prächtigsten Welten,
Die aus ihrer Entfernung ein silberner Gürtel euch
    scheinet,
Sind wie rohe Entwürfe, verlöschende Schatten-
    gemählde,
Dieses Urbilds der Schöpfung. Das eigne von jedem
    Gestirne,
Ihre Geschöpfe, die Blüthe der Schönheit, unzählige
    Formen,
Reitzende Gegenstände für tausend Sinne, die Wollust
Und die Entzückung, die jede der Welten vor andern
    bezeichnet,
Alles dieses ist hier harmonisch zusammen geordnet.
Hier sind die Muster der Ding', einförmig, glänzend,
    unsterblich,

V. 171 — 184.

Keinem Olympier zählbar; man zählte leichter die
Strahlen

Die den Brunnen des Äthers entfliefsen. Ein
Fidias fände,

Unter Myriaden von immer höherer Ordnung,

Hier das vollkommne Bild, wovon der Abglanz vor
seinem

Geiste schwebte, da er die Göttin der Weisheit in
Marmor

Nachzubilden versuchte; ein kühnes eitles Bestreben!

Alle Himmel und Sonnen mit ihren begleitenden
Erden

Werden zu dieser Sfäre gezogen; je mehr sie ihr
nähern,

Desto stärker erhitzt sich der Trieb der glühenden
Welten,

Sich in ihrem Strahl zu verhimmeln. Doch quillet
ihr Licht nicht

Aus ihr selber. Im dichten diamantnen Gewölbe,

Welches das geistige Licht, wo der Ewige wohnet,
verschliefset,

Sind gezirkelte Scheiben eröffnet; der Umkreis der
Sonne

Siebenmahl, ist von jeder das Mafs; unermefsliche
Ströme

V. 185 — 196.

Fliefsen mit himmlischem Licht auf die ringsum
nahenden Sfären

Aus den Öffnungen aus, und beseelen unendliche
Räume

Mit entzückender Klarheit. Die Öffnungen scheinen
den Menschen

Unter den andern Gestirnen wie blasse silberne
Punkte.

Nach und nach erbleichen, indem sie von Himmel
zu Himmel

Schimmern, die himmlischen Ströme, bis in den
Grenzen des Weltbaus

Sie sich ins ewige Leere mit sterbenden Strahlen
verlieren.

Freund, ein süfses Erstaunen entzückt, indem du
diefs liesest,

Deinen tiefsinnigen Geist — Wie, wegn die Sprache
der Engel

Statt des menschlichen Stammelns die überirdischen
Scenen

Mit Begriffen voll Klarheit, des Gegenstands würdig,
dir sänge?

Zwar auch Engel stammeln, wenn sie, vom helleren
Anblick

V. 197 — 209.

Der durch den dünnen Vorhang der Schöpfung
scheinenden Gottheit

In Entzückung gerissen, ihr Lob den Himmeln
erzählen.

Aber so matt der Blick ist, den ich aus tiefer
Entfernung

Dir in die Heiligthümer des Himmels, Alcindor,
erlaube,

Schwächt doch vielleicht die göttliche Klarheit der
obersten Sfären

Dein noch blödes Gemüth. — So steige dann näher
zur Erde;

Allenthalben eröffnen sich dir mit ändernder Schöne

Wunder der Weisheit, und Wunder der Lieb', und
Siege der Allmacht.

Zahllos sind die Enthalte der Geister, die glänzenden
Welten,

Zahllos die Arfen der Wesen und Kräfte, der Formen
des Stoffes

Und der Sinne, wodurch sich neue Gestalten der
Dinge

Mit der Seele vermählen. Wie würdest du staunen,
Alcindor,

Wenn ich dir eine der Welten, die nichts mit der
Erde gemein hat,

V. 210 — 223.

Wie von einer andern Natur gebauet, entwürfe!

Aber wie könnt ich in deinem Gemüthe ganz neuen
Gestalten

Zugang machen? — Vernimm dann minder befrem-
dende Scenen.

Eine der Erden des Siebengestirns, die sich um
die Sonne

Wo ich jetzt wohne, bewegt, ist von der erschaffenden Weisheit

Nur für den Sinn des Geruchs, den einzigen Sinn
der Bewohner,

Wundernswürdig gebaut.   Die Rosenthäler in Eden,

Oder der blumige Hybla entehrten durch die Vergleichung

Diese balsamische Welt.   Hier ist die lächelnde Rose,

Nicht wie im Frühling der Erde, die Königin unter
den Blumen;

Jede mit süßer Kraft beseelte Blume des Erdreichs

Düftet hier einen noch süßern Athem; Viol' und
Narcissen,

Hyacinthen und Nelken sind unter den edleren
Pflanzen

Bloßes Gras, wiewohl sie all' in dem Einen sich
gleichen,

V. 224 — 236.

Dafs sie des zarten Gewandes bemahlender Strahlen
ermangeln.

Denn hier ist die Lilie nicht weifs, noch ähnlich
den Lippen

Blühender Schönen die Nelke! Auch sind sie aus
feinerem Stoffe

Geistig gewebt; anstatt zu verwelken, zerfliefsen
sie langsam

In die ambrosische Luft. Doch jeder erneuerte
Frühling,

Und er erneuert sich stets nach drey verblüheten
Jahren,

Haucht mit zefyrischen Lippen die Schwester jeder
Verschwundnen

Aus der webenden Erde hervor. Für menschliche
Sinnen

Ist die harmonische Mischung so vieler verschiedner
Gerüche

Unbegreiflich. So künstlich auch immer die weise
Natur sich

In den Sfären gezeigt, wo sie zur Speise der Augen

Ihre Geschöpfe mit Licht und harmonischen Farben
geschmücket;

Dennoch weichet die liebliche Stimmung der blumigen Düfte

V. 237 — 249.

Nicht dem Wohllaut der Farben.   Diefs machet
diese Geschöpfe

Reich an der feinesten Lust, und ohne den Beystand
der Augen

Und der übrigen Sinne beglückt.   Ihr geistiger
Leib ist

Aus zartfühlenden Nerven gewebt.   Statt Töne zu
reden,

Hauchen sie ihre Gedanken mit deutlich veränderten
Düften

Ihren Gespielen entgegen.   Wie ihre begrenztere
Seele

Alle Begriff aus dem Sinn, der mit der Welt sie
verbindet,

Ziehet, so nehmen sie auch die Zeichen ihrer Ideen

Nur von Blumen und riechenden Dingen. — Kaum
heget die Schöpfung

Seelen, die zärtlicher fühlen.   Die liebenswürdigste
Einfalt

Würzet ihr Thun mit gleicher Anmuth, wie ihre
Gedanken.

Ungestört lieben sich alle; vom Stolz, dem Zunder
des Neides,

Hat diefs glückliche Volk, so wie von giftigen
Blumen,

V. 250 — 262.

Keine Nahmen. Von thörichten Wünschen und stolzen Entwürfen

Eines betrüglichen Glücks, wie der Unsinn der
Menschen es träumet,

Weit entfernt, ergeben sie sich mit offenen Herzen

Dem Vergnügen, wozu die Natur sie empfindlich
erschaffen.

Nicht der mindeste Reitz verlieret sich ungenossen

Unter der unbeschreiblichen Menge von Quellen der
Freude,

Die für sie fließen. Ein einziger Sinn giebt ihnen
die Wollust,

Die ihr von etlichen nehmet. Sie fühlen die holden
Akkorde,

Welche für sie die symfonischen Wirbel der Düfte
beseelen,

Mit nicht minderer Lust, als euch die Zusammen-
stimmung

Reitzender Lieder und silberner Töne der Laute
gewähret;

Und so erquickend als euch am Rande murmelnder
Bäche

Mis ätherischem Fittig ein West an die Wangen
hinschmeichelt,

V. 263 — 274.

Eben so kühlend und fühlbar umfliefst die Blüthe
des Athers

Ihre zärtlichen Glieder; sie schwimmen in sanfter
Entzückung.

Aber sie fühlen nicht nur; aus ihrer geistigen
Wollust

Blühen Gedanken hervor, die sich zum Schöpfer
erheben.

Oftmahls wenn sie gesellig, wie Bienen in Schwärme
gesammelt,

Um balsamische Stauden auf Wolken zerflossener
Blumen

Schwebend den Frühling trinken, erheben sie sich
in Entzückung,

Aus der Entzückung zum Lobe des ewigen Vaters
der Freude.

Lafs dir gefallen, so athmen sie ihre Gedanken
gen Himmel,

Lafs dir, o Schöpfer, gefallen, dafs unsre Freude
dich preise!

Bestes der Wesen, aus dem wir Leben und Seligkeit ziehen.

Aber wie sollen wir dich, o Quell der Ewigkeit,
preisen?

V. 275 — 287.

Flöſsen aus uns Gedanken, wie Kräfte der Engel,
vermischte

Sich mit unseren Hymnen aus allen Kreisen der
Schöpfung

Allgemeines ambrosisches Lob, was wär es, o
Schöpfer,

Dich zu loben? Ein Lilienduft, die Blüthe des
Zimmtstrauchs!

Aller Geschöpfe Geist in Einem Athem ergossen

Lobte dich schwach, du, der mit seinem unsterblichen Hauche

Alle begeisterte Welten bewegt, und über den
Himmel,

Wo sich an deinem reinesten Ausfluſs die Engel
erquicken,

Einen göttlichen Frühling herabgieſst. — Sey ewig,
o Hymne,

Der den Unsterblichen lobt! Dich müsse kein Zefyr
verwehen!

Immer müssest du uns mit deinen Wirbeln umgeben!

Helft uns ihn loben, ihr alle, die Gottes Athem
belebet;

Aber lobt ihn noch mehr, die ihr Gedanken zu
duften

V. 288 — 300.

Von ihm begabt seyd, erhabner und reiner als sterbliche Rosen,

Lobet ihn mit dem süfsen Geruch der blühenden
Unschuld!

Also loben sie Gott, und ihre Inbrunst gefällt ihm,

Weil das Herz sie gebiert, so wohl als serafische
Lieder.

Um und um athmen alsdann die mitbegeisterten
Pflanzen

Süfseren Balsam, die fernsten Gefild' empfinden die
Hymnen;

Denn in jedem Gewächse, vom edelsten Wesen des
Sternes

Bis zum niedrigsten Kraut, haucht eine fühlende
Seele.

Alle machen, indem sie durch sanft absteigende Grade

Sich von einander entfernen, die schönste Leiter
von Wesen.

Eben die Sonne, die diese bewundernswürdige
Sfäre

Mit sanft leuchtendem Glanze befeuchtet, die strahlt
auch von ferne

Einem Planeten entgegen, der zum Gehör nur
gemacht ist.

V. 301 — 313.

Ewige Dämmrung, aus dunkeln und matten Strahlen
gewebet,
Gleich dem Schatten des Tags, den von silbernen
dünnen Gewölken
Auf die Frühlingsauen der Erde der Vollmond herab-
thaut,
Ruhet mit ausgebreiteten Flügeln auf seinen Gefilden.
Hier ist der wahre Tempel der Musen. Die weise
Natur ist
Selbst die Künstlerin hier, die alles in Wohlklang
gestimmt hat.
Sie hat die Luft mit unendlich verschiednen ätheri-
schen Saiten
Allenthalben bespannt, die nach dem genau'sten
Verhältniß
Sich von einander entfernen. Von sanften Winden
gerühret,
Schallen dann himmlische Harmonien mit mächtigem
Schwunge
Bis an die Ufer benachbarter Welten. Das Säuseln
des Zefyrs
Wieget die Luft in liebliche Fugen und lydische
Töne,
Gleich harmonischen Seufzern; dann schmelzen die
Hörer in Liebe.

V. 314 — 326.

Rauscht er hingegen, so tönen die mächtig begeisterten Saiten

Von erhabnen Akkorden, vollstimmig, entzückend;
die Hörer

Sinken in ernstes Staunen und schweben auf hohen
Gedanken.

Hier ist der ewige May so arm an Geruch als an
Farben,

Aber er haucht statt Balsamgewölken symfonische
Töne,

Die sich den singenden Winden gesellen. Die denkenden Bürger

Dieser seltsamen Welt (wie sie Erdebewohnern
erscheinet)

Sind mit dem künstlichsten Leib nach ihrer Bestimmung versehen.

Alles an ihnen ist Ohr; doch höret jegliches Gliedmaſs

Auf ihm eigene Weise; die mancherley Weisen und
Töne

Flieſsen im Sitz der Seel' in die angenehmsten
Akkorde.

Ihr Gespräch ist Gesang, die Töne, die sie
gebrauchen,

Stehen mit den Gedanken und jeder Bewegung des
Herzens

V. 327 — 340.

Im genau'sten Verhältnifs. — Der eine seufzt zärtliche Liebe,

Dieser ist Mitleid, der lispelt Ruhe, der locket die
Freude.

Ihre mit lauter Wohlklang genährte Seele wird selber

Ganz harmonisch, und fähig das göttliche Ohr zu
ergetzen.

Diese Geschöpfe, verwundre dich, Freund, hat die
Erde geboren.

Dorten waren sie Vögel, und Sänger des flüchtigen
Frühlings,

Nachtigallen, die horchenden Schönen oft Thränen
entlockten,

Oder hellwirbelnde Lerchen. Aus Indiens einsamen
Inseln,

Oder Arabischen Thälern und Zimmethainen von
Palma,

Führt sie ein sanfter Tod in diese bessere Wohnung.

Ihre Seel' auf die unterste Stufe der Geister erhöhet,

Herrscht nun in einem edleren Leib, und übt schon
Gedanken,

Welche dem Schöpfer zu nähern sich wagen. Zwar
sind sie nicht fähig,

In den Plan und die allgemeine Verknüpfung der
Dinge

V. 341 — 353.

Helle Blicke zu thun; doch sind sie in ihrem Bezirke

Glücklicher als die Menschen. — Und ist der ver-
    ächtlichste Wurm nicht

Glücklicher, da er das ist, wozu die Natur ihn
    bestimmte,

Als der entartete Mensch? — Die feineste Wollust
    ist ihnen,

Die der Natur der Seele vor allen andern gemäſs
    scheint.

Denn sie steht mit den Tönen in noch genaueren
    Banden,

Als mit Strahlen und Farben. Vergeblich wärst du
    bemühet,

Aus den erlesensten Bildern ein Ganzes zusammen
    zu setzen,

Das die durchdringenden Freuden, in denen sie
    ruhen, erreichte.

Das gelindeste Säuseln des lauen Zefyrs, das
    Flüstern,

Das wie Gesang aus blühenden Hainen herlispelt,
    das Klatschen

Fallender Frühlingsbäche, das Murmeln silberner
    Quellen,

Und das zärtliche Lied, das Echo der Nachtigall
    nachsingt,

V. 354 — 366.

Mit den reitzendsten Tönen von menschlichen Keh-
len vereinbart,

Und was sonst noch dem stumpfen Gehör der Irdischen schmeichelt;

Alles das ist ein rauhes Getön, ein widriger Miſsklang,

Gegen das feine Gefühl, das diese Wesen durch-
dringet,

Wenn sie an musikalischen Bächen, auf singenden
Blumen,

Ihre Entzückung den Melodien der Lüfte vermischen.

Oft verlassen wir selbst die hellen Zonen der Sonne,

Und die geistigern Freuden, die unser Stand uns
erlaubet,

Über dieser symfonischen Welt auf safirnen Gewölken

Unbemerket zu schweben, und ihre Freuden zu
kosten,

Die uns dann den Geschmack zu göttlichern Freuden
erhöhen.

Freund, du erstaunst, ich seh auf deiner Stirne
die Züge

Einer tiefsinnigen Lust, die nur den Weisen
gegönnt ist.

V. 367 — 379.

Tausend fremde Begriff' und neue Reihen der Dinge
Seh' ich in deiner arbeitenden Seel' entstehen und
                    schwinden;
Sehe dein wallendes Herz von heifsem Verlangen
                    sich dehnen,
Dich zu entschwingen der Nacht, die deinen umne-
                    belten Sinnen
Solche Scenen verbirgt.   O Freund, erst über der
                    Erde,
Wenn dich der Engel des Todes vom gröbern Stoffe
                    befreyt hat,
Wird   die   unendliche   Fülle   der   Offenbarungen
                    Gottes
Dir sich in einem Tag entdecken, der jetzt zwar
                    schon leuchtet,
Aber vom düstern Schimmer des irdischen Tages
                    umwölket,
Noch unsichtbar dir ist.   Wie ein Wandrer die
                    prächtigste Gegend
Die er in nächtlichen Stunden, von keinem Sterne
                    geführet,
Noch vom gefälligen Mond, mit müden Füfsen
                    erreichte,
Ungeschmückt findet und öde, weil mitternächtliche
                    Wolken

V. 380 — 393.

Auf den Gefilden liegen; er sieht von den Wundern
der Schönheit

Und der glühenden Anmuth der frischen vielfarbigen
Blumen,

Kaum die dunkelste Spur und vom entschlummerten
Frühling,

Liegen sie gleich unverändert vor seinen Augen
verbreitet:

Aber so bald Aurora dem Tag die Pforten eröffnet,

Sieht er den prächtigsten Auftritt um seine fröhlichen
Blicke

Aus den Schatten sich heben; dort Rosenspitzen der
Berge,

Hier im goldenen Pompe die sanft aufblühenden Auen,

Spiegelnde Bäche durch thauige funkelnde Wiesen
gewunden,

Blau umduftete Hügel mit jungen Büschen gekrönet,

Und die Fluren zur Seite von schwarzen Tannen
beschützet;

Wundernd ruhet sein Blick auf der reitzenden Aussicht, er zweifelt

Ob die nächtliche Wüste und diese bezauberte
Gegend

Eben dieselbe sey. — So treffen dich jetzt von der
Schönheit

V. 394 — 405.

Des olympischen Tages, den dir das irdische
Leben

Noch mit Nächten bewölkt, nur seltne verirrete
Strahlen.

Aber wie wirst du dereinst von süfsen Erstaunen
erzittern,

Wenn dir das ganze Gebiet der Natur, die Himmel
und Welten

Und das Geisterreich aufgethan wird; und der blühende Äther

Dir die Schärfe des Augs zu den hohen Erscheinungen stärket?

Dann wirst du über die unbekannten Kräfte dich
wundern,

Die jetzt in deinem Geist unbrauchbar und eingehüllt
schlummern,

Aber alsdann, vom Anhauch des neuen Morgens
erwecket,

Schnell sich den Gegenständen, die für sie gemacht
sind, eröffnen.

Wahrlich, die Seel' ist grofs! Lafs diefs vor deinem Gemüthe

Stets wie ein marmornes Denkbild stehn; du fühltest es oftmahls!

V. 406 — 408.

Wenn ihr von ihrer verborgenen Hoheit, in ernsten
Stunden,

Innerlich ahnt; dann fühlt sie es schon, die Tochter
des Himmels,

Daſs sie nichts kleiners als Gott und Ewigkeiten
befriedigt.

A n m e r k u n g.

1) Seite 269. S. Plato L. 6. de Republica.

FÜNFTER BRIEF.

EUKRATES AN FILEDON.

INHALT.

Eukrates versichert seinen Bruder, einen von den Filosofen de la Bande joyeuse, daß die Erscheinung, die er von ihm gehabt, wirklich gewesen; und bemüht sich, ihm seine Vorurtheile und Abneigung gegen die Unsterblichkeit der Seele zu benehmen.

V. 1 — 4.

Dir, Filedon, den mindesten Vorwand zum
Zweifel zu nehmen,
Ob dein Bruder es sey, den diese Zeilen dir zeigen,
Will ich beschreiben, was dir am gestrigen Abend
begegnet,
Ob du es gleich im verschwiegenen Busen zu drücken
beschlossen.

V. 5 — 17.

Höre denn dein Geheimniſs! Dich rief der silberne
Mondschein
Und die blühende Nachtluft, die, mit dem Ambra
des Frühlings
Stärker gewürzt, vor deinem geöffneten Fenster
vorbey zog,
In die dämmernden Gärten.   Du schweiftest durch
Lauben und Hecken
Und durch Gäuge von Linden umher, und schienest
zu staunen,
Minder vielleicht mit dir, als mit Kallista beschäftigt,
Der du die einsame Ruh am Busen der Unschuld
miſsgönntest.
Plötzlich riſs dich, vielleicht aus Träumen von
künftigen Freuden,
Oder dem Sieg, den du über die Tugend voreilig
genossest,
Ein umgebender Glanz, gleich dem, den der Fuſs-
tritt Aurorens
Auf bepurperten Gipfeln   und Morgengewölken
zurück läſst.
Schaudernd fuhrest du auf; dein Wunder stieg, da
dem Schimmer
Immer höherer Schimmer entfloſs, bis die sonnichte
Mitte

V. 18 — 30.

Deines Bruders verklärte unsterbliche Jugend her-
vorgab.

Leuchtende Wolken erhuben mich über den Boden;
zwey Geister

Aus der obersten Luft, die um die Erde gewebt ist,

Schön wie goldne Rosen, umschwebten mein duf-
tendes Haupthaar.

Deine Kühnheit, das Wundergesicht mit ruhigen
Augen

Unverwandt anzusehn, bewegte mich länger zu
säumen.

Endlich nach kurzem Zaudern, doch wie mit gefes-
selten Schritten,

Nahtest du mir, und plötzlich zerfloss die Erscheinung ins Dunkel.

Unsichtbar kam ich zurück, und hört' in der mur-
melnden Grotte

Deinen Streit mit dir selbst. — Wie sinnreich warst
du, dich selber

Zu betrügen? Doch blieb dein versengtes Auge noch
immer

Allzugeschickt, die Empfindung von Werken des
Schlummers zu scheiden.

Erst nachdem dich der Schlaf am folgenden Morgen
verlassen,

V. 31 — 43.

Siegte dein weiser Entschluſs, und jetzo hieſs die
Erscheinung
Eine seltsame Frucht des Träume zeugenden Abends.

Ist es dir denn so nöthig, Filedon, der reitzenden
Hoffnung
Ewig zu leben, den kleinsten entglimmenden An-
schein zu rauben?
Bist du geneigter zu glauben, ein überfallender Unsinn
Habe dich wachend entzückt und mit Fantomen
getäuschet,
Als daſs Eukrates lebe, und dich zur Unsterblich-
keit lade,
Der, wie du wähnst, mit dem letzten Athem die
Seele verhauchte?
Warum warest du minder geneigt zu glauben, du
träumest,
Da du neulich Kallisten auf Frühlingsblumen ge-
gossen
Schlafen fandest, und gern die Blüthe der reitzenden
Jugend
Brachest, hätte sie nicht ihr wachsamer Engel
erwecket?
Ist dein Auge nur dann ein Träumer, wenn seine
Gesichte

V. 44 — 56.

Deine Neigungen kränken? Verdriefst dich, wenn
          Eukrates lebet,

Dafs du vergeblich den Tod des ewigen Geistes
          gehofft hast?

Zürnest du, dafs ein nächtlich Gesicht die Gebäude
          zerstöret

Die du, auf Luft gegründet, aus Wolken zusammen
          gescherzt hast?

Zürnest du, dafs der Mensch in der Fröhlichkeit
          seidenen Stricken,

Unter den Trauben des jauchzenden Bacchus, am
          glühenden Munde

Einer lustathmenden Thais, in Rosenlauben nicht —
          Mensch ist?

Dafs ein höheres Ziel die Kräfte verlangt, die
          bestimmt sind

Welten zu überleben? — Doch schämt sich dein
          Stolz zu bekennen,

Wem du die süfse Gewifsheit des Todes der Seele
          verdankest.

Thierische kleine Begierden erscheinen, sich Würde
          zu geben,

(Nicht zum ersten Mahl) stolz, im festlichen Ansehn
          der Weisheit.

Was die Geburt der Sinnlichkeit ist, wird dem
          ernsten Verstande

V. 57 — 69.

Untergeschoben . Der selbstbetrogene Filedon beredt
sich,

Daſs er der Wahrheit weiche, wenn ihn die Begierde
dahin reiſst.

Aber hier unterbricht mich dein zuversichtlicher
Eifer.

Lächelnd, als ob die Wahrheit auf deinen Lippen
entstünde,

Wie ich dich in der Gesellschaft der horchenden
Freunde jüngst sahe,

Stellst du der ernsten Vernunft Fantomen des Witzes
entgegen:

„Wer ist behender, hoch fliegende Wünsche für
Wahrheit zu ehren,

Als ein Mensch, dem die Erde, die ihn geboren,
zu eng wird?

Welcher so gern die Seele, die, gleich der purpurnen Nelke,

Heute des Gartens Königin ist, und morgen am
Staub klebt,

Allzu stolz vergänglich zu seyn, zum Engel erhübe!

Thörichter Stolz! Wie wenn ein bunter kaum sichtbarer Käfer,

In der Rose geboren, die Ledens Busen umschattet,

V. 70 — 82.

Sein verwegnes kurzsichtiges Auge zur Schönen
erhübe,

Schwester sie grüfste und lüstern die Rosenflügel
enthüllte,

Sie zu umfangen: so webt der Sohn der blühenden
Erde,

Welche wie er einst welkt, als wär er der Serafim
Bruder,

Ewigkeiten sich vor, und bewohnt im Geist die
Olympe

Die der Träumer sich wünscht. — Vergeblich nennt
man die Hoffnung

Ewig zu leben, auch wenn sie betrög', ein edles
Erkühnen.

Ist es erhabner Stolz die Natur verbessern zu wollen?

Oder die Räume vergessen, die zwischen uns und
die Gottheit

Ewig unmefsbar gelegt sind? — Ich sende die forschenden Blicke

In mein geheimestes Selbst, und such' im Busen der
Seele

Ihre Bestimmung. Ist sie vielleicht die Verwandte
der Geister?

Giefset ihr Blick, wie das Antlitz des sterneverdun-
kelnden Engels,

V. 83 — 95.

Sonnenglanz um sich her? Durchstrahlt sie die Wolken der Wahrheit?

Liegt die Natur eröffnet vor ihr? ermißt sie die
Himmel?

Oder vermag sie mit muthigem Auge, wie ihre
Gespielen,

Unversengt in die Gottheit zu schauen? — Ja, minder
zu fordern,

Ist nur ihr eigenes Wesen ihr klar? besinnt sie sich
etwan

An den Äther, worin sie entstand, und die Reihen
der Götter,

Die mit himmelerfüllendem Jauchzen sie Schwester
begrüßten,

Da sie die Ewigkeit, ihre gemeinsame Mutter, her-
vorgab?

Weiß sie nur, wie die Gedanken aus ihrem Schooße
sich winden,

Kennt sie ihre Gestalt, und wie sie entstehen und
schwinden?

Ist der Olymp ihr väterlich Land, sind ihre Begierden

Mit den Begierden der Engel harmonisch, soll göttliche Freude

Oder die helleste Blüthe der Wahrheit, ambrosische
Speise,

V. 96 — 108.

Ihre Wünsche vergnügen, sind Welten voll sterblichen Reitzes

Für die Unsterbliche viel zu verächtlich, — Wie ist
   es doch möglich,

Daſs sie so gern am blumigen Boden der Sinnlichkeit
   klebet?

Daſs sie, die Göttin, den Taumel der irdischen
   groben Entzückung

Liebt, und von thierischen Freuden berauscht, der
   Engel nicht achtet?

Warum setzt die Gespielin der Götter ein lockendes
   Auge

Aufser sich? Warum zerschmilzt sie auf einem stei-
   genden Busen?

Alle Schönen der Erd und der Inseln, in Köre ver-
   sammelt,

Jede mit eigenem Reitze bezeichnet, hier funkelnde
   Blicke,

Dort die sanft wallende Weifse der runden zierlichen
   Glieder,

Mit Juwelen bewaffnet, mit Frühlingskränzen geschmücket,

Oder im angebornen Glanze der nackenden Anmuth,

Sollten die Tochter des Himmels nicht stärker rühren, noch länger

V. 109 — 121.

Vor den Gedanken ihr schweben, als Beete voll
                    prangender Tulpen,

Oder ein Kreis voll Sternen, der über ihr schimmernd
                    sich wälzet. —

Steige herab, o Mensch, von den ungebührenden
                    Sfären;

Lege die Gottheit nieder, und sey ein Verwandter
                    der Thiere!

Also will's die Natur. Und ist es Schmach ihr zu
                    folgen?

Jede Begierde, die du vergeblich zum Hoffen ver-
                    weisest,

Unbekannt in der unsichtbaren Welt, der Speise der
                    Engel

Ungewohnt, wird es dir danken. Mit ihrem Loose
                    zufrieden,

Wird sie die jetzige Stunde, den schönen Frühling,
                    erhaschen,

Und entkörperten Geistern recht gern die Ewigkeit
                    gönnen.

Frage sie alle, die innersten Stimmen des fühlenden
                    Herzens,

Ist's nicht Lust, wornach die Natur sie schmachten
                    gelehrt hat?

Liebe zur Lust erhitzt die Adern des muthigen
                    Jünglings,

V. 122 — 135.

Sanftere Triebe zur Lust glüh'n in den Wangen des
Mädchens,

Wachsen mit ihrem Busen, und schmelzen die zärtliche Seele.

Was ihr Vernunft zu nennen beliebt, ist der Liebe
zur Wollust

Unterthan, nur erfindsam für sie, und ohne sie träge.

O! wie harmonisch vereinigen sich die lüsternen
Kräfte,

Wenn sich irgend ein lächelndes Bild der Freude
gezeigt hat,

Sie zu erhaschen! — Und im Genuss, in der seligen
Stunde,

O, wie jauchzet sie dann! Wie völlig wird sie
Empfindung,

Völlig Genuss, Entzückung und Wonne!—So blühet
die Seele

Unter süfsen Empfindungen auf, bis alles Vergnügen

Das die Natur ihr gönnet, genossen ist, ihrem
Bestreben

Sich nichts neues mehr zeigt. Dann, sucht sie
mühsame Freuden,

Schöne Fantomen, nicht wirkliche Lust, Geburten
des Wahnes.

So betrügt sie sich selbst, wie jener die Fürstin des
Himmels

V. 136 — 148.

Zu umarmen geglaubt, und eine Wolke nur küfste.

Endlich erkaltet mit dem Vermögen die Wollust zu
schmecken

Auch die Begierde. Die Nerven der Seele, wie
ihres Gehülfen,

Nutzen sich ab, das Feuer erstirbt, die Fantasie
welket.

Giebt die Natur nicht selbst den Beweis, dafs Freude
des Daseyns

Letzter Zweck ist, und für den Menschen nur sterbliche Freude,

Da wir, sobald sie uns flieht, dem Tode nah'n, und
das Leben

Für uns kein Gut ist, sobald der Geschmack der
Wollust vergehet?

Kann nun der Tod, da sein Vorhof, das Alter, Berau-
bung der Lust ist,

Kann er was anders seyn, als ewiger Mangel an
Freude,

Mangel an süfsem Gefühl, der Nahrung des Wesens,
ein Nichtseyn?"

Diefs ist's also, womit den Verlust der erhabensten
Hoffnung

Sich Filedon bezahlt? Diefs ist die glänzende
Weisheit,

V. 149 — 162.

Die dir die Tugend und ihre belohnende Hoffnung,
das Leben

Nach dem Tode, die Mutter der Helden, die reitzende Aussicht

In unsterbliche Zeiten und Götterfreuden entwendet?

Aber wisse, so gern du dich auch zu den Würmern
verkröchest,

Was in dir fühlt und denkt, ist ewig! so ewig als
Engel,

Stirbt so wenig als Der, der ihm Unsterblichkeit
einhaucht.

Sollt' Er sein Bild in den Menschenseelen vernichten?
Das hiefse

Götter vernichten! — Jedoch dein Aug' ist zu stumpf
in der Seele

Eine Gottheit zu sehn. — So höre' denn nur die
Begierden,

Deren Fordrung du eben verfälschtest, die Triebe
zur Freude.

Frage sie: sind es wohl erdgeborne vergängliche
Freuden

Was sie begehren? — Warum begehren sie denn
selbst im Genusse,

Selbst im Arme der Lust, mit der sie vor dem Besitze

Ganz die Seele zu füllen vermeinten? Wie kommt es,
dafs keine

V. 163 — 175.

Sich mit ihrer allmächtigen Schönheit des Herzens
    versichert?

Läugnest du das, Filedon? Wenn haben jemahls die
    Lippen

Eines Sklaven der Freude, wenn hat es sein Leben
    geläugnet?

Warum konnte dich einst die reitzende Leda nicht
    halten?

Warum entlockte dich Flavia drauf der schönern
    Marina?

Warum verliefsest du doch so bald die feinen Ent-
    würfe,

Die du dir ehmahls gemacht, ein Epikurus, ein
    Weiser

In der Wollust zu seyn, mit Wahl und Geschmack
    zu geniefsen?

Hast du nicht alles versucht, und alles mit Ekel
    verlassen?

Flohest du nicht in den Schoofs der Natur, dem
    Verdrufs zu entgehen?

Aber auch da, Betrogner, entflieht dir die Ruhe!
    Du suchest

Sie vergeblich in kühlenden Grotten, auf blumigen
    Rasen,

Oder in Sommerlauben. Filedon, mitten in Wonne

V. 176 — 188.

Lechzest du noch, — und wahrlich du hattest immer
gelechzet.

Nenn es nicht ein Entzücken, das ganz die Seele
befriedigt,

Ganz durchglühet, wenn irgend ein Taumel die Sinnen berauschet!

Nenn es nicht Freude der Seele, wenn sie, vom
wilden Getümmel

Taumelnder Nerven betäubt, sich selbst verlieret!
Du selber

Weifsest ja, wie sie beschämt vor ihrem eignen
Bewufstseyn

Fliehen möchte, so bald sie sich wieder der Ohnmacht entreifset.

Doch ist's Wunder, dafs du, dem nie die lautere
Wollust

Schuldloser Freuden geflossen, in keinem Genufs
dich befriedigst?

Wisse, dafs selbst die Tugend mit ihren reinsten
Geschenken

Nicht die Triebe der Seele, die nach der Ewigkeit
dürsten,

Ganz zu vergnügen vermag! Ich lernt' es von der
Erfahrung.

Niemahls hatt' ein zärtlicher Herz in weiblichem
Busen

V. 189 — 201.

Als in Selenen geschlagen, die ich im Tode verlassen.

Unschuld und Liebe, wie konnten sie redender aus-
gedruckt werden

Als in ihrem Gesicht? und das, was Mienen nicht
zeigen,

Was nur in edeln Thaten gesehn wird, wie war es
so göttlich!

Dieses Kleinod war mein. Mein Leben in ihrem
Besitze

War ein Gemisch vom Glücke der Engel und irdischer Wonne.

Dennoch empfand ich in ihrer Umarmung, im reinsten Genusse

Wünschenswürdiger Lust, wenn nur Selene mein
ganzes

Herz zu erfüllen schien, noch ungestillte Begierden,

Glänzende hohe Begierden, für welche die Seele zu
klein war.

Und wie sollt ein Geschöpf, und wär es der obersten
Schönheit

Noch so nahe verwandt, die göttliche Seele vergnügen?

Da es unmöglich war, die Geister zu Göttern zu
schaffen,

V. 202 — 214.

Schuf sie der Schöpfer so groſs, daſs den Umfang
        ihrer Begierden

Nur die Gottheit erfüllt.   Die Bestimmung geschaf-
        fener Dinge

Ist, nur die Kräfte der Geister zu diesem erhabenen
        Endzweck

Vorzubereiten.   Wir steigen auf einer unendlichen
        Leiter

Zu ihm hinauf; die Erde trägt die untersten Sprossen.

Hat man diese bestiegen, (und ist dazu wohl das
        Alter

Eines Menschen vonnöthen?) kein Wunder, wenn
        dann die Seele

Ungern zurück steigt, und sehnsuchtsvoll über die
        Wolken hinaufstrebt.

Aber du läugnest den Zweck und die hohe Ver-
        wandtschaft der Seele,

Weil ihr Blick nicht das ganze Gebiet der Wahrheit
        umfasset,

Weil sie in Bildern nur sieht, und auch mit Thieren
        verwandt ist.

Sind nicht die Engel selbst von einer Seite von Staube,

Brüder des Wurmes, nur durch Allmacht dem Unding
        entrissen?

V. 215 — 227.

Und was lehret dich glauben, Unsterbliche seyen
        zum Wissen,
Nur zum Wissen, unsterblich? — Es hat dem
        Schöpfer gefallen,
Ordnungen unter den Geistern zu setzen. Die Einen
        erschuf er
Mehr zur Erkenntnifs, die Andern mehr zur Liebe,
        die meisten
Zwischen den Beiden, mit ihnen den Menschen;
        doch grenzet er näher
An die liebenden Geister. Er bringt die edelsten
        Triebe,
Grofsmuth und Menschenhuld, Freundschaft und
        Mitleid in zärtlichen Keimen
Aus dem Schoofse der Mutter. Wie würden sie bis
        in die Wolken
Ihre Zweige verbreiten, wenn frühe Weisheit sie
        pflegte?
Sind es nicht Strahlen von Gott, vom ewigen Urbild
        der Tugend,
Die wir in unserm Busen empfinden? und sage,
        Filedon,
Warum gab er sie uns? Wie wenig sind sie auf Erden
Brauchbar, wie thürmen sich ihnen Gebirge von
        Hindernissen

V. 228 — 241.

Unüberwindlich entgegen? — Und ihre Belohnung
sind Thränen!

O wenn der Schöpfer die Tugend uns nicht zut Führerin zugab,

Daſs sie den steilen Pfad zu bessern Welten uns öffne,

Warum gab er sie uns? Und warum legt er, der
Weise,

Wenn wir Fantomen nur sind, so süſse Reitze zur
Tugend

Tief in die Schooſs' der Seel'? Ists nicht, weil uns
Zeiten erwarten,

Wo sich mit freyen ganz ausgespannten Kräften die
Güte

Unsers Herzens beschäftigt, wo jede gehemmete
Tugend

Sonnengleich ausbricht, und unsrer Liebe kein
Gegenstand fehlet?

Sind die Seelen dem Tode bestimmt, wie giebt nicht
Filedon

Lieber dem Zufall das Amt, die Miſsgestalten zu
machen,

Als dem unendlichen Weisen, der seine unscheinbar-
sten Werke

Mit Verhältniſs und Harmonie und Zwecken geadelt?

Du bewunderst die Kunst der Natur in der flüch-
tigsten Blume,

V. 242 — 254.

Findest im Sonnenstaub Absicht, und einen gött-
licben Küustler
In der Bildung kaum sichtbarer Würmer; und nur
in der Seele
Siehest du innern Streit und fehlgeschlagene Absicht,
Ewige Wünsche, die nur die Hoffnung der Zukunft
beruhigt,
Unruh im Schoofse der Lust, unbrauchbare schla-
fende Kräfte,
Strahlen vom göttlichen Antlitz, bestimmt ins Nichts
zu zerfliefsen!
Und diefs ungeheure Gemisch von Unding und Engel
Nennest du, lästernder Thor, die Tochter Gottes,
die Seele!
Nenne sie lieber das Mifsgeschöpf eines geschwäch-
ten Gehirnes,
Mit den Sirenen und Sfingen verwandt, im Chaos
geboren.

Aber du wähnst, der Verdrufs, der mit dem Alter
herbey schleicht,
Lehre, dafs nun die Seele zum Ende laufe. Du
irrest!
Wäre sie nur gemacht, den Raum von der Zeugung
zum Tode

V. 255 — 267.

Auszufüllen, und endete sich mit dem Ende des
Lebens

Das Vergnügen zu seyn; so würde sie über dem
Abgrund

Ruhig in die genossenen Jahre der Freude zurück-
sehn,

Und dann lächelnd hinab in den Rachen des Undings
sich stürzen.

Aber, weil ein geheimer Instinkt, ein kostbares
Denkmahl

Ihrer olympischen Herkunft, sie gegen die Ewigkeit
ziehet,

Kann sie anders als trauern, daß sich die Tage
verweilen,

Denen sie Serafsfittige wünscht, sie hinüber zu
tragen,

Ihr die schwachen Bande, womit die Zeit sie noch
aufhält,

Abzunehmen, und neue Scenen der Dinge zu öffnen?

Mit dem Zuwachs an Leben wächst auch die Begierde
zu leben.

Aber was ist ein Leben, das nicht mit Neuheit
gekrönt ist?

Tage, die an Gestalt und Gang den Entflohenen
gleichen,

V. 268 — 279.

Sind die Hälfte von Seyn und Nichtseyn, sind Pau-
sen im Leben.

Billig demnach, daſs die Seele, von Lust zum Leben
entflammet,

Vor dem Bilde des Todes erschrickt, und den Zirkel
der Tage,

Der ihr das Neue und Beſsre versagt, der Langsam-
keit anklagt.

Forderst du mehr Beweise, Filedon? — Fast muſs
ich erröthen,

Daſs ich beweise, was dir die Natur mit unzähligen
Stimmen

Allenthalben entgegen donnert, was jegliche Neigung,

Jede vom Schöpfer gen Himmel gerichtete Neigung
dir zeiget.

Aber wie sollte Filedon vorm Schlangengezische der
Lüste

Rufende Sfären und Donner der Stimme Gottes
vernehmen?

Höre dann eine bekanntere Stimme! — Die Eigen-
liebe,

Auch sie zeuget für mich. Was sagt die holde
Sirene?

V. 280 — 292.

„Wenn es wahr ist, wenn einst, vielleicht heut,
    mit der stehenden Ader

Mir die Empfindung erstirbt, und die Seel im Hause
    des Todes

Unter den andern zum ewigen Denkmahl des Siegers
    erstarret,

O so verbirg mir mein Schicksal! Ich hasse die Wahr-
    heit, o gönne,

Gönne mir meinen Traum, den liebenswürdigsten
    Irrthum!

Dichte Beweise von ihm; o suche mir Schein für
    die Hoffnung,

Für die selige Hoffnung, die schon in diefs Leben
    den Himmel

Bringt, und die Zeit mit entwendeten Strahlen der
    Ewigkeit krönet.

Siehe, wie jede Lust sich in diesen Strahlen ver-
    schönert,

Wie sich jeglicher Gram, von entgegen sehenden
    Freuden

Angelächelt, erheitert? O lafs mir die Paradiese,

Die mir der milde Betrug zwey süfse Minuten lang
    gönnet!

Lafs mir den werthen Gedanken, so lang der Tod
    mir ihn lässet,

V. 293 — 304.

Daſs ich dieſs blühende Licht stets trinken werde,
   daſs Sonnen

Schatten einst sind, den Glanz, in dem ich schwimme,
   zu mildern!

Laſs mich im irdischen Frühling den empyreischen
   sehen!

Warum will dein grausamer Dienst, noch ehe die
   Zeit kommt,

Eh die strenge Natur mir das Urtheil des Todes
   verkündigt,

Mit den Schrecken der ewigen Nacht, die flüchtigen Tage

Die mir noch lachen, verfinstern? Ich will sie in
   Freude verträumen,

Sicher, voll Hoffnung, in künftigen bessern Äonen
   verirret!

Wenn dann die eiserne Stunde herbeyrauscht, dann
   will ich die Arme

Nach dem Scheusal, das mir mit Engelsmienen
   erscheinet,

Fröhlich verbreiten, und Harmonien der Serafim
   hören,

Und in der dumpfen Entzückung ins Unding sinken
   und sterben!"

V. 305 — 316.

Kannst du sie hören, Filedon, und lächeln? —
  Verächtliche Gröſse!

Feiger Held! der mit Trotz der Vernichtung entgegen gehet!

Hier erlaubt' ich dir Thränen! Hier dürfte der Weiseste winseln;

Zittre, fröhlicher Thor, je stärker dein Wahn dich
  bezaubert.

Vor der entscheidenden Stunde wird alle Bezaubrung
  verschwinden.

Wenn ihr stürmender Flügel dich weckt, dann
  erwachen auf einmahl

Alle Stimmen der Seele! dann zeugt das bange
  Gedächtniſs

Jeder verworfenen That, dann richtet das ernste
  Gewissen,

Und du bist lauter Gehör! Dann wird es umsonst
  seyn zu wünschen,

Daſs der Abgrund den Rachen dich zu verbergen
  eröffne! —

Hättest du deinen unglaubigen Freund, den treuen
  Genossen

Deines Wahnsinns gehört, als das Rauschen der
  bangesten Stunde

V. 317 — 329.

Ihn aus dem Taumel der Sinnlichkeit rifs; als feig
und erzitternd

Jeder Entschlufs entfloh, den einst die Fröhlichkeit
eingab,

Da sie den fernern Tod verachten konnte! — Filedon,
Hättest du da Lysandern gehört! Ich hört' ihn .
Das Winseln,

Ach! das Winseln der bangen Natur, der Verzweif-
lungen Stimme

Seufzt noch in meinen Ohren: — „Wo bin ich? von
was für Gesichten

Bin ich umringt? — wie plötzlich hat sich die Scene
der Freude

In Entsetzen verwandelt? Betrüglich frohlockende
Freude

Gleich als wärest du ewig, warum entfliehst du auf
immer?

Schwarzer Gedanke! wie tödtest du mich! — O Schei-
dung auf immer!

Von der Wollust des Lebens, vom Jauchzen der
sorglosen Jugend!

Und wohin? — Was hemmen für mitternächtliche
Wolken

Meinen bebenden Blick? — Ich wünsch und fürchte
zu sehen?

. V. 330 — 342.

O du bist schrecklich, Tod! wie hast du mich
niedergeworfen!

Vormahls verachteter Feind, nun allzufurchtbarer
Sieger,

Grausam sind deine Schrecken, die schwärzeste
Donnerwolke

Gegen sie, ist mittäglicher Glanz! — Was ists denn,
das in mir

So erzittert? — Ja, Seele, du hast dich selber
getäuschet!

Kühn gelobtest du vormahls dir selbst, den Tod zu
verhöhnen.

Stirb jetzt! Vergeh! und lächle noch mit der letzten
Empfindung

In die Freuden zurück, die du jüngern Thoren nun
lässest.

Aber du zitterst! — Ists denn so schwer, ins Unding
zu sinken?

Ewig von Schmerzen befreyt, in des Lebens Ursprung
und Grabmahl

Wieder zurück zu sinken? — Doch, armer Betrogner, was hoff' ich?

Nimmer zu seyn? — Entsetzliche Hoffnung für den-
kende Wesen!

Wie empört sich mein Alles! wie ächzet in jeder
Empfindung

V. 343 — 355.

Angst uud Zweifel und quälende Furcht? — Vernichtung! wie kann ich

Dich nur denken? — Schon sink ich, von deinem
   Donner getroffen

In Betäubung dahin; schon fühl ich mein Wesen
   zerfliefsen.

Furchtbare Stille, mit Schrecken und Finsternissen
   umhangen,

Lastet, wie ein Gebirge auf mir; kein Trieb, kein
   Gedanke

Wagt es zu beben! durch alle Tiefen des starrenden
   Herzens

Herrschet ein tödtliches Schweigen. —

Aber wie kurz? O Natur! warum erweckst du mich
   wieder?

Schon fing ich an zu vergehn. Warum erweckst du
   mich wieder?

Grausame, warum tobet aufs neu die wilde Verwirrung

Schwarzer Gedanken in mir? Was für ein schwär-
   zeres Schreckbild

Stürmet auf mich daher? — Elender, du hoffest
   vergebens

Deine Vernichtung vom Tod; was Gott gehaucht
   hat, ist ewig!

V. 356 — 367.

Soll ich leben? fortdauern? wozu? — O Zukunft!
wer bist du?

Lichtlose Nächte, mit Schreckgestalten erfüllet,
umringen

Meinen jammernden Geist. — Unsterbliches Elend!
unsterblich

Und vom Angesicht Gottes verworfen! wer kann es
ertragen!

O warum ward ich? Unendliche Nacht, mit Unglück
befruchtet,

Warum warfst du mich aus? O, läg ich noch unter
den Todten,

Welche das Licht der Sonne nie sahn, zum Leben
stets unreif,

Aus den Tafeln der Wesen getilgt, auf ewig vergessen!"

Laſs dich das rühren, Filedon! so viel erweckende
Stimmen,

Selbst der Himmel der mich, dich aufzurufen,
herabläſst,

Sollen sie alle vergeblich dir rufen? — Erkenne,
Betrogner,

Eh' die Erfahrung dein Elend vollendet, erkenne
das Kleinod,

V. 368 — 380.

Das dein Busen verwahrt; erkenne, dafs Ewigkeiten

In ihm verborgen liegen, und ihr entscheidendes
Schicksal

Von Minuten erwarten. Diefs ist der Auszug der
Weisheit.

Diefs macht dich mit der Stunde vertraut, vor der
jetzt dein Wesen

Innerlich bebt, obgleich das Gesicht betrügerisch
lächelt,

Mit der besten der Stunden, der Krone des Lebens
der Weisen,

Ohne welche das irdische Leben ein fühlbares
Nichtseyn,

Ein unseliger Streit mit Tod und Leben nur wäre.

Diese macht erst den Wandel der Tugendhaften
begreiflich,

Rettet uns vom Verdacht des Unsinns, und ehret
den Schöpfer.

Dreymahl heilige Stunde! die ganze Unsterblichkeit
feyert

Dein Gedächtnifs, wenn Seufzer der Tugend dein
richterlich Antlitz,

Da du kommst, in die Miene des liebenden Serafs
verwandeln!

SECHSTER BRIEF.

THEANOR AN FÄDON.

INHALT.

Theanor warnet seinen Freund vor den Ausschweifungen des menschlichen Stolzes in Erforschung der Wahrheit, bezeichnet ihm die unserm Verstande hierin gesetzten Grenzen, und ermahnt ihn, sich ganz der echten Weisheit zu ergeben, die uns wohl und glücklich leben lehrt.

V. 1 — 3.

Eine Seele, die unter dem Mond, im Reiche des
Irrthums,
Folgsam dem edeln Trieb, womit sie der Schöpfer
beflügelt,
Und in geistiger Liebe zur schönen Wahrheit ent‐
zündet,

V. 4 — 17.

Sie mit Zärtlichkeit sucht; die von den bezauberten
    Blumen

Und den giftigen Früchten, womit der Weg den sie
    wandelt

Hier und da reitzt, und der üppigen Luft, die zu
    weichem Entschlummern

Sanftbetäubend sie ladet, das goldne Ziel zu verfolgen

Unentlocket, die Dornen erwählt, die zum Eilen
    sie spornen,

Fädon, so eine Seele bey Menschenseelen zu sehen,

Ist ein reitzender Anblick für empyreische Geister.

Wie wenn die Nacht den Himmel in einen Schleyer
    von Wolken

Eingehüllt hat, und der Weise, der jetzt betrach-
    tend und einsam

Unter den Bäumen einhergeht, nur selten einzelne
    Sterne

Zwischen dem Silbergewölk mit stillem Ergetzen
    entdecket;

So ergetzt uns die Seele, die aus der nächtlichen
    Erde,   .

Wie ein umwölkter Stern, mit bleichem, doch himm-
    lischem Glanze,

Durch den Äther hin scheint, und uns sie näher
    zu schauen

V. 18 — 30.

Winket.   So hast du, o Fädon, zu dir mich herunter
gezogen.

In der Blüthe der Jugend schon nach dem hohen
Genusse,

Den uns die Wahrheit gewähret, sich sehnen;
gemeinere Freuden

Die sich selber erbieten, mit ihren Reitzen verachten,

Und die Kräfte der feurigen Seele der Seele nur
widmen:

Diefs verdient dir die Liebe Theanors. — Schon zähl'
ich im Geiste

Jede Zufriedenheit, die mir dein Wandel auf Erden
bereitet;

Seh' in dir schon den himmlischen Freund, und segne
die Stunden,

Die dich auf ihrem geflügelten Wagen zur Ewigkeit
ziehen.

Aber, o Fädon, je mehr dein Herz von Verlangen
nach Wahrheit

Glühet, je schöner dir ihren Genufs die Hoffnung
erhöhet;

Desto näher bist du der Gefahr betrogen zu werden,

Oder dich selbst unachtsam in Labyrinthen zu
fangen.

V. 31 — 44.

Leicht, wenn du ihre unsterbliche Schönheit zu
sehen entbrannt bist,

Kann der heftige Wunsch Fantomen zu Wahrheit
vergöttern.

Hier ist ein Führer dir nöthig. Zwar legte der
Schöpfer der Seelen,

Da sie aus blofsen Ideèn zu Wesen reiften, in jede

Fähigkeit und unsterblichen Trieb nach Wahrheit,
die immer

Ihre Grenzen erweitern. Doch ist es keiner
erlaubet,

Vor der bestimmten Zeit sich über den Zirkel zu
heben,

Ob die kühne Begier die kurzen Flügel gleich übet.

Sie von dem eiteln Bemühn, das ihre Stunden ver-
nichtet,

Abzuhalten, und ihr den gewissen Weg zu eröffnen,

Ist die Vernunft, ein Strahl von der Sonne der
Geister, den Menschen

Eingegossen, der Strahl, den Engel an ihnen verehren.

Er, entsprungen aus Gott, führt auch zu Gott uns
zurücke;

Denn Gott selbst ist die Wahrheit, das übrige alles
sein Schatten.

V. 45 — 57.

Aber er hat sich selbst in diese nachahmende Schatten
Blöderen Wesen verhüllt, und ihnen den Lichtstrahl
gegeben,
Daſs sie durch ihn die Gottheit in allem durchschei-
nend entdeckten,
Und von der Schönheit, die in der Verdunklung so
reitzend geblieben,
Zur Nachahmung entflammt, nach ihrem Muster
sich formten.
Siehe, dieſs lehrt die Vernunft, und ihr gehorchen
ist Weisheit,
Ist der einzige Weg, auf dem uns die Wahrheit
begegnet.

Prüfe nach dieser Richtschnur die Weisheit der
blöden Sofisten!
Diese der Weisheit Gestalt so schön nachahmende
Wolke,
Die zwar von fern ein jugendlich Auge betrügerisch
anlockt,
Aber mit ihrem Besitz die Mühe wenig belohnet,
Ihr das Mark des Lebens und wache Morgen und
Nächte
Aufgeopfert zu haben. Zwar ihre Blicke sind
reitzend,

V. 58 — 69.

Ihre Verheißungen goldner als Gold, sie lockten
fast Engel

Ihrem Sirenenmund zu. — Du glaubtest, sie hörend,
der Schlüssel

Zu den geheimsten Tiefen der Schöpfung sey von
der Natur ihr

Anvertraut, und das geringste, wozu sie den Liebling erhebe,

Sey ein irdischer Gott. — Doch nah' ihr, so wird
die Erscheinung,

Die dir von fern mit olympischem Pompe die Augen
entzückte,

Schnell sich in leichte Gewebe von Luft und Dünsten
verlieren;

Wie ein leuchtender Käfer in Sommernächten von
ferne

Sternengleich schimmert, und, wenn du ihn fängst,
ein verächtlicher Wurm ist.

Aber sie täuschet nicht nur dein eitles Umarmen
mit Schatten;

Sie entführt dich dem richtigen Pfad, und läßt dich
im Dunkeln

Zweifelhaft unter tausend verflochtenen Wegen
verirret.

V. 70 — 81.

Wenn du dann unmuthsvoll tappst, so ist es der
Zauberin Freude

Dich mit Strahlen von Hoffnung, die schnell sich
entzünden, und plötzlich

Wieder verlöschen, zu täuschen.   Und hat sie im
nächtlichsten Irrgang

Lange genug dich gehalten, so webt sie Systeme
von Träumen,

Zwanzig Schritte vor dir, die lieblich glänzend dir
winken,

Wie zum Tempel der Wahrheit; du eilst durch
dornige Büsche

Sie zu erreichen, und wenn du den Fuß in die
goldene Pforte

Setzest, ist alles in siebenmahl dichtere Schatten
zerflossen.

So ist das Ende der Arbeit, worein sie die Thoren
verstricket,

Die ihr Zauberlied fängt, Verwirrung und Zweifel
und Irrthum!

Laß dieß, o Jüngling, so fest als ein diamantenes
Denkbild

Deinem Geiste vorschweben! Die Weisheit lehret
beglückt seyn.

V. 82 — 94.

Sie ist die Kunst, die Freuden, die uns der Schöpfer
erbietet,

Anzunehmen; die Kunst, die Sfäre thätig zu füllen,

Die er uns angewiesen. Sie ist bescheiden und
menschlich.

Sie zu finden bedarfst du nicht über die Wolken zu
steigen,

Oder in Tiefen zu sinken. Sie wohnt nicht in
fey'rlichem Dunkel,

Nein, sie wird dir in offenen Fluren mit lächelndem
Antlitz,

Gleich als ob sie dich suchte, begegnen, und hat dir
die Augen

Ihre Feindin nicht schon verfälscht, so wirst du
sie sehen.

Wenn sie in deinem Herzen die sympathetische
Einfalt

Die sie suchet, dann findet, so wird sie mit lieblicher Stimme,

Und mit beredten Augen zu deiner Seele so sprechen:

„Siehe mich hier, die du suchest! Der gütige
König der Geister

Hat den heimlichen Hang, der auf meine Spur dich
gebracht hat,

V. 95 — 107.

Selbst in dein Herz gehaucht; mir, dich zu suchen,
    befohlen.

Komm und vertraue dich mir. Ich bin es, die von
    den Menschen,

(Ob mich schon wenige kennen) nachdem die Nei-
    gung den Pinsel

Führet, unähnlich gemahlt und mit mancherley
    Nahmen begabt wird.

Jetzo nennt man mich Tugend, jetzt Wahrheit;
    dieses verleitet

Viele mich von mir selber zu trennen, und Wahrheit
    und Tugend

Auf verschiedenen Wegen zu suchen, doch, übel
    betrogen,

Meinen Feindinnen sich in die goldnen Netze zu
    liefern.

Wer die Wahrheit in menschlicher Bildung und
    Menschen bestimmet

Sehen will, komme zu mir. In ihrer nackenden
    Unschuld

Geb ich sie ihm. Er lernet von ihr, nicht Himmel
    umspannen,

Nicht die still arbeitenden Kräfte der Wesen erforschen,

Und die Kunst der Natur; nicht Gottes Tiefen
    ergründen,

V. 108 — 120.

Seine Mäander entwickeln, noch jene Ketten entdecken,

Welche die irdische Welt an die idealische binden.

Aber sie öffnet die Augen, und weht die Nebel des
Irrthums

Und der Gewohnheit weg, die ihm die Schönheit
der Schöpfung

Neidisch entziehn; sie lehrt ihn empfinden, und aus
der Empfindung,

Mit Betrachtung vermählt, Gedanken zeugen. Dann
sieht er

Alles mit Gott erfüllt, von seiner Weisheit durch-
strahlet,

Alles mit Absicht geadelt und nach den Geistern
gestimmet;

Und er forscht die Natur, nur dafs er Gott in ihr
sehe.

Von der unendlichen Menge bewundernswürdiger
Züge

Seiner Weisheit und Liebe durchdrungen, obgleich
die Sfäre

Die sie ihm mahlet, nur klein und halb mit Nächten
bedeckt ist,

Ist er mit seinen Grenzen vergnügt, und wartet
geduldig

V. 121 — 173.

Auf die hellere Klarheit, um die er die Engel nicht
    neidet;

Zweifellos, daſs die moralische Welt, das Schönste
    der Schöpfung

Und das edelste Theil, dem alles übrige dienet,

Eben so schön und harmonisch als wie der sichtbare
    Weltbau

Einst sich befinde, wenn himmlisches Licht den
    schärferen Augen

Ihren ganzen Entwurf zu übersehen erlaubet.

Siehe, so lehr ich dich in der Gestalt der glänzenden
    Wahrheit.

Hast du mich angenommen, so werd' ich zur zärt-
    lichen Tugend

Und erheitre den Ernst der Stirne mit lächelnder
    Liebe.

Dann wird jede der Lehren, die du vom Munde der
    Wahrheit

Schöpftest, in neuer Anmuth mit deinem Busen
    vermählet.

Von mir lernest du dann die Kunst dich zu freuen,
    die schwerste

Und die süſseste Kunst! Ich stimme dein Herz mit
    dem Geiste

V. 134 — 145.

Lieblich zusammen, und ordne die Triebe nach
deiner Bestimmung,

Daſs du, in der umgebenden Menge von Werken des
Schöpfers,

Nicht sein göttliches Ohr allein mit Miſsklang
beleidigst.

Dann gesell ich ein liebliches Chor von edeln
Affekten,

Meine Töchter, dir zu, die Gespielen der himmlischen Freude;

Jede mit eigner Schönheit geschmückt, und den
Schwestern doch ähnlich.

Sieh', die olympische Andacht, die lächelnde Liebe,
die Hoffnung,

Und das zärtliche Mitleid, sind an dem Haupte des
Chores.

Diese führen die Stunden dir zu, die du unter der
Sonne

Lebest, und mischen zuweilen in deine menschlichen
Freuden

Schon vom Nektar des Himmels. An ihre Arme
geschlungen

Nahest du unvermerkt schnell der offnen Pforte des
Äthers.“

V. 146 — 158.

Fädon, so spricht die Weisheit, und ihre hold-
seelige Einfalt

Ist dem Menschen gemäfs. Wie wenig kennet der
Stolze,

Der sie verschmäht, die Absicht der Dinge? Wie
wenig sich selber?

Unzufrieden mit seiner Natur versucht er, den
Menschen

Aus der Schöpfung zu tilgen, und will zum Engel
sich adeln.

Er verachtet die Schranken, die seiner Erkenntnifs
gesetzt sind,

Glaubt sie zu brechen, und öffnet sich nur chaotische
Räume.

Gleich als wär' es ihm Schande, das nicht zu wissen
was Gott sich

Vorbehalten, bemüht er sich weiter als Engel zu
sehen,

Welche so wenig als er die geheimen Regungen
kennen,

Die das grofse System der Weltgebäude beherrschen.

Thöricht strebt er die Wahrheit vom Leib zu entklei-
den, und weifs nicht,

Dafs in der ganzen Schöpfung die geistigen Kräfte
mit Körpern

V. 159 — 172.

Angethan sind, sie sichtbar zu machen; dafs sinn-
　　　lichen Bildern,

Mit ätherischer Schöne geziert, zu den Serafim selber

Zugang erlaubt ist, und keiner der hellesten Geister
　　　sich schämet

Von Entzückung zu glühn, und in heiliger Liebe
　　　zu wallen.

Wenn der Verstand, um — den Menschen versagte —
　　　Wahrheit zu suchen,

Sich in pfadlose Tiefen hinabläfst, und ganz von
　　　den Sinnen

Abgerissen seyn will, dann lacht der Irrthum, und
　　　mengt sich

Unter die allzuzarten Begriffe. Wie selten ists
　　　möglich,

Unter tausend kaum sichtbar'n verschlungnen Ideen,
　　　die wahren

Stets aus den falschen zu kennen, und, wenn man sie
　　　kennt, zu verhindern,

Dafs sie nicht wieder entschlüpfen und sich im
　　　Haufen verlieren?

Billig straft die Natur die Hasser ihrer Gesetze:

Billig stürzet der Menschenverächter unter den
　　　Menschen.

Eine Seele, die über dem Abgrund verborguer
　　　Erkenntnifs

V. 173 — 185.

Unverwandt hängt, und darüber vergißt, daß auch
irdische Sorgen

Und die Gesellschaft der Brüder die Tugend des
Weisen verlangen;

Eine Seele, die sich zum Gott zu läutern bemüht ist,

Und schon so sehr entmenscht ist, beym Anblick der
holdesten Unschuld

Eben so marmorn zu bleiben, als ob sie Korinnen
erblickte,

Sind sie nicht beide Mißgeburten im Reiche der
Geister?

Oder stümmeln sie sich nicht selbst, um schöner zu
scheinen?

Nach der Bestimmung des Menschen (der Ordnung
des Königs der Wesen)

Die ihn mehr zum Empfinden als zum Erforschen
erkohren,

Ist sein vollkommenster Preis, die Schönheit der
sinnlichen Seele,

Und die Liebe, die zwischen dem Geist und den
Neigungen herrschet.

Ist es nicht thöricht, o Fädon, die schönere Seite
der Seele,

Die mit ambrosischen Früchten die kleinste Pflege
belohnte,

V. 186 — 198.

Ungebaut, unter Disteln und schwelgerisch wachsen-
dem Unkraut

Seufzen zu lassen, um etwan die Herrschaft des eiteln
Verstandes

Durch eroberte Klippen und dürren Sand zu erweitern?

Aber noch thörichter. ist's in eines Unsterblichen
Augen,

Wenn der irdische Mensch, bey seinem Funken von
Einsicht,

Alles was Gottes Weisheit erfand, die Sfäre der
Dinge

Mustern will, und lächerlich stolz den unendlichen
Weltbau

Mit dem Sandkorn ermifst. Wie könnte sein Wissen
ihn blähen,

Hätt' er nur einen Blick in die hellen Tiefen gewaget,

Welche für Ewigkeiten mit Wundern des Schöpfers
gefüllt sind?

Aber lieber verkleinert er Den, den der Serafim
erster

Mehr mit anbetendem Schweigen als lauten Hymnen
verehret,

Lieber verkleinert er Ihn, und setzt der Unendlichkeit Grenzen,

V. 199 — 211.

Als im Staub, zu dem Wurme gebückt, sein Nichts
zu gestehen.

Und ist denn der Entwurf, den Menschen vom Weltgebäu träumen,

Viel gemäfser, als wenn der Käfer die Flur, wo er
flattert,

Grenzenlos glaubt, und gelbe Blumen zu Sonnen
erhebet,

Und nicht wenig sich dünkt, dafs so viel blühende
Räume

Ihm, dem vollkommensten Wesen der Schöpfung, zu
dienen gemacht sind?

Wahrlich, du bist in der Mitte von zweyen Unend-
lichkeiten,

Da dein arbeitender Geist sich dort vergeblich ver-
gröfsert,

Unausdenkliche Gröfsen, die immer in gröfsre
gehüllt sind,

Zu umspannen, und hier den kleinsten Atomen des
Raumes

Durch geschärftere Blicke mit so viel andern besämt
sieht,

Dafs Äonen vielleicht sie zu entwickeln ermüden:

Wahrlich, o Fädon, du bist in diesen grundlosen
Tiefen,

V. 212 — 223.

Die sich rund um dich aufthun, ein Wurm, und
blöder als Würmer

In der blühenden Flur; hier bleibt dir kein höherer
Vorzug,

Als das Vermögen dein Nichts dir selber frey zu
bekennen,

Und ein süsser Instinkt, der mit der Hoffnung dich
tröstet,

Daſs die unendlichen Scenen für deine Unsterblichkeit glänzen.

Wenn ein begrenzter Geist, ein Hauch des
Schöpfers, es waget

Mit bewunderndem Zittern die Thaten Gottes zu
denken,

Nur damit er den Saum des Schattens der Gottheit
erblicke,

Und in Liebe der ewigen Schönheit sein Herz sich
ergieſse:

Fädon, so fordert die Pflicht, sie so groſs und göttlich zu denken

Als die Seele vermag, wenn jede Kraft mit der
andern

Um die Erhabenheit eifert. Hier ist Vergröſsrung
unmöglich.

Von den Werken des Wesens, das künftig jede der
Sonnen

Aus dem Äther verweht, als zu dunkel ein ewiges
Denkmahl

Seiner Allmacht zu seyn, erhaben genug zu gedenken,

Sind (sie gestehen es selbst) Serafische Fantasien

Noch nicht feurig genug, obgleich der englische
Tiefsinn

Sie im Fluge regiert. — Hier, Fädon, finden die
Menschen

Für die schönste der Kräfte, die Schöpferin mög-
licher Dinge,

Die mit inwendigen Sinnen die Zukunft und das
Vergangne

Gegenwärtig beschaut, die würdigsten Gegenstände.

Wenn sie die feurigen Flügel oft zu den Räumen
erhübe,

Deren göttliche Pracht sie selbst mit ätherischer
Schönheit

Krönte, und blickte sie oft in die unaussprechlichen
Scenen,

Wo sie das Glück, unsterblich zu seyn, zum Voraus
empfindet;

Glaube mir, Freund, so würde dieselbe, die ohne
die Weisheit

V. 238 — 250.

Immer, von Afterschönheit bethört, die Tugend
vergiftet,

Mehr als der ernste Verstand die Herzen zur Tugend
begeistern.

Und wie billig sind alle Vermögen der Seele der
Tugend,

Nur der Tugend, geweiht, zu deren Gebrauch sie
gemacht sind!

Ihr ist die Fantasie zum Flügel gegeben; für sie nur

Leuchtet die weise Vernunft; ihr sucht die Wissenschaft Speise.

Und was ist denn die Tugend? Die Himmel nennen
sie Wollust!

Wollust, in die von der Seligkeit Gottes drey Tropfen
gemischt sind,

Wollust für Engel, unsterblich wie sie, ambrosische
Früchte,

Die, was Eva vergeblich vom Baum der Versuchung
gehoffet,

Uns im Genuſs vergöttern. — O Mensch, wie bist
du erhaben!

Ehre dich selbst! Erkenn' in dir selbst den Genossen
der Engel!

Ehre die Tugend, die dir in die werdende Seele
gehaucht ward,

V. 251 — 263.

Sie, dein göttliches Theil! Sie ist's, die nach der
　　　　Verordnung

Des erschaffenden Wortes, die helle Sfäre der Seele

Treiben soll. Rufe die Kräfte, die ihr so willig
　　　　gehorchen,

Nicht von dem heiligen Dienst zu ungebührlicher
　　　　Arbeit;

Und den Verstand vor andern. Du würdest ihn
　　　　niedrig entweihen,

Wenn du ihn, von der süfsen Betrachtung der geisti-
　　　　gen Schönheit

Weggerissen, die Räder des Stoffes zu treiben ver-
　　　　dammtest.

Sieh nur, wie eben derselbe, der lauter Ordnung
　　　　und Licht sieht,

Wenn er die Welt, wie er soll, im sittlichen Seh-
　　　　punkt betrachtet,

Der im Menschen der Neigungen Höhlen, die Zeu-
　　　　gung des Willens

Und den leisesten Wink des Instinkts zu erspähen
　　　　geschickt ist,

Der, wenn der grofse Gedanke von seiner Unsterb-
　　　　lichkeit aufwacht,

Mit der äufsersten Schwinge der hochgestiegnen
　　　　Empfindung

V. 264 — 276.

An die Sfären und Serafim stöfst; der es wagen
        darf, selber
Über den Rand der Zeit in Ewigkeiten zu schauen;
Eben der, wenn ihn die Neugier beredet, den Stoff
        zu erforschen,
Sieht, sobald er die Schönheit der Oberfläche durch-
        strahlt hat,
Nichts als Dunkel und Chaos, und ungestalte Ver-
        wirrung.

Wenn du hieraus die Bestimmung der forschenden
        Kräfte des Geistes
Noch nicht genugsam erkenntest, so wird dir die
        Wahrheit, o Fädon!
Sonnengleich aufgehn, wenn ich, obschon mit ver-
        dunkelten Bildern
Dir die Veründrung entwerfe, wozu der Tod uns
        erhöhet.
Zwar, sobald sich die Seele mit ihrem ätherschen
        Gewande
Losgewickelt hat, gebet ihr, statt des irdischen Tages
Ein ätherischer auf, ihr himmlische Wunder zu
        zeigen,
Wunder von Schönheit, und hellere Schatten vom
        göttlichen Antlitz.

V. 277 — 290.

Aber den Wunsch, die Werke der Gottheit ergründen zu wollen,

Thut nur ein Mensch. Diefs ist der Vorzug der
Weisheit des Engels

Dafs er Bewundrung allein für das Loos der Beschauer
der Thaten

Gottes erkennt.

Aber von jedem ambrosischen Abflufs der göttlichen
Liebe

Alle Tropfen zu schmecken, dazu sind unsere Seelen

Ganz Empfindung und Sinn. Und dennoch drängt
in der Menge

Keine die schöne Gespielin, sie stimmen so lieblich
zusammen

Als ein blühender Kranz von empyreischen Schönen.

Jede Empfindung erheitert sich schnell zum Gedanken
und schmücket

Nun den geistigen Theil, wie sie erst den sinnlichen
schmückte.

Aber vor allen Kräften des Geistes erwächst das
Gedächtnifs

Zur Vollkommenheit an. Der Himmel in jeglicher
Aussicht

Mahlt sich mit mildern Farben in diesem geistigen
Spiegel.

V. 291 — 303.

Jede Seligkeit, die wir geschmeckt, und jede Entzückung,

Jeder Gedanke, durch den die Seele vor andern
herausstrahlt,

Zieht hier Unsterblichkeit an; es herrschet die helleste Ordnung

Unter den Myriaden ätherisch geschmückter Ideen.

Alle gehorchen dem Willen. Er kann, so oft ihm
beliebet,

Goldene Paradies' und Sonnen, von Engeln bewohnet,

Weit um sich her erschaffen. So sind wir mitten
im Äther

Oft in der blühenden Erde, von weisen Freunden
umgeben,

Hören den hohen Gesang des himmlisch begeisterten
Dichters,

Wenn er, obschon mit schwächern Accenten, den
Gegenstand preiset,

Den auch Serafim preisen, und sehn die horchende
Jugend

In der schlagenden Brust die erhabnen Lieder empfinden.

Und so verläßt uns der Himmel, auch wenn wir die
Menschen besuchen,

V. 304 — 315.

Niemahls; er strahlet in uns; sein Bild in den Geistern wird dauern,

Wenn ihn die alte Nacht mit seinen Sonnen ver-
schlinget.

Aber so heiter und ewig die Bilder der Schönheit
und Freude

Sich im Gedächtniss erhalten, so hat doch der Schmerz
und das Übel

Keine Stelle darin.   Sobald wir die Himmelsluft
trinken,

Löscht sie auf einmahl die traurigen Bilder des irdischen Elends

Aus dem hellen Gemüth; wir athmen ein süsses
Vergessen

Alles Schmerzens in uns, und sind zur Freude nur
fühlend.

Jüngling, du wallest zwar noch im Lande der
sterblichen Dinge,

Unter Schatten von Lust und Schatten von Elend.
Doch beide

Strahlet die Weisheit hinweg, die sich so zärtlich
dir anbot;

Diese zwinget die Lust, des falschen Lächelns
beraubet,

V. 316 — 318.

In die eigne Gestalt, und lehrt das Elend sich
freuen.

Von ihr lernest du leben. Wer ihrer Vorschrift
getreu ist,

Wird in der Erde, wie wir, die Schwester des
Himmels erkennen!

———————

SIEBENTER BRIEF.

EURIKLES AN FILOTAS.

INHALT.

Eurikles tröstet seinen Freund über den Verlust einer geliebten Gattin, bestraft das Übermaß seiner Schwermuth, und ruft seinen verlornen Muth durch die großen Ideen von unsrer Bestimmung zurück.

V. 1 — 3.

Ob uns der Tod, der getreueste Freund der Tugend
auf Erden,
Gleich in Gegenden führt, vor denen die irdische
Schönheit
Selbst im festlichen Glanz der ersten Erschaffung
erbleichte;

V. 4 — 16.

Gegenden, wo die Seele sich selber ungehemmt
anschaut

Und sich selber geniefst; wo der Same von himmlischen Kräften,

Den ihr Busen einst unbewufst trug, hellblühend
hervorbricht,

Und nur Betrachtung und Liebe sie gleich den
Serafim speiset;

Dennoch gefällt es uns oft, Filotas, die seligen Kreise

Mit der Erd', und den süfsen Genufs der englischen
Freundschaft

Mit dem sanfteren Anblick der Tugend in menschlicher Hülle

Zu vertauschen. Wir halten es nicht der Unsterblichen unwerth,

Ungemerkt bey dem Weisen, der in sich selbst sich
zurückzieht,

Oder am Frühlingsabend um fröhliche Köre zu
schweben,

Die die Natur und die liebliche Kraft des Frühlings
empfinden.

Auch die Erde, wiewohl die Sonne, von der sie
geschmückt wird,

Eine der dunkelsten ist, hat selbst für ätherische
Augen

V. 17 — 29.

Anmuth genug; wir sehen sie in ganz anderem
Lichte,

Als Gewohnheit und Leidenschaft sie den Menschen
entstellet,

Nicht so arm, wie der Wahn sie beraubt; voll Wunder der Allmacht,

Auch da zierlich und voll, wo ihr leere Räume
nur sehet;

Reitzend genug, uns eben den Gott entgegen zu
strahlen,

Der im Himmel gebaut, und mit unsterblicher Schöne

Für die höheren Geister ätherische Welten gekrönt
hat.

Diese Gemeinschaft der Erd und der Welten jenseits
des Mondes,

Giebt mir, o werther Filotas, noch oft dein Leben
zu sehen,

Welches bisher in der Aufsicht der Tugend zum
Himmel geflossen.

Thränend, (denn die Erhöhung zur Würde der
himmlischen Geister

Hat auch die Mutter des Mitleids, die Zärtlichkeit,
in mir erhöhet)

Thränend sah ich herab, da du Theaklea
beweintest,

V. 30 — 42.

Thränend, indem die Engel auf triumfierenden
        Wolken

Über die Sterne sie trugen. Wie konnt ich die
        Schmerzen verdammen,

Die die blühende Freud' auf deinen Wangen ver-
        tilgten,

Da du um Theaklea klagtest! Da mit der Geliebten,

Wie es dir schien, dein Schutzgeist, die Tugend in
        weiblichem Reitze,

In der hohen Gestalt der mächtigen Schönheit ent-
        flohn war;

Da du die Freundin klagtest, die auf dem Wege
        zum Leben,

Auf dem verödeten Wege zum Leben, statt tausend
        Begleiter

Deiner Zärtlichkeit war; in welcher dir Hoffnungen
        blühten,

Die der Weiseste selbst nicht schöner vom Himmel
        erbittet.

Theaklea war dein; sie schien von der Hand der
        Natur selbst,

Nur für dich mit jeder dein Herz gewinnender
        Anmuth, -

Und in der Brust voll Unschuld mit jeder harmoni-
        schen Neigung

V. 43 — 55.

Deiner Seele begabt. Noch beid' am Busen der
Mutter

Liebtet ihr schon; die kleinen liebkosenden Arme
verbreitend

Lächeltet ihr, so oft ihr euch sahet, einander entgegen.

Mit den sprossenden Tagen erwuchs in beiden die
Liebe,

Eh ihr das nennen konntet, was ihr im klopfenden
Herzen

Fühltet, wenn ihr euch jugendlich küfstet. Mit
welcher Entzückung

Sahest du Theaklea, wie eine der himmlischen
Nymfen,

Und der Liebe der Engel nicht minder würdig, her-
vorblühn?

Auch sie, dir ihr liebendes Herz zu verbergen zu edel,

Feuerte beyfalllächelnd dich an, in der Tugend zu
wachsen.

Beider erfindsamster Wunsch erbat kein schöneres
Schicksal

Von der Vorsicht als diefs, den Geliebten glücklich
zu sehen,

Und es selber zu seyn, durch den er zum glücklich-
sten würde.

V. 56 — 69.

Niemahls zierten die Erde zwey edler liebende
Herzen,

Würdiger glücklich zu seyn. Doch schied euch ein
eisernes Schicksal

Unerbittlich, und achtete nicht die Thränen der
Liebe.

Endlich schien es erweicht; die labyrinthischen Irren

Wo du, von Theaklea verschlagen, sie kummervoll
suchtest,

Thaten auf einmahl sich auf; der Liebenden freund-
licher Schutzgeist

Führte sie deinen Umarmungen zu.   Wie war sie
entzückend,

Da nun der Hoffnungen schönste in beider Angesicht
glänzte,

Und die Thränen der Freud' auf euern Wangen sich
mischten.

Dieser goldene Tag, der euch zu vereinigen eilte,

Nahete fröhlich heran, du hofftest ihm ruhig entgegen;

Als ein plötzlicher Schlag von dem, der die Schik-
kung erfunden,

Theakleens unsterblich scheinende Blüthe verderbte.

Die, von deren Besitz du Himmel von Freuden
gehoffet,

V. 70 — 83.

Lag jetzt erkaltet vor dir, und von der zärtlichsten
Seele

Blieb auf den Lippen allein ein leblos Lächeln dir
übrig.

Hätte sie deinen Jammer gesehn, Filotas, sie hätte

Fast sich zurück in den Körper gesehnt, ob ihr
schimmernder Fuſs gleich

Schon die goldene Pforte des seligen Himmels
betreten.

Jetzt ward dir die Erde verhaſst, die Schöpfung
verwüstet,

Menschen erweckten dir Abscheu; dir schien mit der
Freundin die Tugend

Und die Freude gestorben; sie, die mit lieblichen
Banden

Dich der Gesellschaft verknüpfte, war deinen Armen
entrissen.

Sie, in deren Besitz du ganz zu vergessen gehoffet,

Daſs die Bewohner der Erde, die jetzt der Menschheit sich rühmen,

Larven der Menschen nur sind, die ältere Zeiten
beglückten;

Daſs aus dem Herzen, worin sie sonst wohnte, die
menschliche Tugend

In den lichtlosen Kopf geblähter Sofisten verbannt ist;

V. 84 — 95.

Dafs ein reitzendes Antlitz, die Güte des Herzens
zu reden

Von der Natur geschmückt, so oft den Bewunderer
täuschet,

Und der lauernde Neid sich in sanften Augen ver-
birget:

Die, von welcher du hofftest, sie würde den Vorsatz
beleben,

Dich vom Undank der Menschen im Wohlthun nicht
hindern zu lassen;

Die mit Einem liebreitzenden Blick den Sturm und
den Kummer

Aus dem Gemüthe dir lächeln konnte, sie war dir
entrissen.

Scheu und kummervoll fliehst du die Örter, die ihre
geliebte

Gegenwart einst bezaubernd gemacht, und fliehest
den Menschen,

Weil du in seinen Mienen die Züge der Unschuld
und Hoheit,

Die du in ihr geliebt, vergeblich suchest. Der
Unmuth,

Der die Vernunft dir bewölkt, schwärzt alles was
dich umgiebet,

V. 96 — 108.

Selbst die helleste Blüthe des Tags, mit gehässigen
Schatten.

Fern von der nimmer reitzenden Welt, in beliebterer
Einöd,

Seh ich dich, o Filotas, von dunkler Schwermuth
gefesselt,

Höre dein unharmonisches Klagen, und wie du
vergeblich,

Dich in bessere Sterne hinüber wünschest; unwillig

Da wo die Vorsicht es will, nur wenige Jahre zu
leiden.

Könnt' ich in diesem Zustand dich ohne Mitleid
verlassen?

Ohne Verlangen, dein Herz, das einst so viel Tugend
versprochen,

Wieder der Stille zu geben, und deine Vernunft zu
entwölken,

Daſs sie im echten Lichte die Dinge betrachte, die
jetzo

Deine verlassene Traurigkeit nähren. Da irdische
Freunde

Dir, o Filotas, entstehn, so soll die göttliche
Freundschaft

Vom Olymp herabsteigen, dich mit dir selbst zu
versöhnen.

V. 109 — 122.

Hätte dein herrschender Schmerz nicht alle Nerven
der Seele

Angegriffen, empfände die Grofsmuth sich selber
nur wieder,

Welche dir einst Theakleen und meine Liebe
gewonnen;

O wie erröthete sie, dich, gleich den schwächsten
am Geiste,

Einem Verhängnifs erliegen zu sehn, aus welchem
die Weisheit

Himmlische Tröstungen zöge? — Befrage dich selbst,
o Filotas,

Willst du mit ungeduldigem Gram und verzweiflen-
der Schwermuth

Theakleen gefallen? Soll dieser Mifsklang der Triebe

Ein unsterbliches Herz zu deiner Liebe bewegen?

Oder hat den erhabnen, den ihrer werthen Gedanken,

Sie, seitdem sie dem Himmel zu zieren die Erde
verlassen,

Mehr zur Liebe zu rühren, der feige Kummer
getödtet?

Nein, du liebest sie noch! — Erinnre dich, welche
du liebest!

Nicht ein jugendlich Mädchen, das jeden lächelnden
Anblick

V. 123 — 135.

Dir mit Entzückung belohnt. — Jetzt ist es die
       Freundin der Engel,

Die in des Ewigen Anblick entzückt, auf mindere
       Wonne

Mit gleichgültigem Blick als Kinderspiele herabsieht.

Kannst du hoffen ihr anders als durch die reineste
       Tugend

Noch gefällig zu bleiben? — O sieh, sie blicket vom
       Himmel,

Oder sie strahlet vielleicht von Engeln begleitet
       herunter,

Dich in Thaten zu finden, die ihre Lieb' und die
       Hoheit

Eines unsterblichen Wesens bekennen. Sie hoffet,
       Filotas

Strebe durch edlere Thaten dem werthern Himmel
       entgegen,

Wo ihn Theaklea mit sehnenden Armen erwartet.

Aber wie bebt sie zurück, wie bewölkt sich die
       selige Stirne,

Bey dem Anblick, womit du ihr himmlisches Auge
       beleidigst!

Glaube nicht, daſs sie die Flucht von der Welt, zu
       der dich die Ordnung

V. 136 — 147.

Und die Natur gesellt, die Verbannung zu einsamer
Schwermuth

Und den Haſs des Lebens, für Zeichen der Zärtlichkeit nehme.

So gewinnt man nicht himmlische Herzen! — Doch
webest du kunstreich

Einen Schimmer der Wahrheit um deinen gefälligen
Irrthum,

Und betrügst dich, Gebilde der Schwermuth zu
Weisheit zu adeln.

Zwar ist die Welt in den zärtlichen Augen des
Weisen ein Anblick,

Der ihm Thränen erzwingt; die Tugend, ohne die
Hoffnung

Besserer Ewigkeiten, verdiente die Thränen des
Mitleids.

Glücklicher wär es der Seele, dafern ihr Seyn auf
die Erde

Eingeschränkt wär', ein Embryon in dem Schooſse
des Undings

Ewig geblieben zu seyn.   Das schönste Geschäfte
des Menschen

Ist, wenn er sich mit muthigem Schwung in jene
Welt hebet,

V. 148 — 160.

Seiner Tugend daselbst begeisternde Nahrung zu
holen.

Alles diefs sey, wie du sagst, der Weisheit schönstes
Geschäfte!

Aber diefs Leben hassen, das doch der Herrscher
der Dinge

Selber zwischen die Seel' und die goldne Ewigkeit
legte;

Es um der Absicht willen zu hassen, warum es
gelegt ist,

Und mit ihm rechten, warum er uns nicht in andere
Sfären,

Die wir uns selbst erwählten, gesetzt:—Wie kannst
du, Filotas,

Tugend in diesem thörichten Streit mit der Vorsicht
erkennen?

Ist es ein Sturm des Zufalls, der deine verirrete Seele

An die Felsen der Erde verschlug? Der die Himmel
erfunden,

Engel und Ewigkeiten damit in Bewundrung zu
halten;

Hat Er an dir nur gefehlt, und nicht mit eben der
Rechten

Dein Verhältnifs bezeichnet, mit der Er die Sterne
gewogen?

V. 161 — 173.

Ist es wohl minder thöricht, sich dieser Welt zu
berauben,

Mitten in Freuden, die aus dem Schoofs der Natur
uns entspringen,

Fühllos, nach fremden Welten und Freuden der
Serafim schnappen;

Fern von der Sfär', an die uns der Wink des Schöpfers
gebunden,

Unnütz, da jeder Staub zum Dienste des Ganzen
sich drehet,

Unreif zu höhern Welten und unharmonisch mit
dieser?

Lafs die Vernunft entscheiden! Ist der nicht eben
so thöricht

Als ein fröhlicher Thor, der, über den irdischen
Freuden,

Seine Bestimmung verträumt, und am blumigen
Boden der Wollust

Angewachsen, so bald er von ihm gebrochen wird,
stirbet?

Dieser verscherzt die Hoffnung, von welcher das
irdische Leben

Seinen lieblichsten Glanz empfängt, erhascht die
Minute

Und verlieret Äonen; da jener durch eitles Bestreben

V. 174 — 185.

Nach verbotenem Glück sich des beschiednen beraubet.

Dieser vergifst die Menschheit, und strebt zu den
Thieren hinunter;

Jener verschmäht sie, und wünscht sich umsonst in
verbotene Höhen.

Sey ein würdiger Mensch, und öffne durch sittsame
Tugend

Dir den Weg zu den Sternen, den niemand mit
Wünschen erflogen.

Aber du wähltest dir andere Welten, das Leiden
zu fliehen,

Das der Vater des Schicksals den Erdebewohnern
verordnet. —

Wolltest du unter die Flügel der göttlichen Cherubim
flüchten?

Oder glaubst du, der Mensch sey allein mit Übel
belastet?

Nur die irdische Freude sey mit dem Schmerze
verwachsen?

Wisse, dafs lautere Wonne nur wenig Geschlechtern
der Geister

Fliefset; in andern Welten sind andere Mängel; die
Seelen,

V. 186 — 199.

Die an die menschliche grenzen, bedürfen nicht
minder des Schmerzes

Zur Erhöhung der Lust, als ihr zu rührerndem
Wohllaut

Übelklingende Töne den Harmonien vermählet!

Ist es dir nicht genug, die Schöpferin deines Glückes

In dir selber zu hegen? Dazu bestrahlt die Vernunft dich.

Diese, Filotas, mit ihrer erhabnen Schwester, der
Freyheit,

Sie, kein fremdes betrügliches Glück, umschattet
den Weisen

Mitten im Brande der Pein: sie herrscht in Ketten;
ihr Anblick

Macht jetzt die Wüste zum lustigen Garten, jetzt
Gärten zu Wüsten.

Wenn sie befiehlt, so lächelt der Schmerz, und die
Fröhlichkeit winselt.

Hier ists Wahrheit, was man vom Frygischen König
gefabelt:

Was die Vernunft berührt, wird Gold. — So leicht
kann Filotas,

Selbst von Theaklea getrennt, die Ruhe sich geben,

Eben die Seligkeit, die er umsonst durch Klagen
erzwinget!

V. 200 — 211.

Du, den die günstige Weisheit an ihrem Busen
erzogen!

Auf, und wag es die Nebel, die dein Gesichte
verfälschen,

Abzuschütteln, und siehe dann auf den häfslichen
Erdball,

In dem Sonnenschein, den die Vernunft umhergiefst,
hernieder.

Ist er so wüst und furchtbar, wie ihn die Leidenschaft findet?

Eben so wenig, als er den Himmel zur Eifersucht
reitzet,

Wie der Sklave der Lust in seinem Taumel ihn
preiset.

Zweifle, die Leidenschaft mag ihn schön und glänzend dir mahlen,

Oder mit traurigen Farben! sie mahlet immer sich
selber.

Lafs die gelafsne Vernunft ihn dir in nackender
Wahrheit

Zeigen! — Was ist er alsdann? — Die Wohnung
sterblicher Menschen,

Für sie gebaut, und ganz zu ihnen passend; so
schön nicht,

V. 212 — 223.

Daſs sie euch billig der höhern Bestimmung der
                    Geister entlockte;

Aber doch mehr als schön genug, dem eilenden
                    Wandrer,

Der die Straſse zur Ewigkeit geht, den Weg zu
                    erleichtern.

Wenig reich an sinnlichen Freuden, damit es nicht
                    schwer sey

Sich zu versichern, der Mensch sey nur zur Tugend
                    erschaffen.

Diese zu läutern, sind Schmerzen und wonnegebä-
                    rende Leiden

Weislich geordnet; sie reinigen sie zur Einfalt und
                    Unschuld,

Daſs sie im ewigen Frühling des Himmels zu glänzen
                    geschickt sey.

Siehe, dieſs ist die Wildniſs, die du dir selber
                    mit Grauen

Reichlich erfüllst; der Wille kann tausend Gestalten
                    ihr geben.

Wie? Du verwünschest den Stand, den dir die
                    göttliche Weisheit

Selbst erkohr! Und schmeichelst du dir, falls irgend
                    ein Engel

V. 224 — 236.

Dich wohin du begehrst, versetzen wollte, dein
        Klagen

Würde sodann verstummen? O Freund, so kennst
        du dich selbst nicht!

Wahrlich du würdest von einem Olymp zum andern
        dich wünschen,

Jeder Vorzug der andern erweckte die schlafende
        Klage.

Wer bey schwächern Begierden im Schoofs des irdi-
        schen Lebens

Sich die Ruhe durch Ungeduld raubt, für den kann
        die Allmacht

Nicht genug Welten erschaffen. Er mag sie sich
        selber erträumen!

Hältst du, Filotas, die seligen Geister nur darum
        für selig,

Weil sie schönere Sfären bewohnen? Du irrest:
        Die Seele

Stimmet nicht unvermeidlich mit äufsern Dingen
        zusammen.

Keine Welt ist so schön, dafs nicht der Unmuth sie
        schwärzte;

Nur die höhere Tugend vergöttert die Wonne der
        Engel.

Lafs dir die menschliche Tugeud das Glück des
        Menschen gewähren.

V. 237 — 247.

Freund, erwacht nicht die Weisheit in deinem
Herzen? Ich merke,

Wie sie dich heimlich straft, und meine Worte
beglaubigt.

Aber noch suchet die Leidenschaft Decken, und
schämet sich nackend

Ihrer geschminkten Schönheit beraubt, vor der
Wahrheit zu stehen.

„Kannst du, so spricht sie, die Ungeduld tadeln,
das Ziel zu erreichen,

Wo die Seele gewiß wird, sie sey zum Leben
bestimmet?

Kannst du mich tadeln, daß ich den Tod mir
wünsche? Die Weisen

Lehren es mich; mein innerstes Selbst, von eiteln
Gespenstern

Ungeschreckt, wallet ihm zu, und wünscht dem
Säumenden Flügel,

Daß er den Geist dem unbeliebten Gefängniß
entführe;

Ihn der ätherischen Luft, und der Freyheit wieder
zu geben.“

V. 248 — 259.

Wenn du so denkst, o Jüngling, so lerne von
deinem Eurikles

Eine Wahrheit der andern zu gatten. Die Schwünge
der Sfären

Stimmen nicht besser zusammen, noch Hymnen aus
englischen Lauten,

Als sich die Wahrheit mit jeder andern harmonisch
beträget.

Lerne dann, o Filotas, wenn du dem Tod so
geneigt bist,

Während der Wille der ewigen Tafeln dich unter
den Menschen

Leben heifst, lerne von mir die Kunst, im Leben
zu sterben.

Ist nicht die Trennung vom Leibe der Tod, nach
dem du dich sehnest?

Und ist es nicht die Tugend, die diese Trennung
verrichtet?

Die sie auch dann, wenn der Leib am schönsten
blühet, verrichtet?

Lehret dich nicht die Weisheit die Freuden der Sinne
verachten;

Reitzungen, welche den Geist, als wär' er ein Sklave
des Leibes,

V. 260 — 271.

An die Vergänglichkeit heften? Ist nicht die Tugend
die Herrschaft

Über die holden Gespenster, die durch die Sinnen
uns locken,

Und mit den Leidenschaften sich gegen die Seele
verbinden?

Denn was die Seele wahrhaftig beglückt, die Freyheit, die Ruhe,

Und die Liebe zum ewigen Schönen und Guten, ist
immer

Mit den Sinnen im Streit, die sie zum Stoffe
zurückziehn;

Wo sie sterbliche Formen, die ewig sich ändern
und fliefsen,

Mit dem Schein der Schönheit bekleid't, zu Affekten
entzünden,

Dafs der gefangene Geist sich oft in Ohnmacht
verlieret.

Siehe, Filotas, so sterben die Weisen, um hier schon
zu leben;

Jede Tugend zerreifst hier ein Band, womit sie der
Leib hält.

Unter den Schatten der Zeit, mit aufgehabenem
Geiste

V. 272 — 284.

An die Wahrheit, voll süßer bewundernder Liebe,
   geheftet,

Ahmen sie schon der Ewigkeit nach, und sind in
   Gedanken

In der Versammlung der Engel, indem durch übende
   Tugend

Ihre Gegenwart sich noch unter den Sterblichen
   darthut.

Denn die Seele ist da, wo ihre Gedanken verweilen;

Denkt sie himmlisch, was ists ob diese Sonne sie
   anstrahlt,

Oder jene? Kein Ort kann sie mehr als ein andrer
   der Gottheit

Nähern; man nahet ihr nur durch Lieb' und red-
   liche Tugend.

Hat sie sich so zu der großen Verändrung der Scene
   bereitet,

Die sie mit fester Geduld, und ruhiger Hoffnung
   verdienet:

Dann ist die letzte der Stunden allein die Krone des
   Werkes,

Das sie im Leben trieb; mit leichter Bemühung
   entkörpert,

Schwingt dann der freye Geist sich empor, mit den
   glänzenden Scenen

V. 285 — 287.

Schon seit langem bekannt, die nun sich ihm um
und um aufthun.

Wallet dein Herz, o Filotas, nicht diesen Ideen
entgegen?

O nur diese sind werth, in himmlischen Herzen
zu wallen!

ACHTER BRIEF.

THEOTIMA AN MELINDE.

V. 1 — 3.

Die du der eisernen Zeit zum Muster der Unschuld geschenkt bist,

Welche die lächelnde Jugend der neuen Erde vergoldte,

Und die Lieder beglaubigt, die Sifas [1]) göttliche Seele

V. 4 — 17.

Einem entarteten Alter zu singen, vom Himmel entflammt ward;

Blühendes Bild der zärtlichen Rahel, der hohen
Debora,

Freundin, könnte die Liebe, die uns so innig vereinte,

Daſs die letzte der Thränen, die mein schon seliges
Auge

In den Armen des Todes weinte, für dich nur
geweint war,

Könnte sie durch den Geist der Himmelsfreuden
ermatten?

Könnt' ich, von Myriaden verklärter Melinden
umgeben,

Meiner Melinde vergessen, die länger die Erde
zu schmücken

Noch dem Verlangen der Engel und meiner Umarmung versagt wird?

Nein! noch schwebet dein reitzendes Bild, der
übrigen würdig,

Die der Olymp mir giebt, mit Lieb und Anmuth
verkläret,

Immer vor meinem Gemüth! noch seh ich dich, ob
mich das Dunkel

Eures Tages dir gleich verbirgt, zur Ehre der Tugend

Unter den Sterblichen leben; jetzt, mit der Freundin
verschlossen,

V. 18 — 30.

Die ihr Unglück dir liebenswerth macht, wie du
thränend sie tröstest;

Dann mit gütigem Auge den Gram dem leidenden
Herzen

Sanft entlächelst, und klüglich vor ihr die Hülfe
verbirgest,

Die von dir heimlich und schnell dem hülfbedürf-
tigen zueilt;

Jetzo wie du mit liebenden Armen den Gatten
umhalsest,

Und sein menschliches Herz zu edlern Tugenden
reitzest.

Aber mit süfserm Gefühl, das deiner reinsten Entzückung

Ähnlich ist, seh ich dich, Freundin, von deinen
Kindern umringet,

Wie du sie alle mit gleichem Vergnügen so mütter-
lich anlachst;

Dieses spielend im Schoofs, diefs an dem klopfenden
Busen,

Neben dir zwey, die einander mit kindlicher Iubrunst
umarmen.

Welch ein reitzender Anblick, in ihren kindischen
Thaten

Schon den Ausbruch von edeln geerbten Trieben zu
sehen,

V. 31 — 45.

Und dich, wie du so weislich die Samen der Tugenden pflegest,

Kostbare Samen, die Gott in unsre Seele gelegt hat!

O du verdienst, Melinde, für diese menschlichen
Freuden

Die du mir giebst, von mir mit gleichen belohnet
zu werden.

Wird dein fühlendes Herz nicht in Entzückung
zerfliefsen,

Wenn ich dir eine Welt beschreibe, die alles das
wahr macht,

Was den Dichtern der Erde vom goldnen Alter
geahnet;

Wo die Unschuld und Freude sich immer so schwesterlich liebten,

Als sie damahls sich liebten, da beide, vom segnen-
den Lächeln

Ihres Schöpfers verschönert, die junge Erde betraten?

Eine Erde voll Menschen, die noch mit Gott und
den Engeln

Zärtlichen Umgang pflegen; wo alle Mütter Melinden,

Alle Kinder den deinen an Unschuld und Zärtlichkeit
gleichen.

Höre dann, würdige Freundin, und sieh wie glücklich die Welt ist,

Wo die Unschuld regiert, die deine Thaten bekrönet.

V. 46 — 59.

Als ich den Leib, der einst in ewig blühender
Klarheit
Wieder dem Staub entspriefst, voll süfsen Trostes,
verlassen:
Ward ich im neuen ätherschen Gewand, womit mich
mein Engel
Kleidete, schnell wie ein Lichtstrahl, in einen Him-
mel geführet,
Der, wie ein Garten Gottes, mit zahllosen Sternen
beblümt ist;
In der Sprache des Himmels, die Ruhestadt Got-
tes. Mein Engel
Brachte mich bald in einen der Sterne, da künftig
zu wohnen.
Nahe an ihm, so nah als der Mond die Erde bestrahlet,
Leuchtet uns eine der schönsten in diesem Gewimmel
von Welten;
Eine Erde wie die, die uns, o Freundin, geboren,
Da sie jugendlich schön aus der Hand des Schöpfers
hervorkam;
Aber von Menschen bewohnt, die ihre Unschuld
bewahrten,
Eine selige Welt, begabt mit ewiger Jugend.
Niemahls glühete hier der lechzende Sommer; der
Winter

V. 60 — 73.

Schlug sein Flockengewand nie um die starrenden
Fluren.

Überall lacht ein fröhlicher May auf blühenden Auen,

Immer schwebet um Hügel voll Trauben und goldene Haine

Sein Gespiele, der Herbst. Die Fruchtbarkeit thaut
unaufhörlich

Aus den Rosengewölken. Hier rinnen Honigbäche

Von den Ritzen der Palmen, und hoch von marmornen Klippen.

Überall triefen die Spuren, wo Gott gewandelt, von
Segen,

Überall haucht die Natur dem Menschen Vergnügen
entgegen,

Fröhlich, ihm in der Unschuld der ersten Erschaffung zu dienen.

Aber, o laſs dein Herz das Schönste selber hinzuthun,

Was dem Ausdruck gebricht, wenn ich die selige
Unschuld

Und das Glück der Bewohner der frommen Erde
dir mahle.

Freundin! Ihr Anblick entzückte mich mehr als der
Engel des Himmels

Erster Anblick; mir wallte das Herz, ich fühlte zu
ihnen

V. 74 — 87.

Mächtig mich hingezogen, wie zu geliebten Ge-
schwistern.

Hier erscheinet die Menschheit in ihrer erhabenen
Schöne,

Nahe der englischen Hoheit, wie wenn die goldene
Sonne

Durch den silbernen Schleyer leicht schwebender
Wolken hervorblickt.

Liebe und reine Tugend beseelt die ganze Gesellschaft,

Eine harmonische Schar von Brüdern und blühenden
Schwestern,

Und ein lieblicher Anblick den Engeln, die schönere
Sonnen

Um die Orangenlauben der sittsamen Erde verlassen,

Welche die menschliche Freude mit ihren Gespielen,
der Muse,

Und der himmlischen Unschuld bewohnt. Die süßen
Geschäfte

Dieser Glücklichen sind, wie es schuldlosen Wesen
gebühret.

Nie entheiligte Ordnung, die Gottes Thaten nach-
ahmet,

Herrschet darin; die Pflichten sind süß, die Tugend
ist Übung.

Viele beschäftigen sich, die Natur mit sparsamer Mühe

V. 88 — 101.

Vor zu üppigem Wuchs und vor Verwildrung zu
schützen.

Andere sind erhabner bemüht, die Strahlen der
Gottheit

In den Werken der Schöpfung, im Himmel, noch
mehr auf der Erde

Aufzusuchen, und süfse Bewundrung aus ihnen zu
saugen.

Willig entdeckt die Natur vor ihren forschenden Augen

Ihren Reichthum, weil keinen der schnöde Vorwitz
bethöret,

Ihre geheiligte Werkstatt mit frechem Blick zu entweihen.

Was sie gefunden, wird bald entweder in holden
Gesprächen,

Oder durch lehrende Lieder den Brüdern und Freundinnen eigen.

Oftmahls nimmt ein luftiges Thal, mit Violen bedecket,

Ein vertrauliches Kor in seine cederne Schatten,

Blühende Mädchen, allein mit eigner natürlicher
Anmuth,

Und dem höhern Preis der reinen Unschuld geschmücket,

Nur in die wallenden Locken gehüllt. Mit den
Rosenarmen

V. 102 — 115.

An einander geschlungen, umgiebt der reitzende Zirkel
Einen erhabnen Jüngling, auf dessen Stirne die
Freyheit,
Und im Auge voll Geist die sanfte Weisheit gesehn
wird.
Er besingt in die geistigen Töne der silbernen Laute
Den, der allein die Entzückung der zärtlichen Seele
verdienet,
Welchem die Sfären und Engel lobsingen, die gött-
liche Liebe,
Jeder Seligkeit Quell, das ewige Urbild des Schönen.
Wundernd, und mit Thränen der Lust im lächeln-
den Auge
Ruhet jedes Gesicht auf dem Sänger, die schuldlosen
Herzen
Zittern vor Rührung; kein Ton, kein Gedank ent-
flieht von der Laute
Ohne Gefühl; die blühende Luft horcht schweigend,
die Ceder
Säuselt Beyfall herab, die Vögel im Myrtenhain
horchen.
Aber die schöne Geliebte des Jünglings, ein gött-
liches Mädchen,
Eilt voll süfser unschuldiger Inbrunst, mit Augen
voll Freude

V. 116 — 128.

Ihm an den Hals, den Gesang zu belohnen. Sie
loben die Schwestern,

Segnen ihre Umarmung und preisen die selige
Liebe.

Unterdeſs sitzen die Mütter im duftenden Schatten
der Laube,

Nicht allein, von Ruhe und Mutterfreuden umgeben;

Liebreich bemüht, die jüngste der Töchter, ihr ähn-
lichstes Nachbild,

Schön wie die Lieb', im Gesang erhabner Hymnen
zu üben,

Oder die jungen Gedanken des zarten Knaben zu
formen,

Oder aus lieblichen Früchten ein wirthliches Mahl
zu bereiten.

Siehe, so flieſst ihr unsterbliches Leben, voll heiliger Freude,

Nicht vom kleinsten Schmerz enstellt, in die Himmel
hinüber,

Die sie erst spät mit den Seligkeiten der Erden
erkaufen:

Denn wer lebte nicht gern im Arme der zärtlichsten
Freundschaft,

Und in Thälern des Friedens, mit schuldlosen Menschen bevölkert,

V. 129 — 141.

Seine Unsterblichkeit durch, wenn ihn aus ätherischen Sfären

Nicht die nähere Gottheit zu Freuden der Serafim
riefe?

Aber, mich dünkt, du fragst mich, o Freundin,
mit billiger Neugier:

Wie sich die seligen Menschen in ihrer Unschuld
erhalten?

Ob sie mit höherer Stärke bewaffnet, die Reitzung
zum Bösen

Leichter als wir besiegt, ob ihr Gehorsam geprüft sey,

Oder ob kein Versucher den Weg zu dem seligen
Sterne

Finden können? — O hätt' er ihn auch zu dem
unsern verfehlet!

Alle die Fragen, o Freundin, soll dir Gülindy
vergnügen;

Meine Gülindy, die zärtlichste unter den schuldlosen Töchtern,

Die von der bessern Eva, der ersten der Frauen,
• entsprangen.

Als wir einsmahls in einer der paradiesischen Lauben

Einsam saßen, erzählte sie mir mit folgenden
Worten

V. 142 — 154.

Die Geschichte der ersten Menschen. Sie hatte sie selber

Von den ambrosischen Lippen der göttlichen Z u l m a geschöpfet.

„Als der Schöpfer den Menschen, nach seinem Bilde gebildet,

Mitten in diesen Garten, den Auszug der irdischen Schönheit,

Segnend gesetzt, und alles was lebt und keimet und wächset

Ihm zu beherrschen gegeben, war nichts zu wün-schen ihm übrig,

Als die Freundin, die Unbekannte, nach der er im Herzen

Süße Neigungen fühlte, die aus dem Innersten wallten.

Denn er fand bey den schönsten der Thiere nicht eines zum Umgang

Mit dem Menschen geschickt, das mit ihm Gedanken und Worte

Wechseln könnt', und gesellige Triebe zu hegen vermöchte.

Zwar besuchten auch Engel den neuen Lobpreiser der Gottheit

Oft, und pflegten mit ihm vertraute Reden; er fand sie

V. 155 — 168.

Jetzt an blumichten Quellen, jetzt unter balsamischen
Schatten.

Aber sie waren zur zärtlichsten Liebe dem Menschen
zu göttlich,

Zu ätherisch für seine Umarmung. Er mufste
bemüht seyn,

Seinem Geiste den feurigsten Schwung zum Erhabnen zu geben,

Dafs er mit seinen Gedanken die kleinsten der ihren
erschwünge.

Aber er sucht' ein ähnlicher Wesen, mit sanfterer
Schönheit,

Irdischer, doch, wie er, beseelt vom göttlichen
Anhauch,

Eine süfse Gesellin, in deren Umarmung sein Busen
Völlig mit allen Begierden der innigsten Zärtlichkeit ruhte.

Einsmahls, da er, ermüdet vom eiteln Bestreben,
das Bildnifs,

Das sein Herz verlangte, aus seiner Seele zu graben,

Eingeschlummert war, gab ihm ein Traum die lange
gesuchte

Freundin zu sehn, wie ein himmlischer Seraf sie
seiner Umarmung

Brachte; sein Herz zerschmolz von dem Anblick in
süfser Entzückung,

V. 169 — 183.

Dafs er plötzlich erwacht'. Er sprang vom blumigen
Lager
Hoffnungsvoll auf, die Schöne zu suchen, zu der
ihn sein Herz zog;
Und nicht lange, so fand er sie zwischen den Rosen
umirren.
Denn sie hatte der Schöpfer am schönsten der irdi-
schen Morgen
Für das einz'ge Bedürfnifs des heiligen Menschen,
das itzt noch
Unbefriediget war, nach jedem geheimen Verlangen
Seiner Seele gebildet, vor ihren künftigen Töchtern
Allen die schönste. — So sah ich sie noch, bevor
sie ihr Engel,
Reif für ein geistigers Glück in höhere Himmel
entführte.
Als sie im lieblichsten Thal der paradisischen Thäler
Liegend sich fand, erhub sie sich plötzlich, voll froher
Verwundrung
Dafs sie sey, und ganz im Anblick der herrlichen
Schöpfung
Die um sie her erwachte, verloren. Lang war sie
nur Auge;
Aber die junge Seele ward bald zum Empfinden
erweitert,
Da sie der laute Gesang der Vögel im nahen Gebüsche

V. 184 — 197.

Ihren Gesichten entriſs; sie lauscht', als ob sie die
　　　　Töne
Sehen wollte, und glaubte zuletzt es sängen die Büsche.
Jetzt umfloſs sie der Athem des holden ambrosischen
　　　　Morgens,
Und die Blumen, die unter den zarten Füſsen ent-
　　　　sproſsten,
Eiferten unter einander, mit ihren balsamischen
　　　　Düften
Sie zuerst zu begrüſsen, die neue Fürstin der Erde.
Wundernd sah sie umher, dann auf sich selber, dann
　　　　wieder
Auf die umgebende Welt, dann auf den purpurnen
　　　　Himmel.
Jede neue Empfindung, und jede Erneurung der ersten
War ihr ein süſser Beweis, s i e s e y. Doch wie sie
　　　　entstanden,
Wie sie in diese Welt unwissend den Eingang
　　　　gefunden,
Die recht für sie gemacht schien, das däucht' ihr
　　　　schwer zu ergründen.

Jetzo versuchte sie es, die Stimme tönen zu lassen,
Und die lieblichen Dinge, womit sie umringt war,
　　　　zu bitten,

V. 198 — 211.

Dafs sie ihr ihren Ursprung und ihre Bestimmung
entdeckten.

Schon empfand sie tief in der Brust ein heiliges
Zittern,

Ein geheimes Gefühl von dem, durch den sie entstanden;

Schon bestrebten sich aus der Empfindungen süfsem
Gemische   ·

Grofse Ideen, die Gott von sich selbst in die Seele
gezeichnet,

Aber noch dunkel, hervor: als plötzlich der Mann
sich ihr zeigte,

Der in erhabner Schönheit, nach Gott gebildet, ein-
hertrat.

Anfangs war sie so sehr von seinem Anblick betroffen,

Dafs sie mit sanft erzitternder Ehrfurcht für Jenen
ihn hielte,

Der sie ins Leben gerufen. Schon wollte sie Schöpfer ihn grüfsen,

Und die Empfindungen alle, die sie empfand, ihm
bekennen:

Aber die Ähnlichkeit, die sie mit sich an dem Manne
bemerkte,

Und ein inniger Hang, der ihre Brust zu ihm hinzog,

Und die Blicke voll Liebe, womit er gegen sie eilte,

V. 212 — 224.

Lehrten sie anders vermuthen; die Reden bebten
zurücke

Von den Lippen, ihr Angesicht glüht' in höherer
Röthe,

In der Farbe der fühlenden Unschuld. Sie schmiegte
sich furchtsam,

Aber von heimlicher Kraft wie an den Boden
geheftet,

In die Umarmung des Freundes, der mit geflügelten
Worten,

Voll Entzückung, die beste der Gaben dem Schöpfer
verdankte.

Jetzo lehrte der Mensch die neue geliebte Gesellin,

Wer sie erschaffen, den heiligen Vater der Geister
und Welten,

Der, nachdem er die Himmel mit höhern Bewohnern geadelt,

Auch der Erde zu seyn befohlen, und ihr zu
Beherrschern

Menschen gegeben, die ihn zu bewundern und lieben
begabt sind.

Dann erzählt er ihr auch, wie er, ganz mit Freuden
umflossen,

Mitten im Paradiese noch seufzende Wünsche gefühlet,

V. 225 — 237.

Einen Genossen der Lust und des Lobes der Gottheit zu haben;

Wie er so lange geseufzt, bis endlich ein himmlisches
Traumbild

Ihm die gesuchte Gestalt der schönen Zulma
gezeiget,

Die nun alle Begierden in seinem Herzen umfaßte.

Nunmehr herrschte die Liebe mit paradiesischer
Unschuld

In den Fluren des göttlichen Gartens; die seligen
Menschen

Lebten, im Angesicht Gottes, ein Engelergetzendes
Leben.

Ihnen diente die frohe Natur; die Luft und die Erde,

Und die krystallene Fluth mit ihrem Reichthum
war ihnen.

Nur ein einzig Verbot ward, ihren Gehorsam zu
prüfen,

Jedem gegeben, mit ernster Bedrohung, daß dessen
Verletzung

Sie von den Seligkeiten, die nur der Unschuld
gebühren,

Plötzlich vertrieben, dem Schmerz und endlich dem
strafenden Tode

V. 238 — 252.

Liefern würde. Sie hörten die Drohung, doch
mieden sie beide,
Mehr aus dankbarer Lieb' und ungezwungnem Gehorsam
Als aus Furcht der Strafe, das hohe Gebot zu verletzen.

Mitten im Paradies' entquillt dem blumigen Boden
Eine nektarne Quelle, so leicht wie die Nachtluft
im Frühling,
Und an Farbe wie Wein, mit süßen Kräften begabet,
Jede Nerve mit Leben und heitrer Lust zu begeistern.
Wenn sie das kleine Gefild, wo Zulma zuerst sich
gefunden,
Voll weitduftender Blumen, die hier nur wachsen,
getränkt hat,
Schlüpft sie zurück in den Schooß der Erde. Die
Engel berichten,
Dieser Brunnquell entspring' aus dem himmlischen
Strome des Lebens,
Der die oberste Sfäre, das Empyreum, befruchtet;
Fließe von da zur Erde herab, wo in Edens Gebirgen
Sein ätherischer Geist sich mit irdischen Theilen
verkörpre.
Diese Quelle war es, von welcher zu trinken den
Menschen

V. 253 — 266.

Durch das ernste Gebot des Königs der Geister
versagt war.

Aber nicht immer, sobald sie die Zeit der Prüfung
bestanden,

Sollte der himmlischen Quelle Genuß den Gehorsam
belohnen.

Schon war mehr als die Zeit des Umlaufs der Erde
verflossen,

Daß das heilige Paar, in erster seliger Unschuld,

Paradiesische Tage genoß; mit jedem der Tage

Liebenswerther, von Engeln geliebt, dem Schöpfer
gefällig.

Ihre Tugend war Freude. So will es der Schöpfer!
Er krönet

Jede selige Pflicht mit unzertrennlicher Wollust.

Unterdeß hatte der mächtige Geist, der, mit den
Kohorten,

Deren Führer er war, den Himmel mit Aufstand
entweihte,

Nach vieljährigem Irren im Äther die Erde gefunden:

Wo der Sklave des Übels, sich einen Thron zu
erobern,

Schuldlose Menschen, wie einst die folgsamen Engel,
zum Abfall

V. 267 — 279.

Reitzen wollte. Zwar hatte der Donner Gottes den
   Sünder

Fern aus der Welt, der Wohnung der Lust, in die
   Hölle geschleudert,

Die in der Mitte des Chaos, zum Sitz des Jammers
   verfluchet,

Ihn zu empfangen den feurigen Schlund lautbrüllend
   eröffnet.

Aber er hatte durch heimliche Wege (was wagt nicht
   Verzweiflung?)

In die Welten der Gottheit den Zugang wieder
   gefunden;

Von Gedanken der Bosheit und unsinnvollen Entwürfen

Wie von Gebirgen gedrückt. Er war, nicht kenntlich zu werden,

In der Gestalt ätherischer Thier', jetzt Delfin, jetzt
   Vogel,

Bis in die Ruhestadt Gottes gedrungen, den Engeln
   verborgen;

Aber ihn sah vom unendlichen Thron der Schöpfer
   mit Hohn an.

Endlich da er die Wohnung der seligen Menschen
   gefunden,

Fiel er, wie eine sanft schimmernde Wolk', in die
   Röthe des Morgens

Eingehüllet, zur Erde herab. Das Rosengewölke

Bildet' er mit Serafischer Kunst zum leichten Gewande,

Wie die Engel gewohnt sind sich für die Menschen
zu kleiden.

Von der Höhe des Bergs, an dessen zedernem Fuſse

Sich die gesegneten Fluren, wie Gärten Gottes,
verbreiten,

Sah er mit lüsternem Blick und unglückträchtigem
Herzen

Aus der Dämm'rung herab, und sah die glücklichen
Menschen

Unter der schönsten der Lauben in süſsem Schlummer noch ruhen.

Neben ihnen bedeckt' ein Bett sanft hauchender
Rosen

Ein sich umarmendes Paar der liebenswürdigsten
Kinder,

Zwillinge, schön wie der Morgen in ihrer lächelnden Unschuld.

Elim und Sosan, zwey himmlische Freunde, und
Freunde der Menschen,

Wachten der keimenden Unschuld, und hingen mit
Augen voll Liebe

Über dem schlaffen sanft glühenden Antlitz der heiligen Kinder.

V. 294 — 307.

Satan schaute herab, und Neid und Unmuth
und Bosheit

Flammten in seinem schielenden Blick; kaum hielt
er sich selber,

Daſs die wilden Gedanken ein lautes Gebrüll nicht
verriethe.

Aber ihn sah der Engel der Sonne: Indem er den
Morgen,

Mit ätherischen Rosen gekränzt, zur Erden herabliefs,

Sah er ihn auf den östlichen Bergen des Paradieses,

Wie er mit Augen voll Neid die schlummernden
Menschen erforschte.

Jetzo schickt er, den ersten der Menschen mit Weisheit zu stärken,

(So viel war ihm allein, den Fall zu verhindern,
vergönnet;)

Karmiel ab, den Weisesten unter den glänzenden
Scharen,

Die in seiner Beherrschung die goldene Sonne be-
schützten.

Karmiel stieg mit den obersten Strahlen der Morgen-
sonne

Schnell zur Erden herab, und fand den göttlichen
Menschen,

Schon vom Morgen erweckt, die liebliche Arbeit
erneuern;

V. 308 — 320.

Aber die schönste der Mütter war in der Laube
geblieben,

Daſs sie der Hoffnung der Erde, der zarten Säuglinge, pflegte.

Jetzo führten der Mensch und sein vertraulicher Engel

Reden von heiligem Inhalt. Die Weisheit in menschlicher Anmuth

Floſs von den Lippen des Serafs in ¦ seines Hörers
Gemüthe.

Karmiel sah mit Entzückung den liebenswürdigen
Menschen

In der seligen Einfalt der ersten Erschaffung ein-
hergehn.

Und er umarmt ihn und sprach: Wie hat uns der
Schöpfer begnadigt,

Daſs er den Umgang der Menschen uns gönnt, in
denen sein Bildniſs

Mit herzrührender Schönheit, ihn anzubeten, entzündet!

Bleibe der Einfalt getreu, so wird dein blühender
Wohlstand

Immer die Engel vergnügen. Laſs niemahls eiteln
Begierden,

Wünschen, die deine Bestimmung verfehlen und
über sie streben,

V. 321 — 334.

Zugang zu deinem Herzen. Sey mit der Erkenntnifs
zufrieden,

Die dir erlaubt ist, und eifre nie mit Engeln. Die
Gottheit

Ist dem Seraf so wenig als dir durchschaubar; denn
ewig

Liegt die Unendlichkeit zwischen dem Schöpfer und
seinen Geschöpfen.

Wenn du als Mensch den Unendlichen preisest, und
wenn du auch stammelst,

Tönt es dennoch dem göttlichen Ohre nicht minder
harmonisch,

Als die hohen Gedanken, selbst in der olympischen
Sprache

Unaussprechlich, womit der Seher Gottes, der Cherub,

Mit aufwallender Seele den Geist der Geister verehret.

Denn Gott siehet mit gleichem Vergnügen auf Engel
herunter,

Und auf Würmer im Staub, auf helle Bewohner der
Sonnen,

Und den Menschen von Erde, den auch sein Anschaun erwartet,

Wenn Er jedes dem Zweck, zu dem Ers belebte,
getreu sieht.

Aber der Serafim schönster, sobald er sich selber
verachtet,

V. 335 — 347.

Und mit der Endlichkeit zürnt, erniedrigt sich unter
    die Würmer,
Und verliert auch das, was seinem Stolze zu klein
    war."

Also stärkte der Engel mit überredender Weisheit
Seinen irdischen Freund.   Sie besprachen sich unter
    einander,
Bis der kommende Mittag jenen zu höhern Ge-
    schäften
In die Sonne berief.   Er schied, und küsste den
    Menschen
Liebreich, und überliess ihn nunmehr der eigenen
    Stärke.
Von Empfindungen voll, die Karmiel in ihm ent-
    flammte,
Kam er zu Zulma zurück, und eilte, die Lust sich
    zu geben,
Jede schöne Bewegung in ihrem zärtlichen Herzen,
Und im Auge voll Unschuld verschönert wallen zu
    sehen.
Dann umarmten sie sich, und dankten ihr Glück
    dem Erschaffer
Mit Gelübden unsterblicher Treu; dann küsste die
    Mutter

V. 348 — 359.

Jeden gesegneten Säugling, und drückt ihn sanft an
   den Busen,

Und gelobte sie Gott, und weinte vor zärtlicher
   Freude.

—

 Aber Satan, zum Unglück der seligen Menschen
   entzündet,

Nahm bald diese, bald jene Gestalt, der heiligen
   Laube

Unerkannt nahe zu seyn. Jetzt flog er mit blumigen
   Flügeln

Um die Wände von Rosen, und lauschte, die Reden
   zu hören,

Die das vertrauliche Paar, als ob nur Gott sie jetzt
   hörte,

Ihm nicht verbarg; Jetzt floss er wie goldbeschuppte
   Cerasten

Zwischen den Blumen dahin: jetzt folgt er ihnen im
   Lustgang

In der Gestalt der weissesten Hindin, durch laubichte
   Bogen,

Oder Reihen von Bäumen, mit goldnen Früchten
   gekrönet.

Endlich erfährt er, indem sie beym Quell der Versuchung vorbeygehn,

V. 360 — 372.

Mit aufbrausender Freude, das sicherste Mittel, die
Unschuld,

(Also wähnt er) zu täuschen. Er flieht ins dickste
Gehölze

Und verfluchet die Nacht, die den folgenden Morgen entfernet,

Und zu lange den Menschen die erste Unschuld noch
gönnet.

Ungestüm wälzt der Verruchte sich auf dem Lager
von Blumen,

Von Entschlüssen empört; die paradiesischen Lüfte,

Ob sie gleich, wie ambrosischer Äther, die Gegend
umflossen,

Waren nicht kühlend genug, die Gluth der Adern
zu dämpfen:

Unter ihm ward der Boden versengt, er wand sich
auf Rosen,

Wie auf glühenden Kohlen, und roch nur höllischen
Schwefel,

Wenn der Öhlbaum auf ihn süſs duftende Schatten
herablieſs.

Endlich erwachte der Tag, das Lob der Gottheit
erwachte

Auf den Lippen der Menschen mit ihm; die Sonne
kam jauchzend

V. 373 — 384.

Diesen Tag zu bekrönen, der, durch die siegende
Unschuld

Herrlich vor andern Tagen, beym Thron des Schöpfers vorbey ging.

Denn der sahe die Zukunft, und sah mit göttlicher
Freude,

Wie die menschliche Tugend, den, der sie hauchte,
zu ehren,

Nur mit wehrloser Einfalt die List des Feindes
besiegte.

Als der schwüle Mittag von seiner Arbeit den
Menschen

In die Grotte berief, das Mahl mit Zulma zu
nehmen,

Führt' ihn der kürzeste Weg in die schönste Gegend
von Eden,

Welche der Quell der Versuchung mit himmlischer
Schöne beseelte.

Und er sah an der Quelle, umwölkt vom duftenden
Zimmtstrauch

Einen der Serafim sitzen! (Denn in der schönen
Verkleidung

Satan zu kennen, das konnte nur Gott.) Er sah
mit Verwundrung

V. 385 — 396.

Wie der olympische Jüngling, zum Wandern die
Hüfte gegürtet

Und sein purpurnes Haar mit ewigen Rosen durch-
flochten,

Über die Quelle mit freudigem Auge bewundernd
sich bückte.

Aber nicht lange, so schöpft' er vom Wasser der
schimmernden Quelle,

Trank, und schöpft' aufs neu, als ob er den Menschen nicht sähe.

Plötzlich springt er dann auf, verbreitet in hoher
Entzückung

Seine Arme gen Himmel, und steht, die strahlenden
Blicke

In den Himmel versenkt; sein Mund ergiefst sich
in Hymnen,

Wie von der Quelle zu brünstigerm Lobe der Gottheit begeistert,

Und von der süfsesten Kraft serafischer Freuden
durchdrungen.

Über den Anblick erstaunt, betrachtet der Mensch
ihn von ferne,

Zittert, und hört mit Wunder die Stimme der hohen
Entzückung.

V. 397 — 408.

Dennoch naht er sich ihm, der von dem Rauschen
der Tritte

Plötzlich erweckt, sich umsah, und sprach die
geflügelten Worte:

„Schöner Engel, wie hat dich dein Flug zur Erde
geleitet?

Denn ich sahe dein Antlitz noch nie in Edens
Gefilden;

Sey mir gegrüfst, und wenn dein Geschäft zu verweilen erlaubet,

Lafs dir gefallen, mit mir in der Mittagslaube zu
ruhen.

Also sagt er; ihm giebt der Engel die freundliche
Antwort:

„Freund, mich führet mein Flug von einer der
fernesten Sonnen,

Wo mich, in Salmiels Dienst, geheime Verrichtun-
gen riefen.

Jetzo komm ich zurück. Als über der Erd' ich hin
schwebte,

Lockt' ihr jugendlich Antlitz in seiner aufblühenden
Schönheit

Mich herunter zu steigen, und ihren Schöpfer zu
loben.

V. 409 — 420.

Also schwebt' ich herab. Da sah ich mit fröhlichem
                     Wunder
Diese olympische Quelle den irdischen Boden ver-
                     himmeln.
Froh, den Nektar der Engel in deinen Thälern zu
                     finden,
Trank ich von ihm, und erquickte die Geister zum
                     übrigen Fluge.
Aber wie freut sich mein Herz, dich, König der
                     irdischen Schöpfung,
Selber zu sehn, und den mit meinem Grusse zu
                     ehren,
Den die Gottheit so herrlich mit ihrem Bilde
                     geziert hat!

„Seraf, es ist der Schöpfer, der, wie sein erha-
                     bener Will' ist,
Jetzo die goldene Wolke zum schönsten der Serafim
                     hauchet,
Jetzo den Wurm im irdischen Staub, jetzt Menschen
                     aus Erde
Drehet, und, wie er will, mit eigner Schönheit
                     begabet.
Ihn zu loben, ist billig der Wesen schönstes Ge-
                     schäfte,

V. 421 — 433.

Die sein gütiger Schluſs zum ewigen Leben erschaffen.

Und du ermunterst mich billig, in seinem Lob dir
zu folgen.

Aber, o sage mir, himmlischer Jüngling, wie kennst
du die Quelle,

Wo ich dich fand, und ist dir erlaubt, ihr Wasser
zu trinken?"

Also sagte mit Unschuld der Mensch. Da sprach
der Betrüger:

„Fragest du noch? Die Quell entspringt vom Strome
des Lebens,

Welcher das Empyreum beseelt. Ihn trinken die
Engel

Alle, und küssen sich oft an seinem blumigen Ufer,

Wo sie die himmlische Rose bedeckt. Der Schöpfer
begabt' ihn

Mit allmächtiger Kraft, die Geister zu göttlichen
Hymnen

Und zum höhern Ruhm des Königs des Himmels
zu stärken.

Wenn wir an einem geselligen Abend sein Ufer
besuchen,

Dann vergöttert die Freude die heiligen Stunden.
Dann fühlet

V. 434 — 445.

Jeder Gedanke sich mehr, ein jeder nektarner Tropfen
Wird Empfindung, und jegliches Herz in Entzük-
kung gerissen,

Daſs die Himmel umher von hohen Gesängen
erschallen.

Glücklich bist du, o Freund! dir strömen die Freuden
der Engel,

Zwar mit irdischer Luft und schweren Theilen
verkörpert,

Doch noch himmlisch genug, die Serafim selbst zu
entzücken.‟

Du erzählest mir Wunder, so sprach der Vater der
Menschen;

Aber wie wundervoll ist ein jeder Punkt in der
Schöpfung!

Warum nicht englische Welten? — Allein du irrest,
o Seraf,

Wenn du glaubest, es sey mir vergönnt die Quelle
zu trinken.

Ein Befehl aus dem Munde des Schöpfers versagt
mir die Quelle;

Sie nur allein, das übrige dient den glücklichen
Menschen.

V. 446 — 458.

„Welch ein Wort, o Geliebter, ist deinen Lippen
entflossen!

Sagte der Engel erstaunt, mit zweifelhafter Geberde;

Ein Befehl aus dem Munde des Schöpfers versagt dir
die Quelle?

Sollte der Vater des Guten dem Menschen, dem
jüngsten der Kinder,

Und dem Liebsten vielleicht, die seine Allmacht
geboren,

Sollt' er das Beste der Erden dem Liebling auf Erden
versagen?

Als er so sprach, beschaute der Mensch mit wun-
derndem Auge,

Und mit ernstlicher Stirn den schlau verkleidten
Verführer;

Aber von seinem bezaubernden Lächeln bald wieder
erheitert,

Gab er die Antwort: „So, wie ich gesagt, befahl
mir der Schöpfer,

Und er fügte die Drohung hinzu (noch schallet ihr
Donner

Mir im Ohr) die Verachtung des hohen Befehls mit
dem Tode —

Was es auch sey, womit dieß grausame Wort mich
bedrohet —

V. 459 — 473.

Und mit Verlust der Wonne, die mich beseligt, zu
         strafen.

Aber glaube mir, Seraf, die Furcht der härtesten
         Strafe

Rühret mich ungleich minder, als der Gedanke
         mich rühret,

Einem so gütigen Gott auch nur mit einer Begierde

Ungehorsam zu seyn. Ihm unbedingt zu gehorchen

Ist der Erschaffenen einzige Pflicht; zu fragen,
         warum Er

Dieses Verbot uns gab, wär' eitler sträflicher Vorwitz,

Zweifelsfrey hat er dem Quell zur Erde zu fliefsen
         befohlen,

Dafs er den Serafim diene, die meine Lauben besuchen.

Da er so sprach, veränderte sich die Geberde des
         Engels;

Unmuth, den er umsonst zurück zu halten bestrebte,

Droht' aus den lächelnden Mienen hervor; doch eh
         ihn der Mensch noch

Merkte, bedeckte der Heuchler aufs neue den Unmuth
         mit Freude.

Ernsthaft, doch dafs Liebe den Ernst der Augen
         durchstrahlte,

Sprach sein harmonischer Mund die überredenden
         Worte:

V. 474 — 486.

„Billig hast du dich, Freund, mit deinen Sinnen
verbündet,

Niemahls wider die Ordnung des Königs der Geister
zu handeln.

Ihm, durch welchen wir sind, gebührt von allen
Erschaffnen

Freyer Gehorsam, und Treu, und unaussprechliche
Liebe.

Aber blinden Gehorsam von freyen Wesen zu fordern,

Dieß sey ferne von Gott! Wie kannst du von ihm
nur vermuthen,

Daß er dieß Opfer von deiner Vernunft, dem göttlichen Kleinod,

Welches an dir die Olympier ehren, im Ernste
verlange?

Hätt' es mit seinem Verbot nicht eine geheime
Bewandtniß,

Die du noch nicht begreifest, gewiß, o Werther,
er hätte,

Da er den Quell dir verbot, statt Drohungen Gründe
gegeben,

Und dich, anstatt zu schrecken, mit Überzeugung
gewonnen.

Denke nur nach (wofern du nicht allzufurchtsam
dich scheuest,

V. 487 — 500.

Über die immer weisen Gebote des Schöpfers zu
denken)

Ist es der Weisheit würdig, die sich im Weltbau
verherrlicht,

Und noch mehr in der geistigen Welt, ists ihrer
wohl würdig,

Ein vernünftig Geschöpf da nur mit dräuendem
Donner

Zum Gehorsam zu zwingen, wo Überzeugung noch
Statt hat?

Glaube mir, Mensch, die Ehrfurcht vor Gott verbindet dich selber

Anders hievon zu denken! — Jetzt kam ein goldner
Gedanke

Mir ins Herz, und Liebe zu dir, o Theurer, gebeut
mir,

Dir die noch blöden Augen zu deinem Besten zu
öffnen.

Hier ist kühne Vernunft, die Absicht Gottes zu spähen,

Nöthig, und wahrlich ein heimlicher Wink der
herrschenden Vorsicht

Hat mich im Fluge hieher zu deinem Dienste geleitet!

Höre dann, Freund! Der Schöpfer hat blofs zu deinem Gebrauche

Diesen Quell in die Mitte des Paradieses gegossen.

V. 501 — 514.

Wär er den Engeln bestimmt, was half es durch
irdischen Zusatz

Seine ursprüngliche Kraft, sein geistiges Wesen zu
schwächen?

Aber warum verbot er ihn dir? — O Tiefen der
Weisheit,

Die sich hier mir eröffnen! Wie sind die Wege
mäandrisch,

Wo er die Lieblinge führt! Er will die Zärtlichkeit
prüfen,

Die er mit Recht von den Geistern erwartet: er will
dich erforschen,

Ob du aus Liebe zu ihm die Furcht der Strafe
verachtest.

Siehe die Quelle nur an, sie kann dir alles erklären.

Ihre himmlische Kraft ist ungezweifelt; sie stärket

Das entbrannte Gemüth zu höherm Lobe der Gottheit;

Mit dem Zuwachs an Kraft, die göttliche Schönheit
zu preisen,

Wächset die Würde der Geister. So kann diefs
heilige Wasser

Engel vergöttern, und Menschen zur Hoheit der
Engel befördern.

Hat nun der Schöpfer nicht Recht, von seinem Liebling zu glauben,

V. 515 — 527.

Daſs er mit Freuden das Mittel, das ihn zum Dienste
des Schöpfers

Fähiger macht, gebrauchen werde? Doch besser zu
prüfen,

Ob du die hohe Bestimmung, zum Preise Gottes
zu leben,

Für so wichtig erkennest, wie sie die Serafim
schätzen,

Gab er dir ein Verbot, ein Prüfungsverbot, zu
erforschen,

Ob du dich selber mehr als Ihn den Unendlichen
liebest?

Sollte die Furcht des Übels, womit sein Donner dich
schrecket,

Ein erhabnes Gemüth von der schönsten der Thaten
· verscheuchen?

Wag es, o Freund, verdiene das Lob der fernesten
Himmel,

Und die Bewundrung der Engel! Sey ohne Sorge!
Jehovah,

Wenn er die edeln Entzückungen sieht, womit du
ihn ehrest,

Wird mit zufriedenem Lächeln die heilige Kühnheit
belohnen.

Zweifelst du noch? — Die Erfahrung, o Freund, die
mich selber betroffen,

V. 528 — 541.

Soll dich gegen die niedrige Furcht noch besser
verwahren.

Als der Schöpfer, die Welten zu schaffen, vom
obersten Himmel

Einsam herab stieg, befahl er mit siebenfältigem
Donner

Allen Bewohnern des Himmels, es sollte niemand
ihm folgen,

Niemand herab von den Zinnen der diamantenen
Mauern

In die Mitternacht sehn, bis mit dem siebenten
Morgen

Alles in neu empfangener Pracht ihr Auge begrüfste.

Würden sie seinem Befehl zuwider handeln, so sollte

Schnell die Verbannung vom Himmel den kühnen
Frevel bestrafen.

Also befahl er, und fuhr allein ins Chaos hinunter.

Niemand schaute ihm nach. Allein wie konnten
die Engel

Seinen göttlichen Anblick entbehren? Die innigste
Sehnsucht

Trieb uns mit heiliger Ungeduld an, anbetende
Zeugen

Seiner Thaten zu seyn. Wir konnten die mächtige
Sehnsucht

V. 542 — 555.

Nimmer bestreiten, die Furcht ward von der Liebe
verschlungen.

Also kamen wir alle herab, der Cherub und Seraf,

Ein unendliches Heer, von gleichen Trieben entzündet,

Und umflossen die Gottheit, die, ringsum von wer-
denden Welten

Und vom Getümmel des Chaos umgeben, den Wesen
Gesetz gab.

Plötzlich erschallte die Tiefe von englischen Stimmen, der Anblick

Des erschaffenden Gottes entzückt uns zu göttlichen
Liedern,

Welche zu hören die Sfären aus ihren Wirbeln sich
drangen.

Als der Schöpfer uns sah, vergab er der heiligen
Inbrunst

Eine rühmliche Kühnheit, und liefs sich die Hymnen
gefallen.

Siehe, geliebter Mensch, so pflegt der Unendliche
manchmahl

Mit den Erschaffnen zu spielen.   Sey muthig und
stärke dich selber

Zur erhabensten Tugend! Verziehe nicht länger die
Wahrheit

Meines Raths zu erfahren, und mit dem süfsen Gefühle,

V. 556 — 568.

Glücklicher dich zu sehn, mein liebendes Herz zu
belohnen!

Also sagt er, und wilde Freude durchfeu'rte sein
Antlitz,

Da er den Menschen sah, der, über sein Reden
betroffen,

Zweifelhaft, wie es schien, und mit sich selber im
Streite

Stand, und jetzt auf den Engel, jetzt auf die schimmernde Quelle

Stumm und gedankenvoll sah. Schon wollte der
schlaue Verräther

Seines zu früh gehofften Sieges sich völlig versichern,

Als ihn schnell von dem Menschen ein schönerer
Gegenstand abzog.

Zulma, das heilige Weib, kam, ihren Geliebten
zu suchen,

Über den Hügel herab. Sein ungewohntes Verweilen

Hatte sie sorgsam gemacht. Sie ging, wie die
himmlische Liebe,

Reitzend und heilig durch Unschuld, und ihres
göttlichen Ursprungs

Still sich bewußt; so sprach von fern ihr englisches
Antlitz.

V. 569 — 581.

Jeglicher Arm trug eines der blühenden Zwillings-
geschwister,
Ihre geliebteste Sorge; sie spielten mit kindischer
Unschuld
Zärtlich um sie, und schmiegten sich sanft an den
lieblichen Busen,
Rehezwillingen gleich, die unter den Lilien weiden.
Mit sanft thränendem Auge, das oft gen Himmel
hinaufsah,
Lächelte sie die Säuglinge an; mit süfser Entzückung
Sah sie das göttliche Bild den jungen Zügen ent-
strahlen.
Also kam sie daher. Sie sah der Mensch und der
Engel,
Jeder mit andrer Empfindung. Kaum konnte der
schändliche Dämon,
Da er die schönste der Frauen erblickte, die wilde
Verzückung
Seines Herzens verbergen, sie funkelt' im lüsternen
Auge.

Aber mit bebender Brust fand Zulma den theuren
Geliebten
Mit dem Engel beym Quell in Unterredung ver-
weilen;

V. 582 — 594.

Dennoch nahte sie sich. Er sah sie mit inniger Freude,

Aber verbarg die wahren Gedanken, und sagte zum
Weibe,

Ihre Fassung zu prüfen, mit ernster Stirne die Worte:

„Schöne Gehülfin, du kommst in einer glücklichen
Stunde.

Dieser Seraf, dem seine Gestalt für allen Beweis
dient,

Dafs er vom Himmel zu uns aus göttlichen Kören
gestiegen,

Hat mir das hohe Geheimnifs von dieser verbotenen
Quelle

Gütig entdeckt. So befahl ihm sein Herz, und die
zärtliche Freundschaft,

Die er für uns gefasset. Die Quell' entspringt im
Olympus,

Bringet von da vergötternde Kräfte herunter, und
mischt sich

Uns zu tränken mit irdischen Theilen. Die Serafim
trinken

Den erhabensten Schwung zu stetem Lobe der
Gottheit,

Aus dem Strome, von dem sie geflossen. Nur
wenige Tropfen

V. 595 — 607.

Könnten uns, wie der Seraf mir sagt, zu Engeln
erheben;
Und die Gottheit vergäbe die heilige Kühnheit der
Unschuld
Unsrer Absicht, und nähme das Lob von verhim-
melten Menschen
Fröhlicher an.   So hat sie ehmahls den Engeln
vergeben,
Da sie ein ernstes Verbot aus frommer Absicht
verletzten.
Siehe nur, Zulma, den Quell, sein morgenrötbliches
Schimmern!
Ist die Schönheit uns nicht ein Bürge der inneren
Tugend?
Nähere dich, und athme die empyreischen Düfte
Unbesorgt, wenn du für billig erkennst dem Seraf
zu folgen,
Den die Grofsmuth bewegt, ihm selbst uns ähnlich
zu machen.

Also der Mensch.   Der schlaue Verführer, voll
teuflischer Freude,
Schöpft aus dem Quell in ein goldnes Gefäfs, und
bringt es dem Weibe.
Fürstin der irdischen Schöpfung, von Engeln bewun-
derte Zulma,

V. 608 — 619.

Wie der Mann dir gesagt, so ist die Tugend der
Quelle.
Glaube der Freundschaft und englischen Lippen.
Versuche sie selber.
Gönn' uns die Lust, dich zuerst von ihr beseligt
zu sehen.
Also sagt er, und bot ihr mit zaubrischem Lächeln
den Becher.

Zulma bebte zurück. Die Rede des göttlichen
Menschen
Hatte sie schon im innersten Herzen verwundet.
Sie sah ihn
Wehmuthsvoll an; dann gab sie dem hassenswür-
digen Engel
Einen zürnenden Blick. Jetzt sah sie wieder den
Mann an,
Spähte sein ernstes Antlitz; ihr Auge voll schmach-
tender Unschuld
Bat ihn thränend, noch ehe der Mund vor Bestür-
zung sich aufthat:

Himmel, was hört mein bebendes Ohr, was siehet
mein Auge?
Was ich nie zu befürchten gewagt! Mein Freund,
mein Geliebter,

V. 620 — 632.

Er, der meine Unschuld beschützen sollte, verleitet,

Auch nur eine Minute zu zweifeln, ob Gottes
Befehle

Seinen Gehorsam verdienen! Wie ist es möglich,
wie kann dir

Eines Engels verführende Stimme den Donner des
Höchsten

Aus dem Gedächtnils tilgen? Wie schauert mir vor
dem Gedanken

Dessen Hafs zu verdienen, der uns so göttlich
geliebt hat,

Eh wir selbst uns noch kannten! Noch seh ich ihn,
wie ich ihn damahls,

Ganz in süfser anbetender Inbrunst zerschmolzen,
gesehen,

Da er mich segnend dir gab, und lieblich wallende
Lüfte

Und ein heller ambrosischer Glanz den Garten
umflossen.

Immer schwebt er mir vor, Der alle Himmel
erfüllet,

Immer vermahnt mich ein süfses Gefühl der Gegenwart Gottes,

Heilig in seinen Augen zu wandeln. Du hast mich,
o Theurer,

V, 633 — 645.

Seit mich deine Umarmung beglückt, in der Unschuld
gestärket,

Und die würdigen Triebe, die meinen Busen
beleben,

Liebreich zu Weisheit erhöht. Im Überflusse der
Freuden,

Da ich dir mehr als Eden, und du mir alles
gewesen,

Was mein feurigster Wunsch von der ewigen Güte
verlangte,

War es uns leicht, das Gebot des weisen Schöpfers
zu halten.

Theurer Gemahl, wie könnt' in deiner göttlichen
Seele,

Die so heiter bisher in meinen Armen geruht hat,

Eine so lüsterne Neigung entbrennen? — Doch ferne
von Zulma

Sey es, mit solchen Gedanken dich, mein Geliebter,
zu kränken!

Nein, du kannst dem Versucher dein heiliges Herz
nicht eröffnen;

Wer er auch sey, wie schön sein Antlitz die Serafim
nachahmt.

Nein! Das Verbot, des Unendlichen Stimme, der
Donner der Gottheit,

V. 646 — 658.

Die sonst Liebe nur war, und deine flehende Gattin
Halten dich ab! Du kannst dem Versucher dein Herz
nicht eröffnen!

Aber wenn du es könntest, wenn, was ich zu fürch-
ten nicht wage,

Was mir Schauer erweckt, wenn ja der Vorsatz, dem
Schöpfer

Ungehorsam zu seyn, in Schein der Tugend ver-
hüllet,

Deinen zu willigen Geist, o Theurer, bewältiget
hätte:

O so beschwört dich mein Herz, aus seinen innersten
Tiefen,

Um der Seligkeit willen, zu der uns der Schöpfer
erschaffen,

Um der Inbrunst, womit ich dein erstes Umarmen
belohnte,

Um der dankenden Seufzer und um der Entzückungen willen,

Die wir umarmend weinten, wenn uns der grofse
Gedanke,

Von der Gottheit gesegnet uns ewig zu lieben,
umfafste:

Ach! bey jeglicher Hoffnung, die mich die Wonne
der Zukunft

V. 659 — 671.

Schon voraus schmecken liefs, so oft ich, in seligen
Träumen,

Jeden grünenden Hügel bedeckt mit fröhlichen
Enkeln,

Jedes blühende Thal mit schuldlosen Töchtern
erfüllt sah,

Welche, dem Schöpfer gefällig, mit reinen Lippen
ihn lobten;

Um der Hoffnungen willen, in deren Anschaun ich
oftmahls

Ganz in Freudenthränen zerflofs: Um d i e s e r
willen,

(Hier umschlang sie die Kinder, und drückte jedes
mit Inbrunst

Stärker an ihre klopfende Brust, und begofs sie mit
Thränen,)

Um der Säuglinge willen, die noch dem Vater nicht
dankten,

Der sie, selig zu seyn und Gott zu preisen, gezeuget;

Siehe sie an, ihr Lächeln voll Unschuld, ihr Auge
voll Liebe!

Könnte der Anblick allein nicht bewegen? Bey diesen, o Liebster,

Und wenn etwas theuer noch ist, beschwöret dich
Zulma,

V. 672 — 683.

Höre sie, hör' ihr Flehen, und flieh die versuchende
Quelle,
Fliehe den Rath des furchtbaren Engels, und bleibe
der Unschuld,
Und dem Schöpfer getreu, entflieh der Drohung
und lebe!

Also sprach sie mit flehender Stimme. Doch
rührte der Anblick
Ihrer bekümmerten Unschuld noch mehr, als die
jammernden Reden.
Jetzo konnte der Mann sich nicht mehr halten,
er eilte
Mit verbreiteten Armen, in unbeschreiblicher
Wonne,
Gegen die göttliche Frau, und umfing sie mit hei-
liger Liebe,
Unbesorgt, dafs der Engel die frohen Entzückun-
gen sehe.

Theurste, du letztes und bestes Geschenk der
göttlichen Liebe,
Reine Unschuld, wie kann ich dem Schöpfer genug
für dich danken?
Wie beseligst du mich, o Zulma! Dieser Entzückung

V. 684 — 696.

Die mir deine Unschuld in ihrer siegenden Schönheit
Jetzo gewährt, glich keine, die du mir jemahls
gegeben.
Wende dich nicht; du findest mich deiner Zärtlich-
keit würdig!
Aber laſs mich vorher die heiligen Thränen ent-
küssen,
Die dein seelenvoll Auge so unaussprechlich ver-
schönern!
Theure, himmlische Seele, wie hüpft mein Herz
mir vor Freude,
Daſs es Zeugniſs mir giebt, es sey mit jeder
Empfindung
Deiner würdig geblieben! Wie macht dieſs Bewuſst-
seyn mich glücklich!
Freundin, ich wollte dich nur der Probe gleichfalls
vertrauen,
Die ich zuerst erfahren, (die Unschuld scheuet sich
niemahls
Vor der Prüfung) ich sagte dir, was der versuchende
Seraf
Mir gesagt, und lieſs dich vermuthen, als könnt'
ich ihm glauben.
Aber nie hat mein Herz die schwarze Begierde
beflecket,

V. 697 — 709.

Was er auch wohlberedt sprach, des Schöpfers Gebot
zu verletzen.

Nein, sein hoher Befehl wird ewig in meinem
Gedächtniſs

Weiderschallen! Wie könnt ich den groſsen Gedanken vergessen,

Daſs mich immer sein Auge durchschaut?'O Schöpfer,
wie könnt ich

Deine Liebe verachten? wie gegen Dich mich ver-
schulden?

Gegen Den, der mit Güte mich krönt, Der diese
mir schenkte,

Welche mit ihrer holdseligen Unschuld mein Leben
verhimmelt?

Aber du, wer du auch seyst (hier wandte der Mensch
sich zum Engel)

Wahrlich kein Geist des Himmels, wie du dich
rühmest, entweiche!

Bist du — und, daſs du es bist, giebt deine Rede
mir Zeugniſs —

Bist du ein Feind des allmächtigen Gottes, ein schnöder Verworfner,

Der ihm zuerst den Gehorsam versagte, und jetzt
von Verzweiflung

Angefeuert, auch andre verführt, unseliger Seraf!

V. 710 — 722.

O wie konntest du glauben, dein lieblich tönend
Geschwätze

Werde die Stimme Gottes unhörbar zu machen
vermögen ?

Zweifelsfrey wufstest du nicht, dafs Gott den Menschen von Erde

Auch mit Vernunft begabte.   Wie könnte die thörichte Hoffnung

Sonst dich getäuschet haben, mich wider Gott zu
empören?

Meinest du, der, dem Gott auch seinen Schatten nur
zeiget,

Werde so frevelhaft seyn, die überredenden Worte

Eines verräthrischen Engels mit Gottes Befehlen zu
messen?

Und was bist du denn, oder was sind die Serafim alle

Gegen Ihn, der die Ewigkeit füllt? Ein Morgen-
gewölke,

Ein vergänglicher Hauch! — Und würde der Gottheit Befehl gleich

Unbegreiflich mir seyn, und würden die Engel
gemeinsam

Mich mit den scheinbarsten Reden dem frohen Gehorsam entlocken,

V. 723 — 735.

Glaube mir, (und wahrlich hier kann ein Verräther
nur zweifeln!)

Niemahls würd' ich vergessen, daſs aller Engel
Erkenntniſs,

Aller Cherubim Weisheit, vor der, durch welche
sie denken,

Wie ein flüchtiger Nebel im Strahl der Sonne zer-
flieſset.

Fliehe demnach, Verräther, entflieh! Ich sehe den
Himmel

Sich mit blitzendem Schimmer eröffnen, die Serafim
steigen

Im Triumfe herab; entflieh mit Schande bedecket!"

Also sprach er. Den Grimm des feindlichen
Dämons zu schildern,

Kann für Herzen, die nichts als sanfte Bewegungen
fühlen,

Weder möglich, noch angenehm seyn. Er hatte
die Hölle

Und sich selbst nie stärker gefühlt. Vom obersten
Gipfel

Seiner Hoffnung so plötzlich herabgestürzet zu liegen,

Schmerzt ihn mehr als der Fall vom Olympus. Die
Tugend des Weibes,

V. 736 — 747.

Die er schwächer geglaubt, besiegte den Sünder
so völlig,

Daſs er anstatt in Wuth zu entbrennen, nur kraftlos
erseufzte.

Jetzt empfand er die Allmacht der schönen Unschuld;
vergebens

Blitzte der höllische Zorn aus seinen Augen, sie
zwang ihn

Mitten in seinem Unmuth zu lächeln. Noch blieb
ihm der Schatten

Seiner Hoffnung, den Mann, den halbbesiegten zu
fangen.

Aber auch dieser Schatten verschwand, da er voller
Entzückung

Zulma umfing, und sich mit ihr in der Treue
bestärkte.

Länger kann er nun nicht den Zorn im glühenden
Busen

Furchtsam drücken, er flammt ihm im Antlitz, er
droht in den Augen.

Ungestüm wirft er das englische Kleid voll ätherischer
Klarheit

Von sich, und steht hochdrohend in seiner eignen
Gestalt da.

V. 748 — 760.

Dennoch gelang es ihm nicht, die seligen Menschen
zu schrecken,

Die, vom Flügel der Vorsicht bedeckt, den Sünder
verhöhnten.

Jetzo wollt er mit donnerndem Fuße den Garten
verwüsten,

Hügel auf Hügel hinwälzen, und seine Cedern ent-
wurzeln;

Aber sein Grimm erlag, des Schöpfers unsichtbare
Stärke

Kam ihm zuvor, er stampfte vergebens den ruhigen
Boden.

Und die Köre der Engel, die mit olympischem Pompe

Aus der Sonne gestiegen, den Sieg der Menschen
zu feyern,

Da sie Satan erblickten, (die Narben vom Donner
des Sohnes

Hatten vor allen ihn kenntlich gemacht,) den blöden
Versucher,

Da sie ihn sahn, wie er knirschend vor Wuth, der
Freude der Menschen,

Ihrer beständigen Treu und ihren Umarmungen
zusah:

Spotteten sie des Wurmes, der, gegen Gott sich
empörend,

V. 761 — 773.

Jetzt der wehrlosen Unschuld der schwachen Menschen gewichen.

Satan fühlte den Hohn. Der Anblick ihres
Triumfes

Und der jauchzenden Freude, von der die Hügel
erschallten,

War ihm nicht länger erträglich, er floh, und flucht'
im Entfliehen

Gott und sich selbst, und kam, von neuen Entschlüssen durchstürmet,

In den Abgrund zurück.

Aber das Paradies ward mehr als bey der
Erschaffung,

Von serafischen Freuden belebt; die Engel
umfingen

Segnend die heiligen Menschen, und ehrten die
siegende Tugend,

Und die Gottheit in ihr. Der Siegeslieder Getöne

Flog auf den Flügeln ambrosischer Winde von Hügel
zu Hügel.

Selbst die Natur empfand den Triumf der Menschen; die Ceder

Sagt' ihn der Ceder, die Auen verschönert' ein
himmlisches Lächeln.

V. 774 — 776.

Alle Gestirne der Ruhestadt Gottes, die Sonnen
und Erden
Feyerten diesen Tag, an dem die Unschuld auf
ewig
Über die Erde zu herrschen, vom König des Himmels
geweiht ward.

A n m e r k u n g.

1) Seite 381. Mit diesem Nahmen wurde damahls der
Dichter der Noachide, B o d m e r, von einigen seiner poe-
tisierenden Freunde bezeichnet.

ENDE DES ZWEYTEN BANDES.